开明教育书系

蔡达峰○主编

U0726673

新人的产生

周建人教育文选

周建人○著

朱永新　周慧梅○选编

开明出版社

"开明教育书系"丛书编委会

"开明教育书系"
总　序

中国民主促进会（以下简称民进）是以从事教育、文化、出版工作的高、中级知识分子为主的参政党。民进创立以后，在中国共产党的指引和帮助下，积极投身爱国民主运动，在这个过程中，发挥自身优势，举办难民补习培训，创办中学招收群众，参加妇女教育活动，在解放区开展扫盲教育，培养青年教师。

新中国成立以后，民进以推进国家教育事业发展为己任，贯彻党的教育方针，倡导呼吁尊师重教。

一方面，坚持不懈地为教育发展建言献策。从马叙伦先生在任教育部长时向毛泽东主席反映学生健康问题，得到了毛主席关于"健康第一"的重要批示，到建议设立教师节、建立健全《教师法》《职业技术教育法》《民办教育促进法》等法律法规、深化教育改革、促进学前教育发展、义务教育均等化、加强教师队伍建设、中小学教材建设、减轻学生课业负担等等，提出了一系列高质量的意见建议。

另一方面，坚持不懈地开展教育服务。改革开放以来，围绕"四化"建设的需要，持续举办了大量讲座和培训，帮助群众学习，为民工子女、下岗职工、贫困家庭子女、军地两用人才、贫困地区教师等提供教育服务，创办了文化补习学校、业余职业大学、专科学校、业余中学等大批学校，出现了当时全国第一所民办高中、规模最大的民办高校、成人教育学院、民办幼儿教育集团等；不断开展"尊师重教"的慰问、宣传和捐赠等活动，拍摄了电视片《托着太阳升起的人》；举办了一系列教育服务的研讨会和交流会。

在为教育事业长期服务的过程中，民进集聚了越来越多的教育界会员，现有的近 19 万会员中，约 60% 来自教育界，其中大部分是中小学教师。广大会员怀着崇高的使命感和责任感，爱岗敬业、默默奉献、积极作为，在教育事业和党派工作中取得了卓越的成就，涌现出无数感人的事迹，赢得了无数的赞誉，涌现出大量优秀教师、校长和著名教育家、专家学者、教育管理者等，他们共同写就了民进的光荣历史，铸就了民进的宝贵财富，是民进的自豪和骄傲。

系统地收集和整理民进会员的教育论著和教育贡献，是民进会史研究和教育的重要任务，对于民进发扬优良传统、加强自身建设、激励履职尽责具有积极的意义，对于我们深入学习多党合作历史、深入开展我国现当代教育历史研究，也具有重要的理论和现实意义。民进中央对此高度重视，组织编辑"开明教育书系"，朱永新副主席和民进中央研究室的同志们辛勤工作，邀请会内外专家学者共同参与，历时数年完成了编写工作。谨此，向各位作者和编辑同志，向开明出版社，向所有关心和支持本书编撰工作的同志，表示诚挚的感谢。

全国人大常委会副委员长

民进中央主席　　蔡达峰

2022 年 12 月

科学教育与女性教育的先驱

朱永新

教育家小传

周建人（1888—1984），初名松寿，乳名阿松，后改名建人，字乔峰，笔名克士、高山、李正、孙鲤等，浙江绍兴人。1905 年毕业于会稽县学堂。翌年任绍兴僧立小学教师、校长。1909 年加入文学团体越社。其间先后任教于绍兴小学、绍兴明道女校、成章女校。

1919 年迁居北京。1920 年入北京大学旁听攻读哲学，次年至上海任上海商务印书馆编译所编辑。1923 年应瞿秋白邀请，在上海大学讲授进化论，并先后在神州大学、上海暨南大学和安徽大学任教授。

1920 年与胡愈之、周作人等发起组织妇女问题研究会，并在北京《晨报》副刊上发表《妇女问题研究宣言》，阐述妇女争取政治、经济自由与争取独立解放之间的关系，成为"五四"以来我国妇女运动的著名文献。

抗战胜利后，周建人任生活书店、新知书店编辑。投身爱国民主运动，撰文抨击当局卖国、独裁、内战的政策，力主"科学中国化，中国科学化，社会民主化"。1945年12月，周建人同马叙伦、王绍鏊、许广平、林汉达等在上海发起成立中国民主促进会，当选为第一届理事会理事。1948年4月，在白色恐怖十分严重的情况下秘密加入中国共产党。

新中国成立后，周建人历任中央人民政府出版总署副署长、高等教育部副部长、浙江省人民政府副主席、浙江省省长等职。先后当选为中国共产党第九、十、十一届中央委员，第一、二届全国人大常务委员会委员和第三、四、五届全国人大常委会副委员长，第二、三、四届全国政协常委和第五、六届全国政协副主席等。

周建人长期担任中国民主促进会的领导工作，历任民进第一、二届理事会理事，第三届中央常务理事。1954年12月被增选为第三届民进中央副主席，并历任第四、五届民进中央副主席，1966年7月任代理主席，并连任第六、七届民进中央主席。

浙江绍兴自古以来人文荟萃、名人辈出，从古代的大禹、王羲之、陆游，到近代的秋瑾、蔡元培、周恩来；从两千多名状元、进士，到五十多名两院院士；从地理学家竺可桢、数学家陈建功、历史学家范文澜到经济学家马寅初、物理学家钱三强再到鲁迅、周作人、周建人三兄弟，可谓群星璀璨。

周建人，就是其中一位杰出的代表。

一、自学成才的模范教师

1888年，周建人生于浙江绍兴。

周家是绍兴的名门望族，祖父周福清曾经官至内阁中书，因为涉嫌贿赂考官身陷囹圄，周家从此一蹶不振。周建人的父亲周伯宜变卖家产营救父亲，最后心力交瘁，英年早逝。青年时代的周建人生活坎坷，读完小学以后就没能继续上学。原本在会稽学堂毕业以后，他准备参加绍兴府学堂的入学考试。这所绍兴的重点中学也是周建人向往的学校。依照他的水平，考进这所学校是十拿九稳的。但命运却和他开了一个大玩笑，在安排家务以后走到学堂门口时，学堂大门刚好关闭，从此失去了上学的机会。

当时两位哥哥都在日本留学，周建人也很想走出家门，到外面去求学。但是两位哥哥都劝说他留在家里照顾孤寡的母亲。于是，他背负起了家庭的重负。直到晚年他还一直在抱憾两件事：一是他没有赶上绍兴府学堂的考试，读中学。二是没有能像两位兄长一样外出读书，读大学。他曾经用绍兴话说："一个人做事，千万不要喔格，喔格一声，就会遗憾一世的。""喔格"是绍兴土话，有无奈或懊悔之意。

周建人早年受母亲的影响很深。母亲鲁瑞虽然是乡下女人，但喜爱读书，勤奋好学，居然能够达到看书的程度。她为人和蔼、性格刚毅，周建人在晚年回忆母亲的时候曾经说："她性格开朗，宽厚，无论我们怎么顽皮淘气，也没有看见她真正动过怒，总是那么和颜悦色；无论后来家里碰到什么灾难，也不愁眉苦脸，总是那么坚忍刚强。我想她是世界上最好的母亲了。"（《鲁迅故家的败落》）。

中学没有上成的周建人在无奈中选择了自学。1906年，在同学的推荐下，17岁的他担任了绍兴僧立小学的教师、校长。学生都是锡箔师傅和小商小贩的子女，这是绍兴历史上第一所为劳动人民子女开办的学校。他对教育工作认真负责，既是校长又是教员，还兼管总务账目。每天上课、备课、批改作业到深夜。他对母亲说，"看到小学生一个个进来，由什么都不懂而慢慢的学到一点文化知识，心里比什么都高兴。"他还说："这些穷人家孩子天资并不笨，都很聪明好学，只要引导的好，将来都是社会上的有用之才。"他和学生生活在一起。只有节假日才回到家里。在他的努力下，学校办的很有起色，吸引了绍兴不少学校的瞩目，附近山会初级师范学堂的师生也经常到这里听课、观摩和实习。

当年，在日本留学的大哥鲁迅鼓励他一边工作，一边自学。在鲁迅的帮助下，周建人开始自学植物学。鲁迅认为，学习别的科学，都需要一定的实验设备，自学比较困难。但植物随处都有，可以自己采集标本，进行分类研究，因而特别适合自习。他从日本专门给建老寄去了多本植物学书籍，其中有四本植物学名著：一本是德国斯特拉斯布格等四人合著的《植物学》，这是世界上最有名的第一本植物学，是英文译本；另一本是英国人写的《野花时节》精装本，图文并茂，非常精美；第三本是杰克逊编的《植物学辞典》；第四本是《植物的故事》，此外还有一架解剖显微镜。于是建老开始植物学的研究，并自学英语。课余时间，总会带领学生到郊外采集植物标本。在此期间，他写就了《会稽山采植物记》和《钱塘江观潮记》。

1912年，绍兴僧教会解散，僧立小学的经费来源断绝，被迫停办。周建人被聘为水神庙小学校长。不久，因为全省小学师资严重缺乏，他又被聘任到省里举办的小学教师养成所教博物学。其间，为了发展绍兴的教育事业，他和鲁迅一起写了《维持小学之意见》一文，这是一封致绍兴县议会议长张琴孙的公开信，信中提出建议"即组织区学，简任高明，速日开学，造福地方"。希望当局重视国民义务教育，使绍兴的儿童都能够上小学。这封信在《越铎日报》发表以后，引起了社会上广泛的注意。据说当时绍兴军政分府都督王金发曾经采纳了他们的意见，当即批转全福州八县照办。周建人在小学教师养成所的工作也卓有成效，受到了通令嘉奖。

1915年，周建人到绍兴明道女中教书，同时又在南街塔山下的成章女校兼课，一直到1919年底离开绍兴为止。五年期间，他努力参加教学实践，认真备课教课，批改作业。工作兢兢业业认真负责，一丝不苟，受到两所女校师生的一致好评。与此同时，他还积极参加绍兴的各种教育研究活动和学术研究团体，担任了山会教育会的副会长。十年的教育生涯，为周建人先生一生的教育情愫打下了坚实的基础。

1919 年底，鲁迅三兄弟把绍兴老屋卖了，全家搬到北京。经鲁迅介绍，周建人在北京大学旁听哲学和科学方面的课程，课余进行自然科学的翻译与研究工作。

1920 年，周建人与胡愈之、周作人等发起组织妇女问题研究会，并在北京《晨报》副刊上发表《妇女问题研究宣言》，阐述妇女争取政治、经济自由与争取独立解放之间的关系，成为"五四"以来我国妇女运动的著名文献。

1921 年 9 月，经蔡元培、鲁迅等介绍，周建人来到上海商务印书馆编译所工作。他一面工作一面学习。在商务印书馆二十多年的时间里，他先后编写了中学《植物学》等课本和"自然科学小丛书"等科普教育读物，撰写了《进化与退化》《蜘蛛》《讲狗》《白果树》等脍炙人口的科学普及小品，翻译了《生物进化论》等著作，成为颇有影响的生物学家。解放后又与叶笃庄、方宗熙共同翻译了达尔文的《物种起源》，主持编写了新中国最早的生物学教材，成为一位只有小学文凭的大学者。

周建人坚持终身学习。有一次，他和顾明远、周蕖老师谈到如何正确处理博与专的问题。他说，博与专是辩证的，有了广博的知识，才能在某一个方面钻下去，达到专精。对某一个学科钻研得精深了，就觉得需要与其他学科相联系，又需要学习更广博的知识。这是他自己的学习心得。他还讲到外行与内行的辩证关系。1972 年的一天，北师大二附中师生请他去座谈，他就说，老师一定要做教育的行家，毛主席曾经说过，总是外行领导内行。那是因为一个人不可能样样都懂得，他只能懂一个学科、一个行业，因此当领导的不可能样样都懂得。但是完全不懂行，没有知识、没有学术总是干不了事情的。他批评了当时的"读书无用论"，希望老师要成为教育行家，学生要努力学习。

周建人晚年时因眼底出血，几近失明，不能读书。对一个知识分子来说，他的内心是极为痛苦的。他托张维教授到德国买回高倍放大镜，吃力地一个字一个字地读书、写文章，往往两行字写得重叠起来，只好请家人帮助辨认。他读书十分严谨，一丝不苟，而且独立思考。晚年的周建人一直惦记着重译《共产党宣言》的事情。他在《译文琐记》一文中说："第一版时叫《共产党宣言》，但在1882年恩格斯为俄文版写序言时，马克思、恩格斯把它称为《共产主义宣言》。因此译本应该以马克思、恩格斯自己改过的书名为宜。"他觉得原来的翻译不准确，重译《共产党宣言》就成了他自己给自己定下的任务。他经常拿着放大镜看英文版、德文版、中文版，反复对照，在书上密密麻麻写上注释和注解。顾明远先生在把周建人手稿捐赠民进中央时回忆说："很多地方都是我在帮他整理，一直到他去世之前，他都在看，不断地在写，这本书我还留着，是他一个未竟的事业。"

顾明远先生介绍说，周建人读其他经典著作时也总要与原文对照起来，有时会发现翻译得不准确。例如，恩格斯在《反杜林论》序言中批判形形色色的"创造体系"时，有这么一句话："近来在德国，天体演化学、自然哲学、政治学、经济学等等体系，雨后春笋般地生长起来。"他认为，"雨后春笋"翻译不准确，不符合原意。原意是"如菌类一样繁殖起来"。"雨后春笋"是褒义词，有欣欣向荣的意思。但恩格斯的原意是这些"创造体系"泛滥于一时，是很快就会消失的。

1981年《物种起源》重新印刷时，他给《北京晚报》写了一篇短文，说："我译的一部分一定会有许多不妥之处，希望读者予以指正，并希望以后会有更好的译本。"他喜爱读书，喜爱学术。在周建人去世后，顾明远夫妇在整理他的遗物时，发现了许多他用透明纸描绘下来的植物标本，顾明远先生说，"他一定是想再写一本植物学的书。他常常跟我们谈起，希望到大学去工作，最好当个图书馆馆长，能够天天接触到书籍"。

二、爱国民主运动的杰出战士

周建人之所以走上爱国民主的道路，受鲁迅的影响很大。

鲁迅不仅帮助周建人学习植物学，而且给他讲述自己在日本碰到的光复会、同盟会中的秋瑾、徐锡麟、陶成章、孙文、黄兴等革命家的故事。他逐步认识到，只有推翻清王朝，建立共和制度，彻底改造社会，人民才能过上好的生活。1909年8月鲁迅回国以后，周建人经常参加鲁迅组织的各种革命活动。辛亥革命时期，作为反清文学团体"越社"成员的周建人和鲁迅一起参加了光复绍兴的斗争，成为一名革命民主主义战士。周建人在回忆这段历史时，印象十分深刻。他写道："当杭州光复的消息传到隔江的绍兴时，人心振奋，而绍兴府和山阴、会稽两县的衙门里都慌成一团，一群臭架子的绅士们，惶惶然好像丧家犬，把小辫子盘在头顶上，密谋对策。"他非常感谢鲁迅对自己的引领，曾经回忆说，"如果不是我大哥经常地写信来，寄书来，把外界所发生的一切告诉我，不断地鼓励我学习，我也许会被这些家族亲友间发生的种种悲惨事件所积累起来的悲哀所压倒，会消极悲观，但我大哥让我看到一个广阔的天地，使我明白人不是无所作为的，相信这世界的改造，要每一个人的努力。"（《鲁迅故家的败落》）。

到了商务印书馆以后，周建人就与早期中国共产党人沈雁冰（茅盾）和杨贤江等人一起工作，他们一见如故，成为知心好友。1923年，经沈雁冰介绍，周建人认识了瞿秋白和夫人杨之华，很快成为莫逆之交。他应瞿秋白之邀任上海大学生物学教授，讲授进化论，并先后去神州女学、上海暨南大学及安徽大学兼课或演讲。与此同时，他还应松江女子中学校长侯绍裘（中共党员）的邀请去该校演讲，宣传妇女解放和男女平等思想，鼓励女生消除自卑思想，勇敢投身革命。

蒋介石发动"四一二"反革命政变以后，侯绍裘等大批共产党人和进步知识分子惨遭杀害。沈雁冰、杨贤江等也被迫出逃。周建人义愤填膺，多次写文章给予谴责。从这些事件中，他也深受教育，意识到中国也只能走十月革命的道路。

1927年10月，鲁迅来到上海，领导左翼文化运动。兄弟俩也经常和共产党人、进步人士一起学习马克思和列宁的著作，讨论中国社会的问题。在那白色恐怖的年代，鲁迅一直受到反动派的监视，他的许多来往信件，往往通过周建人转达。1931年秋，周建人介绍鲁迅认识了瞿秋白，他们一见如故，成为知己。当时，瞿秋白刚从苏联回国，在上海筹备办上海大学，正在物色各系教员，当他得知周建人正在从事妇女运动，对生物科学很有研究时，便主动邀请他担任教员，讲述达尔文的进化论。瞿秋白学识丰富，精通外文，熟悉马克思列宁主义理论。他启发周建人说："无论从事什么工作，都需要科学的理论做指导，你可以看些马列的书，对工作一定会有很大的帮助。"瞿秋白为了躲避特务的追捕，有时住在鲁迅家里，有时住在建老家里，时常转移。冯雪峰到上海以后，也得到了周建人的掩护和照顾。

1935年春天的一天，周建人忽然收到一个白色洋信封，寄自"福建长汀监狱"，信中署名林其祥，但笔迹是瞿秋白的。周建人知道不好，马上设法通知以食品工厂工作为掩护的杨之华，并与鲁迅商量营救，可惜未能成功。为此他和鲁迅都无比气愤，也更加认清了国民党反动派的反人民反革命本质，坚定了他们走革命的道路的信念。

1930年，周建人与鲁迅一起参加了济难会、自由运动大同盟以及中国民权保障同盟的很多活动。"济难会"全称"赤色济难会"，宗旨是救济贫苦大众。该组织与共产党的地下组织有密切的联系，因此受到国民党特务组织的围攻与迫害，活动被迫中止。1932年，宋庆龄、蔡元培、杨杏佛发起成立中国民权保障同盟，鲁迅和周建人都参加了筹备工作。接着，中国民权保障同盟上海分会成立，宋庆龄、鲁迅等被选举为执行委员，周建人等三人为调查委员。中国民权保障同盟反对国民党政府迫害进步人士，营救了被捕的共产党员和爱国民主人士，同时在争取言论、出版、结社、集会等的自由方面做了大量工作。

抗日战争全面爆发以后不久，周建人就失业了。但他仍然积极投身抗日救亡运动。在上海孤岛时期的艰难日子里，他和留在上海的文化教育界爱国人士一起，秘密组织"马克思主义读书会"。据他本人回忆，参加的有孙冶方、冯宾符、江闻道、赵静、陆缀雯、邵景渊、胡学、吕金录、宋家修等同志，他们一起学习了《反杜林论》《资本论》。但在还没有学完时，形势就紧张起来，读书会被迫停止了。那时周建人贫病交困，不仅失业在家，而且肺病缠身。周建人拒绝为日本人办报写文章，宁可卖掉珍藏多年的图书维持生计。他想到苏北解放区去，新四军领导陈毅同志知道后，派人送来一千元钱，劝他不要去解放区，那里条件太艰苦，还是在上海养病为宜。

抗日战争的胜利，给全国人民带来了光明和希望。周建人立即投身爱国民主运动之中，他与许杰、许广平等人发表"我们对于处置敌日在华商人的意见"，提出严惩战犯，赔偿文物图籍、财产与土地损失等六项要求。12月，发表《论历史行进的方向》《漫谈一党专政》等文章，呼吁民主，要求结束国民党一党专政。

当时，周建人没有工作，由地下党安排在生活书店、新知书店担任编辑。其间，他与上海文化教育界进步人士马叙伦，王绍鳌等积极投身到爱国民主运动之中。周建人经常在进步报刊《民主》《周报》《新文化》《文萃》《文汇报》《联合晚报》等发表文章，在进步学生的集会上发表演讲，抨击国民党反动派卖国、独裁、内战的政策。他特别反对国民党反动政府给外国人的"内河航行权"，认为这是侵犯我国的主权。他还反对"五家联保法"和"警管制"等法西斯政策。据统计，从 1945 年至 1948 年的四年中，建老撰写的关于和平民主运动的政治文章，总数在百篇以上。在实际斗争中，周建人与马叙伦、王绍鏊、林汉达、徐伯昕、赵朴初、陈巳生、梅达君、严景耀、雷洁琼等知名爱国人士，深切认识到与反动派做斗争中有组织起来的必要。于是，在中共上海地下党的帮助下，1945 年 12 月 30 日成立了中国民主促进会，马叙伦担任主席。随后，通过决议发表了对于时局的宣言。在 1946 年 1 月 2 日召开第二次会员大会上，马叙伦、严景耀、周建人等 11 人被选为第一届理事会理事。

1946 年 5 月，蒋介石发动全面内战的阴谋日益彰显。上海 68 个人民团体为了扩大和平民主力量，组成了上海人民团体联合会。周建人与马叙伦、王绍鏊、林汉达等二十多人当选为理事。1946 年 6 月，上海人民团体联合会决定举行反内战大会，并推举代表赴南京请愿，呼吁和平。1946 年 6 月 23 日，周建人、许广平、叶圣陶在火车站欢送赴南京呼吁和平的上海人民团体代表团请愿代表马叙伦、雷洁琼等。在声势浩大的示威游行中。周建人不畏强暴，始终走在游行队伍的前列。

上海人民请愿代表团到达南京下关车站时，被国民党特务行凶殴打，制造了震惊中外的下关惨案。周建人闻讯以后，立即和上海爱国人士一道奋起反抗。他领导民进和上海人民团体联合发表宣言，向南京军警当局提出严重抗议，要求严惩凶手，切实保障人民的基本自由。1948 年 4 月，在白色恐怖十分严重的情况下，周建人毅然加入了中国共产党。

1948 年秋，根据党中央的指示，周建人携家人悄然离开上海，乘船北上到达天津，再秘密辗转到达当时党中央所在地河北平山县李家庄，受到了解放区军民和中央领导的热烈欢迎。

三、清正廉洁的人民公仆

北平解放以后，周建人担任了新成立的华北人民政府教育部教科书编审委员会副主任。1949 年 6 月，他以上海人民团体联合会的首席代表身份参加了新政协的筹备会议。9 月，周建人作为民进正式代表之一，出席了中国人民政治协商会议第一届全体会议，迎接新中国的诞生。

中华人民共和国成立后，周建人先后被任命为出版总署副署长、高教部副部长。1950 年，周建人为全国出版会议题字："人民不单要吃、饮、住、衣，来维持身体的健康，还需要优良的精神食粮，来增进精神的健康。所以出版者应尽力出版真正滋养精神的好出版物，并把它们运到读者面前供他们阅读。"这是新中国较早地关注出版和阅读事业的呼吁。

1958 年，周建人被浙江省人民代表大会选举为省长。这年 7 月，周建人前往浙江师范学院视察。当他了解到一部分学生不安心当教师的时候，就结合自己的亲身体会，谈了教师工作的意义和价值。他说："我也当过教师，教过中学。虽则离开今天已经很远了，再过三四个月我就要 70 岁，可是我对教师工作还是很感兴趣的。"

五六十年代他请西泠印社刻了"学然后知不足""兼听则明""独立思考""明辨是非"等印章，表明了他的心境。他工作认真，重视科学方法，任高教部副部长时负责农林卫生方面工作，中国农业大学的校址就是他选定的。当时有人建议把筹建中的中国农业大学直接建在农村，以为这样才姓"农"。周建人认为农业大学既不能离开农村，又不能脱离城市。农业大学学生要实习，不能没有试验田；但要研究科学种田，又必须有先进的科学技术和实验设备，更重要的是要了解世界农业发展的信息，因此不能脱离现代化城市。经过周密调查，他选定了北京西北郊现在的校址。虽然这里现在已变成城区了，当时却是离城几十公里的郊区农村。

担任浙江省省长以后，他特别关心农民的疾苦，经常到基层视察调研。特别是在三年困难时期，看到许多农民饥饿逃荒，心里非常痛苦，并且为此专门上书毛泽东主席反映情况。他非常关心浙江的教育事业，关心知识分子的工作，结交了许多朋友。他曾经告诉女儿女婿，浙江大学的陈建功教授是我国著名的数学家，他在日本留学时的老师都以有陈建功这样的学生而自豪；他很赞赏女作家陈学昭，说她是很有天赋的作者；京剧演员盖叫天别树一帜，他的拿手好戏"武松打虎"达到了很高的艺术境界，让人百看不厌。

周建人身处高位，却时时以一个普通百姓的身份看待自己。他当省长以后，每次来京开会都是坐在普通客车里，和群众在一起。他很少到疗养胜地去休养。他总是说："现在国家经济不发达，人民生活还有困难，我不能安心花国家的钱去休养。"女婿顾明远先生回忆说，在他的记忆中，周建人只有两次短暂地到休养地住了几天。一次是1957年到北戴河，本来要住两个星期，但因为要访问尼泊尔，住了几天就提前回来了。另一次是60年代末的一个暑天，因杭州太热，到附近莫干山住了几天。三年困难时期，他已年逾古稀，中央为照顾他的身体，劝他到青岛或大连去休养，他都拒绝了。

"文革"期间，周建人对当时的学校停课闹革命非常担心，认为应当尽早地恢复上课，以免贻误学业。1970年秋，他在接见杭州学军中学副校长俞芳与校办工厂负责人赵玉琪时，对如何加强学生的劳动教育、培养动手能力，厂校挂钩等问题发表了重要的意见。1975年，绍兴地区部分师范教师写信给建人反映山区办学的多方面严重困难。收到信之后，他立即批转到浙江省有关部门，要求应该认真地加以研究解决。

周建人在为政清廉方面也是堪称表率。出任省长后，他做的第一件事就是要把家搬到杭州。按照规定，他并非一定要这么做，而且完全可以在北京留一套房子。现在，连许多乡镇干部都是"走读"，即工作在甲地，家在乙地，两地行走。但周建人执意要搬，而且一定要把北京的房子退掉。同时，他还执意让在高教部工作的夫人王蕴如辞职，随他到杭州。其实，根据规定王蕴如随丈夫到杭州照顾他的起居，或者调动工作到杭州，也是完全可以的，但周建人力主辞职。结果，夫人王蕴如从此便失去了公职，成了一个家庭妇女，没有任何待遇，连退休金也没有。

周建人回到家乡当省长后，有一个本家亲戚兴冲冲从家乡赶来找他，希望留在他身边当账房先生，理财管账。这位亲戚说，你一个堂堂的省长，比过去家乡的知县、知府官大多了，俸禄自不会少，各色人等送上来礼钱也不会少，怎么能没有一个账房先生呢。周建人听后笑着说："我们就两个人，平常就是买点菜，没别的事，我有什么账可管啊，你以为我是国民党的官啊。"好说歹说，总算把亲戚劝了回去。对于亲友的抱怨，周建人能解释就解释，解释不通也就听之任之，从来不被这些琐事而搅扰，依旧我行我素。

周建人对群众十分关心。有一次，周建人接到群众举报，一个村支部书记横行乡里，胡作非为，奸污妇女多人。派人核查情况属实后，他自己亲自跑到法院，要求从严判处。但法院的人却以生活作风问题搪塞。平素沉稳的周建人火冒三丈，大声喝道："此事你们不管，我宁可不当省长，也要管到底！"他亲自打电话给最高人民法院院长杨秀峰，最后才为受害人申了冤。

1960年大饥荒时，浙江临海县的一个女社员饥饿难耐，偷吃了队里几个玉米，被村干部发现后，剥光衣服游街示众。周建人听后大为震惊，一直致力于解放和保护妇女和儿童的他，难以置信这丑陋一幕竟然会发生在他自己管辖的新中国的土地上。他愤而上书，直接向毛主席汇报，要求采取措施，杜绝此类事件的再次发生。

20世纪70年代初回到北京工作，他先住在北太平庄4号，后住护国寺23号。23号住所墙上原本有铁丝网，他搬进去以后就让人把它拆除了。他还经常让秘书到邻居家里听取意见。有一次，邻居反映烧暖气的锅炉鼓风机声太大，影响休息。他就立即让人把鼓风机移到里面，靠近自己的卧室。这个消息被北京消声器厂的几位青年知道了，写信给他，要为他装一个消声器。建老知道后很感动，立即写了一封长信去感谢他们，并说问题已经解决，消声器已不需要，同时热情洋溢地对青年人寄予希望。他在信中说："鲁迅几十年前就说过：'将来必胜于过去，青年必胜于老人。'虽然也有人说这是进化论思想，但我还是相信这句话是正确的。……青年要胜于老人，否则，社会就不会前进。……希望青年们能像达尔文从事科学那样，富有探究真理的精神能力和精神状态，这样，不管各人的能力大小，总会做出造福于人类的成绩来。在我们社会主义祖国，青年前途是光明的，是可以大有作为的。"这封信被发表在1981年11月30日的《北京晚报》上，在青年中引起了巨大的反响。他喜欢和青年谈天说地。他曾给《中国青年》写过多篇文章，指导青年学习，讲鲁迅的故事。

1983年上半年，四川长寿县发生过一起毒打、侮辱女教师的严重事件。5月13日，周建人联名叶圣陶致函中共中央办公厅，要求依法惩办凶手。5月15日，《光明日报》全文发表了周建人写给该报总编辑的信，揭露上述事件，呼吁全社会都要尊重教师，保障教师的合法权益，维护宪法尊严。中共中央书记处对此事件十分重视，很快电话指示中共四川省委和重庆市委会，做了调查处理，使凶手得到了应有的惩罚。

周建人的好友柯灵还讲述过一件事情：周建人当省长的时候，专门写信给他，请他帮忙给自己的女儿周晔在上海找份工作。柯灵说，"我无职无权，怎么能有办法解决周晔的工作，你是省长，怎么还要我帮忙?"显然，不是周建人没有能力解决，而是他不愿意公权私用。柯灵深有感触地写道："到了枫林日晚，忽然因为积年的革命劳绩，平步青云，被送上权位的高层，霜叶红于二月花，他无意追求权位，而权位送上门来。境况的变化有若天壤，只有一样丝毫未变，就是他的书生本色。"

周建人喜好书法，20世纪60年代视力好的时候，他曾经写了两个书法册页，一册书录了毛主席重要语录，另一册书录了毛泽东诗词，后来顾明远夫妇分别捐赠给民进中央和绍兴鲁迅纪念馆。他生前写的最后一幅字是"没有共产党就没有新中国"，发表在1984年4月4日《人民政协报》上。

四、提倡科学、反对迷信的教育家

周建人是一位生物学家，也是一位很有成就的科普作家。

从20世纪30年代开始，周建人利用他掌握的生物、植物学知识，开始为一些报刊撰写科普文章，传播科学文化。他的科普文章中，有普及自然科学知识的，如《熊猫是怎样的一种动物》《遗传和变异》《谈谈龙和蛟》；更多的是宣传科学思想、科学意识的，如《战争·科学与民主》《论人民应该多说话》《科学信仰与迷信》等。这些科学小品文兼具知识性和文学性，可读性强，受到了社会各界的好评，人们把它亲切地称为"科学小品"。

有人曾经评价说，在风花雪月的上海滩，周建人倡导的"科学中国化，中国科学化，社会民主化"思想，带有很强的针对性，尤其是对于中国这样一个封建遗毒深重的社会。他创作的这些小品文，不论从传播的内容来看，还是从传播的效果来看，似乎和他哥哥鲁迅的杂文一样，也称得上是投枪和匕首，也是启迪大众，蠲除蒙昧的良药。

周建人对中国科学教育的最大贡献之一，是为自然科学教科书的编写树立的标杆。在他长达 23 年的商务印书馆编辑生涯中，编写出版了大量自然教科书，文风轻松风趣，贴近中国民众日常生活，一扫之前西化、刻板冰冷的自然科学教科书风格，体现了中国文化传统与西方科学知识的和谐对接。这种融中国民众日常生活经验与西方科学知识于一体的编辑风格，是编辑人生经历、对科学自我定位与社会语境的多重耦合，更为新中国中小学自然教科书编写提供了鲜明典范。

新中国成立以后，在政务工作十分繁忙的情况下，他仍然孜孜不倦地研究自然科学和哲学。解放后不久，他就与叶笃庄、方宗熙合作翻译了达尔文的名著《物种起源》。他还为报纸杂志写了许多科普小品，如《关于熊猫》《泛说老虎》等，后来这些科学小品集成一本小册子叫《科学杂谈》，1962 年由浙江人民出版社出版。他还为北京市的干部开设系列讲座，讲述自然科学诸问题。解放后出版的比较重要的自然科学论著有：《生活进化浅说》《论优生学与种族歧视》《田野与杂草》等。

周建人写过的许多科学小品，有的已选入小学课本。科普作品既要有科学性，又要有艺术性、可读性。有时要纠正一些流行的不正确的说法。例如，民间传说老虎的本领是猫教出来的，但猫留了一手，没有教它爬树，所以老虎不会爬树。周建人根据许多科学资料说明，老虎其实是会爬树的，不过轻易不爬就是了，于是写了《泛谈老虎》一文。

科学需要独立思考，不能盲从。例如关于语言和思想的问题，斯大林说过，语言是思想的外壳，思想不能离开语言而存在。建老认为这个判断不科学，他用确凿的事实，说明思想先于语言，并于 91 岁高龄时写了《思想科学初探》，发表在 1979 年 6 月 13 日的《光明日报》上。学术界认为这是我国第一篇提到思想先于语言的理论文章，有很高的学术价值。

20 世纪 80 年代初，社会上出现一股特异功能风，说什么耳朵识字，意念驱动物体，等等。周建人对此特别反感，认为这是伪科学，旗帜鲜明地写了《迷信由来初探》等文章给予揭露。他总觉得中国的问题是人民大众的文化素质太低，不懂科学，不讲科学，封建迷信思想还普遍存在，因此他大声疾呼，要普及教育，普及科学知识，他写了《科学战线上一个老兵的话》，并且给1978年全国科学大会写了贺信《科学是历史的有力杠杆》，以后又写了《达尔文进化论是怎样吸引着我们》《普及科学、厉行节育》《思想科学初探》《思想问题随录》等。他认为，中国要实现四个现代化，人们的思想观念要改变，思想要革命，克服落后的、旧的思想观念。虽然我国传统文化是十分优秀的，但封建统治时间太长，许多封建旧思想残留在人们的头脑中，需要革新，才能适应时代的要求。改变思想观念要靠科学。他呼吁人人要学科学、爱科学。他生前最后一次给一个小学的题词就是"从小学科学、爱科学"。

　　周建人在《北京晚报》上发表了《计划生育与传宗接代》一文，在社会上引起了强烈的反响。这不仅是对计划生育的一种支持和宣传，也是对旧观念的一种批判，是精神文明建设的重要内容。学科学要靠教育。周建人在《略谈智慧》一文中写道："教育决不是可有可无的事情，它关系到全民族的文化水平的问题，也关系到能不能充分发掘中华民族的智慧问题，关系到今后我国民族的质量问题。"1983年发生了一起重庆市长寿县云台中心校女教师被殴打、侮辱的事件。他知道后十分气愤，立即给《光明日报》写信，要求严肃处理歹徒，呼吁全社会尊重教师的劳动，关注教师的权益和人身不受侵犯。1983年5月15日，《光明日报》头版全文刊登了周建人给该报总编辑的信，呼吁全社会尊重教师合法权益、维护宪法尊严。

　　周建人是一位从不迷信的革命家。他把一生奉献给了科学和科学教育，奉献给了人民。他临终时嘱咐家人丧事从简，不搞遗体告别，遗体送医学院供学生学解剖学时用，最后骨灰撒到大海中。

五、妇女解放运动与女性教育的先驱

妇女的解放是衡量社会解放的尺度。马克思在《致路·库格曼》一文中说："每个了解一点历史的人都知道，没有妇女的酵素就不可能有伟大的社会变革。社会的进步可以用女性（丑的也包括在内）的社会地位来精确地衡量。"

周建人对中国妇女问题一直十分关注，早在辛亥革命之前，就非常敬佩为争取妇女解放民族独立而献身的秋瑾烈士。五四运动以后，在时代潮流的推动下，他继续倡导男女平等，主张妇女应在政治、经济、法律、教育等方面，享受和男子平等的权利，并为此做出了许多努力。

1920 年 8 月 1 日，周建人与胡愈之、周作人等 17 人发起组织"妇女问题研究会"，并在北京《晨报》副刊上发表了《妇女问题研究宣言》。宣言指出，妇女要求得到政治上的民主自由，有赖于经济上的自立自主，而妇女个人的独立自由，又必须与社会解放相一致。这个宣言成为"五四"时期我国妇女运动的著名文献，产生了很大的影响。

1921 年 9 月，他在《妇女与社会》一文中，就从生物进化的角度，从教育与培养高素质人口的角度，谈到人口不在乎多，而在于精。他指出："建设家庭的本能，根底极深固，不是因环境而能消灭的；而且社会的进步，实藉于分子的健全，而不在人数的过多；生殖不过多，而养护周密，使中途夭折的减少，这是极合于经济，也是进化而适于生存的条件。"

受"五四"启蒙运动的影响，周建人在 1920 年至 1930 年的十年间，前后发表了有关妇女问题的文章近百篇。如果说"五四"时期的鲁迅曾经在小说中喊出了振聋发聩的"救救孩子"的强烈呼声的话，那么周建人则是紧扣"救救妇女"这一主题，为争取妇女解放而呼号。

《妇女杂志》的读者群集中于中等文化以上的男女学生及知识女

性，女性受教育的话题一直为杂志所重点关注。周建人在《妇女与社会》一文中强调："培养女子的教育，固然不是'三从四德'和什么'女子无才便是德'，也不是学几针刺绣，及切剁得极细巧的烹调；只是人生应有的智识，人们相互的关系，养成健全的心身，便是琢成社会上有用的材料"。结合"娜拉出走以后"社会讨论热点，周建人认为以往女子教育忽略女性"个体"及生活能力的提高："许多执教育权的人，以为女子是天生成的专给人做妻子的材料，教育自然当顺着这目的而走，给予一点知识，无非使帮助她做个好妻子，因此，女子教育上，忽略了为女子增高生活能力和独立精神。"他提出好的教育是"向着养成女子为独立的人类，能营独立生活的目的进行"（《女子教育的倾向》，《妇女杂志》，第8卷，第9期，1922年9月1日，第46页）。"对于女子教育，究竟应当注意于谋她们的自立，还是应当注重家事和育儿"问题，周建人认为教育应随人的志趣而定，而不因性别进行社会角色绑架："譬如有些妇女性质近于学科学的，那么不妨授以和男子一样的科学教育；但在多数妇女，宜于管理家庭管育小孩的，则当教以家事育儿等科，并且更选择适于女性的教科教她们。"（《泰倍尔女士的妇女职业观》）。在《妇女主义之科学的基础》一文中，他援引国外科研发现："我们应当知道为母本能是循盖然数的定律的，不当以母职加于凡是妇女的身上。一面当认为母是神圣的事，而一面仍当予以自由，使妇女能各就自己的志趣去做，那么，所任的事收效自然显著，高才妇女，也得发挥她们的才能了。"在他看来，女子受教育的目标是使她成为一个完全独立的人，然后才谈得上女性地位提升和家庭革新。这一目标与之前单一相夫教子的"贤妻良母"目标相比，既更易吸引追求个性解放的五四新青年，又能兼顾有传统思想的知识女性。

在家庭教育方面，周建人主张民主、自由的相对宽松的教育氛围。他对子女的教育很是放得开，基本上采取的是无为而教，从不干涉他们的生活。对于女儿们的学习成绩和职业选择，他也没有任何特别的要求，主张她们尊重自己的兴趣，爱干什么就干什么。对子女生活上的事，周建人也很少干涉。据他的小女儿周蕖回忆："我就记得小时候，他教我写毛笔字，但是我不爱学，他也就算了。你什么做得不对啦，或给我们提怎么怎么的，没有。"周蕖自己总结说："总体上说，他反对那种父母家长式的统治，他一贯追求平等、自由、民主，所以他认为家里也应当显示民主的作风，你的行为不是太出格的话，他就不给你提什么意见。家里头显得很平等，我们也都能够瞎说八道，没有父道尊严的要求在里头。"

虽然对学习成绩没有特别要求，但周建人对子女的做人却有明确的标准，要求她们生活上要刻苦，能吃苦。他说："做人应当能吃冷饭、喝凉水。"周蕖回忆说，周建人就是这样要求他自己的。父亲这种教育方式，帮助子女们养成了独立生活的能力和处理问题的能力。她说："我们家的孩子绝对没有什么优越感，因为家里没有给你灌输这些东西。就觉得自己很平常，当然可能生活条件比别人好一些。"

总之，周建人不仅是一位伟大的政治家、社会活动家，也是一位优秀的生物学家、科普作家，还是一位杰出的教育家。他一生笔耕不辍，著述丰富。著有《生物学》《动物学》《植物学》《科学杂谈》《进化与退化》《哺乳动物图谱》《论优生学与种族歧视》《花鸟鱼虫及其他》《略讲关于鲁迅的事情》《鲁迅回忆录》《鲁迅故家的败落》等。译有《物种起源》（合译）、《吸血节足动物》、《生物进化论》、《原形体》、《生物学与人生问题》、《优生学》、《赫胥黎传》、《新哲学手册》等。1989年，民进中央宣传部选编了周建人各个时期的代表作品93篇，由中国文史出版社出版了《周建人文选》。

目录

第一辑　公民教育

从小培养学生的求知欲、事业心、责任心 …………… 003

论人民应该多说话 …………………………………… 006

谁是公民

　　——妇女地位的一个考察 ……………………… 010

生物学与公民教育 …………………………………… 014

第二辑　科学教育

关于新年的希望 ……………………………………… 029

科学信仰与迷信 ……………………………………… 032

生物学和我们 ………………………………………… 034

科学的由来和它在中国不发达的原因 ……………… 044

关于科学方法 ………………………………………… 048

《自然界》发刊旨趣 ………………………………… 055

漫谈智育 ……………………………………………… 061

今后中国卫生教育之展望 …………………………… 064

思想科学初探 ………………………………………… 067

第三辑　妇女教育

妇女运动的究竟目的何在？ …………………………………… 071

妇女参政运动的重要 …………………………………………… 074

妇女主义者的贞操观 …………………………………………… 076

妇女主义与贤妻良母说 ………………………………………… 081

妇女运动的发展 ………………………………………………… 083

妇女前途的曙光 ………………………………………………… 085

妇女运动与民族的进步 ………………………………………… 087

妇女才力低浅的原因 …………………………………………… 089

妇女与工作 ……………………………………………………… 092

中国的女权运动 ………………………………………………… 094

对于女权运动的希望 …………………………………………… 098

美国妇女的公民教育 …………………………………………… 100

贞操观念的改造 ………………………………………………… 103

妇女在进化中的任务 …………………………………………… 108

妇女与社会 ……………………………………………………… 112

女子教育的倾向 ………………………………………………… 120

报复的妇女主义 ………………………………………………… 122

旧道德为什么急须打破 ………………………………………… 124

中国女子的觉醒与独身 ………………………………………… 126

美国劳动妇女的夏季学校 ……………………………………… 130

两极端的妇女生活 ……………………………………………… 133

告中国女权运动者 ……………………………………………… 136

妇女发展的两个途径 …………………………………………… 139

近代妇女运动的先导

    ——几个重要的妇女主义者的意见 ················ 141

女权运动与参政运动 ···································· 150

新人的产生 ·· 154

闲散阶级妇女的责任 ··································· 158

旧妇女的任务是什么 ··································· 161

今日女子教育的缺陷 ··································· 163

权利是要自己争来的 ··································· 167

将来的女权运动 ·· 169

妇女的智能果低于男子么 ····························· 172

女子教育与女学生 ······································ 174

第四辑　性教育

恋爱的意义与价值 ······································ 185

性教育与家庭关系的重要 ····························· 191

性教育的理论与实际 ··································· 196

教育与性教育 ··· 199

性教育的几条原理 ······································ 201

现代性道德的倾向 ······································ 208

性道德之科学的标准 ··································· 215

性教育与性道德 ·· 218

性教育的几个问题 ······································ 223

性教育运动的危机 ······································ 236

第五辑　家庭教育

离婚问题释疑 ……………………………………………………… 243

旧家庭制度的破裂 ………………………………………………… 247

今日的家庭 ………………………………………………………… 249

读《青年进步》的"家庭问题"号下 …………………………… 259

家庭制度的变迁 …………………………………………………… 264

家族主义的子嗣观念 ……………………………………………… 271

第六辑　文字改革

文字改革随笔 ……………………………………………………… 277

文字改革续笔 ……………………………………………………… 279

文字改革随笔再续 ………………………………………………… 281

周建人著述年表 …………………………………………………… 284

后记 ………………………………………………………………… 341

第一辑

公民教育

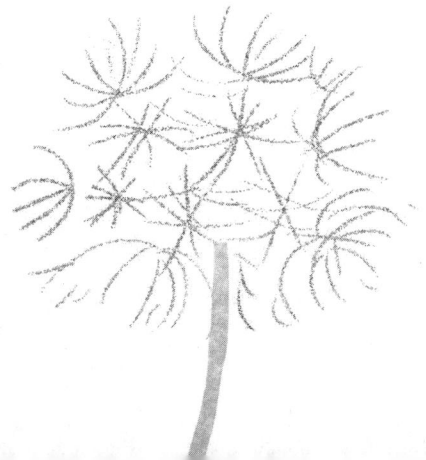

从小培养学生的求知欲、
事业心、责任心

实现四个现代化，不仅需要每个公民具有现代科学技术知识，而且需要有为四个现代化而献身的事业心和责任心。这些品质需要从小学校开始培养。

旧中国的教育传统是脱离实际的。清朝以前私塾里小孩念的是"人之初，性本善，性相近，习相远……"；再大一点念"王曰""子曰"之类的东西。民国以后改念"人刀手山、斗牛口田"。总之，对小孩施行单纯的识字教育，很少注意学生将来从事工作的品质和能力。

现在时代不同了，我们要实现四化，建设社会主义强国，光是认识几个字是远远不够的。首先要有丰富的科学文化知识。小学校不仅要教育学生读、写、算，而且要教会学生运用这些基本工具，去进一步获得科学文化知识。因此，不能让学生死记硬背，而是要培养他们刻苦学习、热爱科学的精神，培养他们不断进取的求知欲。小孩子从有意识开始，总是希望问长问短，有旺盛的求知欲望。我们的教师就要注意保持和发扬他们的这种求知欲，而不是扑灭它。如果小学校里有的教师用繁重的负担去压迫孩子，用分数去吓唬孩子，那么学生本来具有的求知欲就会被扑灭，这对于教育工作来说，是最危险的事情。

要建设社会主义，还要有高度的事业心和责任心，欧洲的教育在这方面很值得我们学习。还在我做小学教师的时候就读到一本外国讲教育的书，书上写到教师用各种方法培养学生的事业心和责任心。例如教师让班上每个孩子或两个孩子种一盆一年生的草本植物，并且负责照看它。对照看得好的就表扬，对照看得不好的就批评。小孩子对这项工作很认真，注意每天浇水、晒太阳。这种活动不仅使学生获得许多书本上没有的知识，而且逐渐地养成了他对做一件事的责任心和事业心，长大以后他就不会对工作马马虎虎。

事业心是和对每项事业的兴趣分不开的。达尔文在"自传"中写道："就我可能回忆的我在学校时期中的性格来说，其间对我后来发生好影响的，就是我有强烈的和多样的兴趣，非常热爱使我感到兴趣的东西，并且深喜理解任何复杂的问题和事物。"达尔文从小对昆虫、植物就感兴趣，后来他环航世界到各地考察动植物生长的情况，回到英国以后又隐居在叫唐恩的小农村达二十四年之久，终于写出了《物种起源》等许多著作，创立了达尔文主义。我们的小学校要培养人才，就要培养学生对科学的兴趣。不要把上课当作唯一获得知识的地方，要很好地利用课外活动，组织他们多读、多看、多动。常常有人问我，鲁迅的小说《风筝》里写的把弟弟的风筝撕掉的事是不是真的。不，不是真的。我记忆里从来没有发生过这样的事。鲁迅最反对压制儿童的事。他写的那篇小说，不过是为了告诫那些不懂得儿童心理、压制儿童兴趣的成年人。小学老师读读这篇小说是很有教育意义的。

小学校还要注意学生的身体发育。身体是建设社会主义的本钱，有了强健的身体，才能完成实现四化的艰巨的任务。欧洲的小学校也非常注意小学生的身体锻炼，他们让孩子学游泳、划船，做各种体育活动。欧洲国家多草皮，孩子常常在草皮上匍匐前进，这是一种全身运动，对身体发育很有好处。因为注意体育锻炼,欧洲人成年后佝偻侧肩的就很少。据说现在我们小学生患近视眼的很多,脊椎骨不正的也不少,这就应该引起全体教师的重视,要加强体育锻炼,注意学生卫生。

小学校是打基础的地方。只有基础打好了,中学和大学才能有高质量的毕业生,才能有杰出的人才。但所说打基础,不只是知识的基础,而是德、智、体各方面的基础。千万不要把孩子困在书斋里读死书,要让他们在广阔的天地自由翱翔,在各种各样的活动中培养他们的求知欲、事业心和责任心,使他们的身心得到充分的发展。

(原载于《光明日报》1981 年 1 月 30 日)

论人民应该多说话

在袁世凯死后不久的时候，我同一个北大学生往北平去玩，住在先兄豫才住的山会邑馆内补树书屋里。一天晚上有一个他的北平朋友来与他闲谈，讲起他的家里认识一个袁世凯家里的老妈子。她说袁世凯的老婆曾经有时叫她叫娘娘，说要做皇后了。过了几天又叫她照旧时称呼，不做皇后了。这样反复好几次。那老妈子说不懂究竟这是什么道理。

其实这道理并不难懂。在袁世凯时代，君主思想已经只存留在一部分人的脑中：若干野心军阀、倚势横行的走狗及一部分思想落后的人中。大部分已经倒塌下来，起来代替的是共和政体的思想。袁氏本来是一个野心军阀，当然会想做皇帝的。但是每一个人要怎样做，或是否应该怎样做，实在不是纯粹他一个人的思想，是由许多别人的意见汇集起来成功的。他的耳边好像有人切切嚓嚓地在告诉他说，"你可以做皇帝，你可以做皇帝"。但在帝制已将崩溃，起来了共和政治思潮的时代，他的耳边自然又会听到"你不准做皇帝！"这等切切嚓嚓的私语声与怒斥声。世上既无鬼魅，也不是幻觉，而是远远地从各项人民的思想里传出来的消息。有些思想已将成过去，有些正在流行，有些还只是开头。从思想方面讲，这是袁氏一时决定做皇帝，一时又不想做皇帝，他的老婆一时觉得可以做皇后，一时又不想做皇后的原因。

那时候中国人，吃皇帝的苦已经吃够了，吃透了，除掉想倚势横行者外，大家憎恨皇帝，袁氏也就做不成，坐上皇位，马上就倒下来了。

但是这以后，接着是贪污的军阀的压迫与横行，人们却没有正确的认识与具体的方法去对付他们。有一次，有一个以研究教育与哲学出名的美国人杜威教授到中国来，听说北平学生有一回与他讲起中国政治情形时，问他对于贪污的军阀、官吏，应该怎么办。他说只要把他收入的款项与支出的款项极确实地调查明白，向报上登出来，使大家知道他私吞了多少公款，他以后便不敢那么做，否则他的官职就不能保守了。

这条办法，杜威以为很容易办的，在中国却还不容易做。因为中上层分子，反对贪污还没有像反对帝制的坚决。真正的人民是没有不反对贪污的，但是力量还不够；有些人们还给他曲谅与宽容。而且袁氏皇帝虽然做不成，皇帝时代的专制与压迫的作风却并没有去掉。即使有人敢去调查收入与支出，能够发表出来吗？多半不可能。他会忽然失踪，或者忽然得到一个毫不相干的罪名，坐在牢里了。别人虽然明明知道他在被陷害，但又谁敢去揭穿？如果揭穿了，便是犯了罪。因此没有人敢说话。有些人心里是知道的，知道隐忍不说，就是让黑暗势力去抬头，就是消极地支持黑暗势力的伸长，但是没有具体的办法。

对于容留黑暗势力一方面，早在 1872 年，优生学的创造者，英国人类学者戈尔登，曾写过一篇文章，叫作《牲畜与人的结群性》，后来收进在《人类才能与其发达的研究》这集子里。他研究了南非洲的野牛群的生活情形之后，断说人类因了结群的结果养成了一种奴隶性。虽然谢谢他，他说明所谓"甘心为传统威权，及习俗的奴隶"的奴隶性是由专制政治养成的，不是人类天生不变的性质（原来也并没有这样的性质）。他的全部思想不是都对，但有些话却很可以看看。他说：

"在人类的部落与国家中的元首，有一种异常的权力，比较动物群中首领所有的力量更强大。在一群兽类中，遇有一兽为首领所憎嫌，为首领的兽便攻击它，于是两相争斗，其余的兽只作旁观罢了。但在人类，如有一人为元首所恶，则他不但被首领所攻击，而且还被那一班他的执行官吏的极大压力所压迫。这反叛的人便须抵挡一群有训练的群力；有侦探立刻去报知他的举动，有地方官差遣一小队兵卒将他牵来审问；早经造好的牢狱可以监禁他，文官用法律的权力收没他的一切所有，执法官预备拷打或杀戮他。人民所受的这种暴力，无论在粗暴的野蛮民族的酋长之下，或在半开化的东方的专制政治之下，或者在现在虽然比较修饰过而仍旧严苛的政府之下，在刈除人族中独立性的发展上必定有一种很可怕的影响的。试想奥地利，那波尔，以至于拿破仑三世治下的法国，1870年间，据10月17日的《日日新闻》所载，依照条垒利官寻出的记载上说，从1851年12月2日起，法国有26 642人因政治犯罪被捕，其中14 118人已受徒刑、流刑，或监禁在狱中。"（意思是说有思想能反抗的受罪，被淘汰，渐渐留下多数服从的有奴隶性的人）

中国人民多数不识字，我们却是识字的人民，比较有时间与发表意见的机会的，如果还是不说话或说话太少，让专制势力伸长上去，在良心上实在是犯罪的，便是犯了不尽人民说话的责任的罪。并且还要受到有奴隶性的坏名声。

政治对于人民性格的影响的确是很大的。前几年我买了一本美国布鲁克林专科大学哲学教授塞尔撒姆写的，1938年出版的书，叫作《哲学是什么？》末章里面有一段记着美国挨提先生所讲的事情。挨提先生有一回往莫斯科去，在莫斯科公园里与一个苏联的小姑娘谈天。那小姑娘为了要知道究竟美国是不是一个个人可以占有一个工厂，而且雇用几十个或者几百个工人替他做工，就问他这是不是确实的。挨提先生回答了"的确如此"以后，又加上一句说：美国还可以雇用几千个工人给他做工哩。那小姑娘听了很不平地说："他们为什么不把他捉起来呢？"

如果一个国家的人民的思想大都像那小姑娘那样，又能发表他的意见与有力量推行他的主张时，不但袁世凯做不成皇帝，一切军阀与官吏的横行与贪污都做不成的。

人民的性质是政治造成的，但人民的性质也可以决定政治。所以西洋的某哲学家说"政治决定人民的性质，人民的性质也决定政治"。

但是从哪里开头呢？先有人民觉悟呢？还是先把政治改善呢？

政治是人造的，如果没有人去改善它，它自己哪里会改变？所以改善政治还是须要有人。历史告诉我们过去的人民的一点一滴的平等、自由、幸福都是争来的，坐牢的坐牢，被流放的被流放，如戈尔登所讲就是一斑。有时候还流着血，或大量的流血，现在大量的血已流过了。法西斯是反自由、反民主的"恶魔"，一切争自由与民主的血已经在反法西斯的残酷斗争之下流过，反法西斯战争一经胜利，人民应该立刻得到自由、民主，是丝毫没有疑问的。我们今日应当毫不吝啬地说明这一点，反复主张我们要自由与民主。前面已经说过，每个人的思想，并不单纯是他个人的思想，却是许多人的思想集合成功的。每个人的耳边都像有许多人切切嚓嚓地在告诉他，劝他，或阻止他，叫他怎样做或叫他不要怎样做。因此在克服专制世界，转变为民主世界的过程中，各个坦白、纯正的人们都应当再来竭力说明这一点，来反对专制、独裁、武断等等。我们过去实在说话太少，"良心"上应该受罚。现在为了大家的幸福，社会的进步，民族的生存，不得不与胜利后的法西斯残余势力力争，同时以消除少说话的罪。

（原载于《民主》1945 年第 3 期）

谁是公民

——妇女地位的一个考察

考人类的历史，妇女在文明的进化上，本负有一大部分的责任，不过在家庭方面，任务尤分外重大。原始社会的时候，妇女本是经济的生产者，又是艺术家，经济家，她们在人群中占领着重要的地位，她们实在是理想的公民。埃及文明史中便也有这种情形。埃及的妇女，除战争以外，各方面的事情，无不参与的。无论在社会交际场，或行宗教典礼的时候，都有妇女的足迹，所以埃及妇女，实处于与男子平等的地位，是和男子平等的公民。希腊和罗马的妇女情形，就很不同了，她们相互间却很相像。现在就希腊而言，雅典女公民的职分，实只限于为母和管理家庭，在家庭内的主宰权，实际也属于男子的。但别一阶级的妇女，她们是不被认为公民的——是外国的移民和奴隶——却很自由，直和埃及妇女相似。因为当时那里众人的观念，以为被认为公民的妇女须受拘束，只有那班公民以下的妇女，是可以放任的。在早先的罗马，其女公民的情形，和雅典很相似，到后来才逐渐解放，于是得随同男子宴会游行，并且研究文艺哲学的人嗣后也逐渐增多了。

　　但不久罗马妇女的地位又渐渐失掉，这原因不外二种：一种是因含有野蛮习惯的势力压迫妇女，一种是错误的性观念的势力加强，例如以独身为高尚，完全是由性观念的错误出发的。对于性生活没有明白的了解，实在是压抑妇女的一大因素，在历史上随处可以看得出来的。

　　但这是过去的情形，在近代的民族里，妇女却日渐向着有权的一方面进趋，公民的资格也愈加充分了。现在各先进国的妇女，差不多都已获得参政权，只除却拉丁民族几国以外：妇女参政权的获得，于妇女的地位实很有关系的，美国霍立斯德（Horace A. Hollister）说，这不但于妇女财产权有关，在结婚和在家庭中的地位，教育权，职业上的地位也都很有关系的，而且我们知道，也须这样才是真正的公民；从前亚里士多德便曾经说过，必须由自身，或由他们的代表，分担政治权的人，才能算作充分完全的公民。

　　现在我们回顾到中国妇女的地位怎样呢？

　　中国是一个很古旧的，而且奇异的国家，有许多现象实在能够使我们奇异；就妇女的地位而言，情形也是这样。中国的妇女地位是非常卑下的，然而你如果说她卑下，却有许多妇女有无上的权威，能够支配一切的权力。但她们的多数却是供人役使的人，每日做着长时间的苦役。她们在家庭中是奴仆，她们是可以一任他人的良心处置的，如果她生来"无用"，又没有有势力的母家时，她不必一定要有和人私通这样致命的重罪，不良的丈夫也可以将她售卖，不算什么一回事。骂詈殴打更不足为奇了；不特丈夫，便是公婆要骂要打时，也只好安心忍受。但你如说中国妇女的地位是这样卑下的，却别有许多妇女，握着无上的权威，她们不特掌握家庭经济的全权，便是丈夫的经济，甚而至于他的交际也完全须受她的支配。丈夫是天生的负担困难的人，她们能施以压迫，蔑视和种种干涉；她如负债，丈夫却决不能否认，有偿还的义务的。这种现象，正是很可以使人奇异，为什么有的妇女可以骄纵到这样，别的却卑下到那样呢？这根本原因在那里？

妇女在实际上是没有地位的，是无权的，她不是和男子平等的人民，她是附属于人民的另一种人，她们教育上的地位是新近赐予的，在从前的法律上，她们没有教育权，自主权，财产权更不必说了。概括地说，从古代法律上看起来，妇女的身份实在和奴隶财产差不多，并不是和男子平等的公民。这种原因，全是野蛮时代以强力为主的习惯的遗习和没有正确性观念所致。妇女如果有实际的地位，必当有保护她们的法律，现在，妇女如果需要法律保护的时候，并没有保护她们的法律，虽然有时有特别的威权，但决不能证明妇女的实有地位，这只是一个人间关系的偶然机遇罢了。譬如奴隶，如果得主人的宠爱，也许可以得着权力的，但这只是受人宠爱而生的结果，绝不是自己固有的地位，一旦失主人的欢心，地位也立时失掉了。就妇女从来的地位说起来，这一种比喻实在不算过分罢！

虽然，人民的权利原是各国不同的，便是一国之内，也随时变迁不定；在专制君主之下，和在平民政治之下，人民的地位身份，截然不同，在古国之中，看了埃及、希腊和罗马等国公民的情形，可以知道的。中国妇女的地位，虽然并不是说她是奴隶，但严密地说起来，决不是平等的公民。然而我们要问，"谁是公民"呢？据亚里士多德说，所谓公民，应当具有以下的条件的。他在《政治学》里说：

"谁是公民？"的答案是随各国而异，依其法律和制度而定的。一国的全体人民，凡是享受法律的保护的，无论在法律年龄以下的幼年和已过作业年龄的老人，或各种无能的废人，照广大普通的意义说起来，都是公民。但是充足而完全的所谓公民，必须由自身或他们的代表能分担政治能力的才是。

照亚里士多德的定义说，妇女是公民么？我们一看中国自来的法律，只有保护国中少数人的利益的法律，和保护社会安静维持男子间的公平的法律，对于妇女，没有一条法律为她们而设的。即有，也不是保护她们，或奖励她们的，只是叫她们怎样服从，怎样惩治她们的不服从的行为以及奖励她们盲目地为夫保守贞洁的法律，其余便没有了。

这种贬抑妇女的遗毒，在中国自然也和别国一样，是野蛮时代以强力为主体，和性观念谬误而来的遗害。在原始社会中，强力为主宰一切的要素，承继家族自然应归有力的男子，于是遂以男子做了正统，而将女子做一种旁支看待了。对于性观念，也是这样，以为女子是从属的性，在血统的继续上，视男性是种子，女性是土地，种子虽然必须种在地上才能生长，然种的继续，却在种子而不在土地的。这种观念，从前大概广布于各地，不过在文明进步得快的国内，这类谬误渐渐打破，在中国却还大部分保留着罢了。妇女在这类状况之下，虽不乏一生享用的机会，但别有许多得不到机运的，需要法律保护的，并无保护她们的法律。在这种生活的情况之下，命运说实为最好的解释了。

但到了近来，我们已经知道，妇女做奴隶生活的结果是不良，不特只是不人道，而奴隶的生活，实能使她心身都衰退，结果是有害未来民族的前进。在别一方面，受人供奉而过骄奢的生活，也一样不良，影响决不在奴隶生活之下的。所以将来妇女的生活不特当从奴隶的地位进而为人的地位，尤其当从脱离骄奢的生活一变而为实际的劳动的生活，总括一句话，便是应和男子一样的做一个公民。

（原载于《妇女杂志》1923 年第 9 卷第 12 期，署名高山，第 8—10 页）

生物学与公民教育

我在这讲演里所讲的和前例稍有不同，这里并不是陈述科学的新进步的大要，也不是说明我自己对于进化的形态学上的意见，我现在单讲一个更普通的题目——我相信这题目对于未来，不只是关于我们的国民，实在对于我们的文明是异常重要的——便是生物学和公民教育的关系。就我主席的地位说，用不着说明，所谓生物学是注重在动物的生物学方面的。

生物科学在我们的近代文明状况的生活中的重要用不着来详说，供给国民的食物——种谷物，养家畜，牛乳食品，养鱼，食物的罐藏和冷藏，等等——显然是要应用生物科学的。在维持国民的健康方面也是这样——如防御疾病，许多疾病今日已知道因寄生微生物的祸患而起的，又常由别种生物传播开去，这种疾病的治疗全赖近代医药和外科的发达，——这等也是要应用生物科学的。我们如单把这种为各人所知的事实加以考虑，我们如果一看交织于近代文明的繁复经纬中的生物科学之重要，并且再把为了教育未来公民而化去的大批钱财来思考一下，必定能够如同一件非常事情地感到生物科学在普通公民的学校教育中分量占得太少了。

这是真的，即使科学并非不教，但在全个学校教育中，毕竟仅占附属的位置。看了人类进化的初期，据我们从今日仍在打猎为生，比较的原始野蛮人里考察出来，知道在青年教育中应当以科学为最重要的部分：用科学去教他去正确地观察生的或死的自然现象，从那里去取得一个正确的论断，使他得以去调整他的动作。在我们自己的古代历史中，教育青年时，科学本是同等地重要的。即使到中世纪，教育者的课程中，科学还很占重要，那时候的七艺中，有一大部分是属于科学的。但到后来，古典主义复兴起来以后，课程中才把科学置在幽暗的角落里，近年来虽然各方面已大加修正，那课程的主要点却仍然不变：它仍然是注重文艺和古典的。便在今日之下，关于教育上的讨论，普通所听到的，都是关于现行课程中的各科的成绩怎样的问题，至于那课程的大纲似乎用不着修改似的。

然而近几年来已得到证明，我们的社会组织是大大地进步了，但照现在的地位是似乎可以确定，如果未来公民的教育不是随伴着进化，不安定状况立刻会到来，而陷于完全危险之境的。大概在近代进化的社会中间发生为最大危险的要素，便是普通所谓交通的发达——输运的方法——在一方为物质，一方是观念。进化到游猎状况的原始人民是游牧之民，游牧之民是被局限于某一个地面的；他的游移，在他的土地和邻族的土地之间有着模糊的疆界。他完全取在这区域内的自然所给予的食物和衣服质料而生存；疆域以外的事他知道的甚少，除非有多少带有敌意的异邦人进来；他的伦理教条也同样地为地域所限，——在自己族内的交往间是极发达的，对于外方人就不遵守。他的主要观念是对亲属和同族的忠心，因为了这个观念，他肯预备着做任何的牺牲。

再进化上去，社会的单位已不在部族或一种族，而成为一个国家或联邦时，地理上和政治上的界限仍然还存在；等到进化到有汽船、火车以利运输之后，这宗障碍才打破——人和货物得自由往来了。但在公民方面的重要比物质运输更甚的是观念的运输。观念的发达初和言语这个思想的媒介物的进化同来的，依赖了它，一个人的思想得传达于他人了。到用能够永久的物质的象征——无论图画或文字，写的或印的——于是人或地间的传播加远，并且每一世代的成功都可完全地传之于后世了，这是为口说的言语所办不到的。

等到这宗传播的方法进化，思想在人间的知识的有秩序的进步上占了极重要的一部分，但它们对于社会进化的进程上也就加入了一个最重要的妨害原因。便是对于为社会进化的大原则之一的领袖的职务加以妨碍。

领　袖

在原始的部族社会中即有这种要素在作动的。部族的大小强弱常有不同——人数也许只有六七百或仅数百人——其中的主要要素便是酋长的人格。在他们的部落中间，因他的心和体力的能量而得为酋长；他是迅速、正确的观察者，又是有迅速、正确的决断的；他是聪明，富于知识和经验的，判断迅速然而沉着，善于权衡而能应急变的。

这样的经过历史的进化——酋长是部落中最能干的人，代代从人中间拔取自然的指导者为继续人。

关于传播思想上最近发达的——如印刷，电报，无线电信，活动写真等等——是构成重大的妨害要素，因这些的发达，使个人的重要不在一般的体力和心身的能量上边。在这类条件中，最显明的是演说能力和辩论方法的巧妙。今日的领袖已可不必再用建设才能站到众人前面去；却以善写和善说的才能代之。近代国度的领袖，已经变为巧妙的演说家，甚而至于政治上的建设才能也可以无需最高的了。因这种发达而招到的危险是很明显的；欲有效力地抵制这宗危险，只有建设一种教育上的防护政策，这似乎也是同样的明显。只是这种工作不是容易做的；欲图满足的成功，分明须依赖国内最佳的智识的人去做。但是其人如愈有才能，当见事情愈繁复而困难；但有些结论似乎很明显的，即必须将现在学校教科中的若干科目除去。至于实在应该怎样办，自当经过谨慎的研究才行；不过这又似乎很明显，在早期的课程中，现在化费许多时间去教育的那些课目，着实可以代以别种在早期的心的训练中价值更大的功课。那些课目，到心力较发育时候，只要很少的时间便可学习的。——如照这样的最久和厌倦的教授，只有使学生对于这宗功课的趣味灭亡罢了。

有些人以为学校课程中的科目可以大大地减少，有些人以为应改革每种科目略教一点的办法，变为少数几种科目，但所教的几种却须教得更完全。这宗意见我是完全赞成的，但我现在的目的是在说明每个公民在完了学校教育之前，应当至少授以生物科学的主要原理。

凡遇到这等问题，我们的心里必须明白，教育是有两个主要功能的：（1）狭义的教育功能——是在训练和发育自然赋予的脑力到最高限度；（2）是示教的功能——给学生以知识，使他将来能够应用。

科学和课程

科学和教育相关系的普通问题，这里必须再略略说及。那自然，我相信初等教育自来差不多摒除科学而不教实在是悲剧的。普通在社会活动的公民的生活和学者或隐居者不同，中有最重要的若干元素，均须学习科学使它发育。最重要的便是正确而迅速的观察力，和从观察里，正确而且迅速地得到结论的能力。

但我并不维持这宗主张，说欲使这等能力早先发育，必须把生物学为学校教育的根本基础。我反而毫不疑惑地知道，为了这目的而应用的科学，应当不是生物科学，而是物理科学。因训练观察力必须有两个要素:(1)所观察的现象必须可以用数字表出而且有高程度的真确的，换一句话说，是要可量的；（2）一种所观察现象必须在差不多同样的状况之下可以反复重演的。就这两点说，生物学的观察都不适用。譬如我们将量法应于有些生活的或从前生活过的东西上，或者施用于有些生活现象上，我们便见那些现象并不简单，是极复杂而且杂有还不曾知道的部分在内。我们如量一张纸上的痕迹，或量一种金属的同样的干，所得来的结果，和量某种动物得来的数目，科学上的确实性就很不同。在动物里，其特具的数量是明显的残留在该动物的各个体和种族的历史上一串不断的事件上的。这样的测量在熟练的生物统计学者固是极重要的材料，但是我相信，在初等教育是完全不适用的。对于生物或者从前生活过的东西施行反复的观察也有相似的情形，——因所观察的现象是由许多许多的不大知道的要素组成的，又这样容易受环境的扰动原因的影响的，所以即在确是同样的状况之下，要确实地反复观察也极困难，或者竟不可能。

所以宁可在教育的后期——即在教授知识的时期——这时候个体的观察和推理的能力已经发育，才适合于学习生物学了。

学生物学所需要的，不是只要记忆许多散漫的事实就行。宁可使正在发芽时代的公民得着一点广大的原则为是。这原则须为当时十分的权威家所承诺的。这样的广大原则是从无数详细的事实推广而来的。这种扩意的正确与否和基础事实的广博与否有关，但这等基础的事实当然不能都陈在学生的前面，即使可能，亦属无用，因为只有专门学者才明白地知道上层的结构和基础的关系。所以教师在这一个短期间的课程内，可以无需企图用事实来证明这原则的真理；只要在殊特原则里为容易于领会起见用事实来说明就够了。

我知道：一般的原则用这样单简的态度来教，必有许多人要批评为非科学或不满足的。他们会得说，你如果不叫学生经过实验室的课程，解剖和显微镜的观察，如我们教生物学的专门学生那样，就不能把这原则灌注进去。这话我却不能赞成。我的经验是这样，对一个普通的听众，无论是青年或成年的，譬如在一个工业发达的市镇上作公开的讲演的时候，用不着那些预备，只要平易地，不用学语地讲去，听者自能理解得很满足的。

课程中的生物学

现在应当问：在这样的课程中所当教的是什么生物学的事实和原则呢？

第一，进化的重要事实。至今在报章上还常有得看见，说进化并不是事实，仅仅是没有证明的假设。在某一种意义上讲，科学上的绝对的证明是没有的，除却理论数学中逐步地推算。所以说没有绝对的证明是十分确凿的。但是所谓证明一语，照日常所用，比喻把那事由法院去审问，只要用胚胎学和化石学上的材料来说明进化是一个确已证明的事实，我们就完全辩白了。这种使裁判员确认为是事实的事情必须使各个公民早期受教育的时候便存留于心中。

第二，遗传的一般事实。子孙生来的各种性质——身体的，心意的，道德的——是像亲的，这是事实，但是那复现出来的性质从不十分完全相像的。如果复现的性质极其相像而且完全，固是事实，那么我们的生物哲学的基础全部发生动摇了！

旅客在海洋上常见到有巨浪向船扑来，而且十分相像，但我们从物理学里知道，见那浪涛的奔来只是一个假象，只有柔和地扬起的水波，上面的一层水的分子在不绝更换流动罢了。又如看见一朵云罩住远远的山顶，数小时不曾移动，然而我们知道它实在是不绝地变动的——水分子在下风方面不绝地离去，上风方面则陆续添加。一块生活物质也是这样，它的物质是不绝地变换的，——但极详细考察起来，我们实在还不十分知道——且所变换的不仅在各部间，其实在生活物质自身和环境间也起变换的。组成生命的既是这样的活动的旋涡，因这个缘故，所以一块生活物质在两个不同的时间决不会相同的；同样的两块生活物质也就不能丝毫相同。说到这里，我们可以即刻想到，那生活物质中所存的不变性犹如存在光耀的烛焰中的不变性那样。一切生活物质中既缺乏永久不变性，那么我们怎能想望子孙生来实在和亲相像呢？我们怎能想望他不是彼此相异呢？我所以要郑重说明这一点，虽然许多人以为这是很平凡，是因为它即在生物学者中也很有忽略的倾向。

生物学者的意象中，有种的理想型，总是以它来作分类的单位的。照样地说明它，如见一个体形状有不同，便给他一个印象，觉得和他的理想型不合。因此他对于变化的意见，好像他是自己存在的一种积极的过程，并不是生命和遗传的固有性质。他并不非难研究生命本质的生理学不能说明这生命现象的终极性质，但他会对于进化哲学常常表示不信任，因为它同样地不能说明和生命随伴而来的变化的本质和原因。

这种从遗传下来的性质总是不完全的事情上显示出来的生活物质的不安定性是极要重的——第一，因为它是构成进化的过程的生材料；第二，如明白理解它之后，能使公民知道人的各有不同，不至于因别人的容量不同而轻视了。

第三，最后当说明自然中的生存竞争，和其结果是不适者淘汰的事实。生物学家以及凡是对于这题目有研究的人，无论承认达尔文派主张的生存竞争是进化的要素与否，但有生存竞争的事，和其结果使不适者灭亡，是都认为自明的真理的；但是我们的公民中对于社会问题有趣味的人，生存竞争的普通和强烈常常缺乏理解，致在许多读物中间常有很漂亮的说些动物界中互助的话。并且这样的互助是以一个社会里的个体为限的，它的实在的重要作用是在增强自己的社会能力，以便和别个社会竞争起来更有势力，这一层也不知道。

学生如果一旦获得上面所说的三个重大的基本事实以后，社会生活的生物学的根本观念也就能很平易地得到了。研究这些题目的路径，可以从考察蜜蜂、蚂蚁和白蚁等的社会现象入手。更好的方法是研究细胞社会，最好是研究高等动物体的无限复杂的细胞社会。从那些研究里学生很容易得到社会进化的三条大原则：（1）社会的渐渐扩大；（2）组成那社会的个体渐渐专化；（3）社会组织渐渐完全。因此社会中的各个体相联合而成为更高级的社会。在有些动物的社会，这种组织是属于物质的。由生活物质的丝质将各个体联系，在别的，这种联属不是物质的，只是社会的互相的关系。

这等基本原则一旦明白理解之后，可更进一步，很便利地研究人间社会了。在人间社会里，这些原则是分明在作动的——在简单的游牧民族里，个体是很少的，且很少专化的形迹，关联也很稀疏；他们因受环境的压迫而彼此分离，例如受敌族的袭击——进化到近代社会，居民有数百万而极复杂了，因从事各种不同的社会官能而进于专化，并且因受无限繁复的社会组织的关系而连成一体。

社会间的竞争

到理解了这种事实，即我们的文明社会是经过长途的进化而来的道理之后，随后乃得更进一步去理解人间社会至今还在进化——国度还在扩大，公民还在专化，社会组织还在繁复上去——并且也有着生存竞争这个驱策力，这便是社会间的竞争。

生物学家，生活在社会进化落后的人群中，并且眼见得他们和较进化的对手竞争如没有地理上的隔离或地方病的抵抗力这等天然的保护时，他们难逃灭亡的命运，这实在是一种极苦痛的经验。无数的这种例子见于新大陆上，例如那里的红人的原始社会已被社会进化较高的白人代出了。在过去的时代也有过这等情形，社会进化落后的民族必被别种更进步的民族替代出的。

社会间的竞争的重要的确认，间接能用以防护于无分别的普通错误，——如物质上的利益，民族的偏见，宗教信仰——这等妨害要素，在实际上，是和有些人欲在各民族间找寻一个盾来抵制战争的危险相冲突的。

生物学的看法

我们的教法如果得能把这种所谓"生物学的看法"归纳在公民的心中，必能使他得到一种新的广大的眼光，即使在艰难的题目如在经济学上。他能格外了解何以经济学者的习惯单位，如圆和磅，仅仅由其购买力而生出一地方的价值。地面的一处远方如有一大堆的金质至多也不过是有用的质料，可以造之为有用的或装饰的物事罢了；一束纸片有时可用为点火的质料。如在别一种环境之下，那些东西的真价值和通用价值是离开的。

我们的公民如从生物学的观点看起来，得脱出虚伪的面幕而确知真实的价值只在个人的容量。他把各个人看作一个生物学的资本家。他的资本有的小，有的大。有的贮有高价值的金银即智识能力；有的只有价值低廉的铁、筋肉力。这等贮藏，无论它或小或大，也许会如一种古钱的埋葬在地下，或者加以教育的训练使它增加价值而变为通用，例如手工上的技巧或别种社会工作，在社会上都是有极大的价值的。

为什么目的？

现在可以问：如果把生物学家的方法和题目，照普通学校的课程的配置，安放在初等物理科学的基础之上，究有什么好处？又实际上对于社会及个人究有什么利益？

要充分地回答这个疑问，不特一次的时间不够，恐怕几次也还讲不完，我在这里只能把一两点略加说明。我们对于科学教育的第一个目的是在使社会的稳定方面增加一种势力，帮助思想上养成科学的习惯，遇事不致妄信。如欲明辨一种主张的巧妙的修辞学，最有力的莫过于科学的说明了。

论到关于各公民的安全和幸福的原则是不能离开社会的物质的丰富的，故生物学的经济关系应当正确地理解。并且教育公民时必须考察他的生物学的资本的质和量，和善知他的资产的增益，及铸造成功通用的最适宜的形式。

但个人能力的考察，回转来仍当以教育上的大量生产为原则，那种原则的应用，在工业中是很重要的，但用于教育的范围，每容易忘记在工业中的所以成功全在原料的统一，如没有这样的统一，要实行大量的生产就不能。明白地知道教育上对于人的原料的划一是何等重要，这能使我们希望这种群众的教育是要安放在教育的开始的。

把生物学的原理加入教育中去，能使亲子间的原始的关系复活过来，这关系在近代文明的影响，尤其在群众教育之下，已变为衰微了的。以后不应当再奖励只要把他的小孩只作大多数中的一员倾入教育之磨的漏斗中就算。却应当鼓励他们须牢记为子女求安全和利益的自然的责任感——在现代的制度中对于这一点是非常忽略的——并且又当鼓励他们，对于儿童的教育应有兴趣，无论对于教育的规则和其课目。

这种更大的趣味，大概能使他格外理解和教育相关联的许多别的事情。其中尤须深刻的理解的，一个便是身体和心意的关系。生物学家经过都市时，他的注意不绝地被呈现在他的前面的特种属性或运动所吸引——性质的稳定或不稳定，心意的迟钝或活泼。他十分知道心身之间是有相互关系的。用这种生物学的眼光去观察全社会，这种确认将愈加普遍。并且我们必须使普通的亲都明白知道这件事实，如果他不给予儿童们以充分的体育和游戏，便是对于他们加了可悲的损害了，体育的用处第一步虽在发育筋肉的活动，但在发育心意的活泼方面也同样的重要。

用生物学的训练使个人发达到最高度时，因为公民自和同社会的他人有关系的，他的活动必不以自身为孤立的一员，是有着社会的关系。于社会要是愈加进步，社会间的关系也变为愈加密切而且重要。在原始的野蛮状况时，个体尚受着自然选择的压迫。他的整个机体——他的健康和体力，他的知觉的敏捷，和心意的活泼——最优的最适于生存。但是到了社会进化上去，自然选择的压迫发生改变。从某一点看起来，变得更猛烈无疑，因密集的社会更容易受病源微生物的袭击，其结果人种遂朝着抵抗这种疾病的危险强的方面进化去。有一个可怕的经验可以证明这件事，如有一个社会进化高的人民带了他们的病源微生物到远方的原始社会中去，那微生物一经繁生于那原始人口时，便见那民族可恐地受了摧残了。但在这一方面看起来，虽然进步的社会里是积极的进化的，在别一方面可并不然。这时个体的生活和生殖不复依靠身体的完全适合，如感觉的锐敏，心意的活泼等。这结果，似乎可以无庸怀疑，在高文明之下，身心各方面的适合势必要劣化，他一方面既退化，一方面他的全安遂愈加依靠社会了。从这个考察点出发，我们遂得到一个结论，即社会的进化愈加增高，个人的生活愈加依靠社会，因此我们的教育应当愈加注意于这等公民和社会的关系，和责任的所在的题目上——例如教训，论理，对于国度、同胞的爱国心和忠心，及社会和民族过去的历史。

最后的一项，即种族的历史，在事实上，本是现行的学校课程中所有的，这种科目生物学家是渴望其存在，或者竟看作更其重要。他之所以同情于这科目，只因为他的哲学——进化论——就是长发起来的一个历史。但是他愿意把它细节目稍加改变；他喜欢少讲一点争吵和杀人的事情——而这在历史的分量上是占得很多的——希望加一点科学的进步史。在我的故乡，格拉斯哥，我常常奇异着，把产生于那里的两件世界史上的大事情——瓦特的改良汽机和立斯德的开始用外科上的防腐剂——去教普通小孩的到底有几多。

在现在的多争论的日子，对于"伟人的传记"有着一种非笑的倾向，但是我们能够十分确定，那班儿童们在学校里的时候，关于科学上的大英雄如达尔文或立斯德的光明的传记听见得这样少，一定不会有损失么？

我在这篇讲演中，它现在应当结束了，所说到的几点，都是凡是一个生物学家当想到生物学关系于未来公民的教育上的重要问题时自然而然地要想别的。有些事情我不曾讲到，如善种学——别有许多人在讲它；如性——现在是全空气中蓬蓬勃勃地布满了这个题目的讨论。及各公民必须教授健康和疾病方面的生物学的大要的重要；学校应当格外注意养成小孩对于无趣味的小工作也能够长久而且努力的能力；这些都不及详细来讨论。

然而还有许多别方面的问题，因为被暴虐的时间所限，也不及讨论了。总括地说，其中最重要的，我是说生物学者愿意把教育统系移开专为文学的，主义的，及专门学问的领域，因为这样教法是不能接近生物学的实在和实际的事务的。他喜欢教育的根本目的是在养成个人有才干，不一定是有学问。一个有学问的人是会得，而且常常是，一个愚钝的人。总之要训练和发育脑力使适于青年生活，总之不是只要学习就可以得到的。

生物学者对于教育公民更有一个根本的目的，便是要养成他回复原始时代的常在思想的习性。原始野蛮人是因不时有危险袭来而不绝地活动的。他不绝地想那所见所闻的是什么意义，文明人离开了这种野蛮生活的压迫，遂养成了不思想的习性。他的动作变成一种无心的机械的动作，只要送达到他那里的便大口地吞咽下去。假使他略略会得思想，他自然会辨别什么是值得领受的，什么是不值得了。

生物学者觉得更有一种古习惯应该重复觉醒起来，这便是用社会责任的带更有力地束缚个人。在原始人们中间，个人的自由是极其发达的，但是这种自由须严密地受社会利益的限制。社会的利益认为神圣的，如违反它必受严重的罚。经过长期的社会进化后，叛徒——国度的赌博者——向来被认为下贱之尤的，到了近代却新鲜且奇特地发达起来，甚至于这种宽容一直推广到加损害于国家和同族的人——原因许是他们为了自己的物质的利益。在一个施行生物学的教育的社会里，关于个人的普通事情的自由的范围虽然极其广大，于群众的安善有抵触的行事却应受严厉的干涉，无论这种抵触是怎样一种形式。

另外还有一个题目，亦当在这里说明，即社会进步以后，人人间的自然的差异也愈加显著，因此等差异，物质的表现也就各人各异了。有一个人——假如说一个立斯德——社会价值值许多百万金镑；别的一个是不大有价值或竟无价值的，更有些人，他的价值是负的。在这一方面，不愉快地更有足致不安宁和使社会不顺遂的失却神经平衡的人哩。

我相信生物学的看法在扫除这等社会的困难和减少社会机制的摩擦上是大有帮助的，因为它能使我们看穿那隔别阶级的晦暗的幕，而得到明了的真相，并且使我们知道远地的人们，虽然他们的态度、服饰、言语不相同，总之，就普通说，不过都是和我们同样的人生，禀有同样的能力和同样的弱点，也和我们一样。

（原载于《自然界》1926 年第 1 卷第 10 期，署周乔峰译，第 865—880 页）

科学教育

关于新年的希望

民国的第三十四年去了，第三十五年已将到来。杂志报章的惯例，须写一点关于检讨过去，新年展望的话的。在抗战的这几年，"为虎作伥"，"浑水里捞鱼"的人们的作恶，人民的生活的艰难困苦，已经讲得很多。一切压迫与反抗，写实与欺骗也都记在白纸上的黑字。其实便在抗战以前，像我们当职工、当编辑的人的生活也已经在坏下去，一径坏下去。这种已经过去很久的事情且搁起不说它，便是就日本投降以后的情形来讲，真叫作无从说起。只要看了昆明师生开会时的武装围攻、杀戮，及最近上海市大中学生欢迎马歇尔特使时的假冒、殴打这等事情真叫人寒心。我们恰好生长在这样一个时代里，所以有看到稀奇古怪的事情的"幸运"。

但我们有一个希望，同时也是一种信念，非常坚固的信念，便是一切这等卑鄙黑暗的事迹都将跟着旧岁消逝。由新岁带来的是另一种新的政治，由此现出一种新的气象。这一种新的政治不是别的，便是许许多多人已经说了无数遍，已经不知道写破了多少支毛笔，印坏多少铅字，印掉无数白纸，这后面是流了多少血，掉了多少泪，还差不多几乎动员了全世界的兵力拼命力争回来的这种宝贵的民主政治。我们就需要这一个真正的民主。上面已说过，这是一个希望，但也是坚固的信念，民主将与新年同来，这是一定的。因为全世界的整个民主战争已经胜利，莫非只是末了的一点点尾巴还会通不过？在这种情形下面，"滞牛尾巴"是不可能成功的。

"五四"时代提出过的口号是要求科学与民主，今日所要求的还是这两桩事情，不过应该把民主放在前面，因为必须先有民主，随后才可畅谈其他的文化。到这时候，人民选出了自己爱戴的人来执行政治的各项事情，大家联结成一体，再无须产生打手、暴徒与制造屠杀青年及一切思想清楚的人们的子弹了，社会也成了清明的社会了，这时候科学及其他的文化方面的事业才可以更有效地推进。我因为当公司里的编辑以后，又回过去做一点从前做过的事情，便是教一点书，遂稍微看到这一方面的事。我觉得在学校教育里的科学教育，特别在高、初中里面，还应该参考进步的国家的办法加以改革。在中国许多经费支绌的学校里，往往偏重书本知识，缺乏实验训练。就是在中学里，其实物理、化学、动物、植物等学科都应有特别的教室（高中的生物学似可分开为动物与植物，又可加地质学）。而且应当尽力与有关系的制造厂、工厂、农场、试验场、牧场、鱼荡，以及与博物馆、博物园等等联结起来。这样学习来的知识才是活知识，而且与技能联结在一起的。杜亚泉先生在一篇某杂志的发刊词上说出两句口号，便是"科学中国化，中国科学化"。"科学中国化"是须从学校的科学教育与社会上的科学实践联结起来才能做到的。我看出中国的科学者与西洋的科学者作风非常不同。比方西洋的科学者在中国采到植物，如果可能，他总想查出本地的中国人叫它什么名字，把它记下来，有时再注明意思。这是对的，因为是民众叫它的名字，活的名字。中国科学者却很少做这部分工作的，喜欢在书斋里制造出名字来叫别人去遵行。"科学中国化"里实在包含科学与大众关联起来。中国政治一上民主的轨道就应当竭力推进科学（别方面亦然，不过这里来不及说），一面提高与加深，同时也扩大，由贵族的变为大众的，我想这是大家都同意的。

其次，我觉得初中里读很古的文言实在不适宜。学生实在不容易懂。这种文章的结构是否应当学习，这种思想是否应勉强灌输？其实便是高中也可不必读。就是在大学里也只要专门学生去研究去就行，不必大家都读的。像向交大去报考电机、电讯、机械工程等科目的学生，须考试非弄"国学"的人不容易解答的题目，这实在是非必要的，而且是有害的。实实在在讲，普通应用上都只需用白话文，一方面则提倡拼音字，把古的文言文索性托专门家去管去。当然，在可能的范围内，比方像孔孟等等讲的话也许有青年要看看，但把他们的思想行为写成现代话是专门家的职任，别人只要看看专门家写的现代语的书就好了，比大家自己去读古书，而只能一知半解好得多。古老的教育家以为叫初中学生便念古文，经过高中与大学，毕业的人都能读几千年前的古书了，这是教育的成功，实际上是把教育扰坏。许多人根本无暇也无须看古书，如果有由专门家把古书中的思想等用科学方法整理过之后，再用今语写的书，青年们还会拿去看的，如果留在古书里面，也许反不去看它了。就是能看，兼喜欢看的话，这教育也得不偿失，文盲的百分比之高，新文化的停滞不前，都与这样教育方法不善有关系。虽然是过去的不良政治关系更大，但如果政治民主化后，教育上不加改革，它便变为最前线的障碍物了。如果期望青年把中国落后的文化"赶上前"去，必须减轻他们对于古书上的担负！

（原载于《民主》1945 年第 12 期）

科学信仰与迷信

　　不进化的民族多相信鬼神，甚至于一切休咎祸福，都归于鬼神。如果人有病，觉得头脑昏沉，他便相信被鬼所迷，如果有痛楚，则相信鬼在用利刀割他，或用钩勾他，用箭射他。至于究竟有无所谓鬼神这样东西，如有，又祸福休咎为什么会和他们有关系，他全不思考，然而心里总是相信。这种信仰，就叫迷信。

　　科学信仰可就不同，它是抱着批评态度，而不是这样盲目的。哈佛的血液循环说，虽然这样显明的事情直到好几十年之后才见信于世，足见人的注意力的麻木不灵。但是科学信仰是这样，只要他所说的有理由可证明，慢慢总会得相信的。牛顿学说本是人们认识得最广的学说，然而等到恩斯登（通译爱因斯坦）的相对论出来，经过几次证明之后，就能使人们信这学理，决不会看明了论证的可靠，而再持反对态度的。

　　我们对于各种问题所需要的态度，当然是科学态度，要是信仰也当用科学的信仰，不要用迷信的态度去盲从。这话当然是真实的。但话虽如此，而谋实现这话，却非常之难。第一因普通的人自有其简单的思想系统。譬如人会触电而死一事，就迷信的解释说，是因死者做人不善，雷公把他用椎击死。照科学上说，触电而死的原因，是心脏突然受电气的刺激而停止跳动的缘故。这两种说法，在思想简单的人看来，反觉得还是迷信的道理明白清楚。对没有生理学知识的人，他如说心是循环器官，常常不及说它是思想器官的可信，没有物理数学根柢的人，是不能懂牛顿定律与相对论的差异在哪里的。

第二，一般人的许多知识都是从命令式里得来的；在幼年的时候，由父母或教师教以某事可行，某事不可行，或某物可吃，某物不可吃；许多知识都从权威底下得来。这原是不得已的事情，因为人的能力有限，将已成的知识移作幼者的知识是省力而且便当的，如果凡事都要他自己用一番思想去自己决定，未免太费气力了。然而也因为这个缘故，人们同时生一种盲从与崇拜威权的习惯。我从前听到一则故事，说有二个人讲话，甲说："听说王帝已升了布政司。"乙说："谁说的？"甲说："是桥头三店王说的，他田有三百多亩哩！"表明说者因田多之故，决不致有错误。这是成了通例的，差不多许多人都觉得社会地位高的人的话，纵使比较缺乏理由，也比较可信，多数人所相信的，比少数人的可信。

这种性质就一时的安宁说是好性质，在权威者看来，尤其非此好性质不能做驯服的顺民的，虽然就民族的进化上说起来却是不利益的性质。它是熔锡时的渣，不是纯粹的锡。我很希望赖教育的力量使人们知识增多，使人们思想起来，并且自己会得合理的想，不被束缚于威权之下。如果不是这样，未来的生活决不能另外新辟一条路，回来回去仍在旧路上。无论男子或妇女都逃不出已然的奴隶生活的。

（原载于《妇女杂志》1925 年第 11 卷第 7 期，署名慨士）

生物学和我们

一、什么是生物学

生物学是西洋字 Biology 或 Biologie 的译名，bio 是"生"的意思，logy 是学问，合起来意思是研究有生命的东西的学科。要合科学地说明无生物和生物的分别究在哪里不是容易的事情，但哪些是有生命的东西，又哪些是无生命的，我们却知道的。草木虫鱼都是生活的，它们都是生物学研究中的目的物。

是的，照正规的意思讲，生物学包括二分支的科学，即植物学和动物学，这里也作这意思用。但有时候，偶然也用以指动物学一方面的研究。例如有些目录上，讲过蜂类、跳蚤等的书列在生物学项下，讲植物的不加入，却归入另一类。许多流行的意见也以为生物学是研究动物方面的问题的。有时候，称研究植物或动物的形态、解剖、生理等学科为植物学或动物学，称研究变异、进化、遗传、生长、衰老等稍带理论的即哲学的性质的问题为生物学。这也是真的，研究这等问题时，往往不能搜集一方面的事实便算满足，常常须动物及植物二方面兼顾的。

二、农夫猎人和科学者的生物学

生物学并不是高妙的东西，就某种意义说，人人都是生物学者，俗语说，"龙生龙，凤生凤，老鼠生来盘屋栋"，这是一般人的遗传说；又说，"一母生九子，子子不相同"，这是他们的变异论。更有农夫、猎人和渔人，他们知道什么植物应该何时下种，壅什么肥，用什么方法驱除害虫和杂草；他们看见足印或粪便便知道这里有什么走兽，什么时候换毛、产子，若对于飞鸟更知道它们何时南来，何时北去。渔人的生物学的知识也同样的丰富，他们知道什么鱼可用弹钓，什么鱼宜用网捞。放钓的时候，更知道什么鱼在若干深处。白条鱼常在水面，土步鱼匍匐河底，这是大家知道的，但他们更知道各层水中有什么鱼，用适当的方法以捕取他们所需要的种类。

这是他们的真才实学，赖这些知识去解决他们的生活问题，及生活中所遇到的困难。但他们的知识并不是从实验室传来的，也不是教授们讲给他们，或读自书本。不过因为他们在这样的环境里谋生活，遂于不知不觉之中获得了许多生物学的知识。虽然很明显，得自先辈的指导，同僚互相切磨的也不少。

生物学者知识的来源和他们完全不同的；近代的生物学者是从闲暇和富有里培养出来的。他们的口号是为了科学而研究科学，为知识而求知识，于实用上有无裨益与否完全不管的。他们用染色术明显出看不分明的构造，用显微镜窥察肉眼看不见的东西。他们的疑问质之于农夫等等，固然，他们将不知他说什么，但农夫们的知识如说出来，他们也将瞠目回答不出来。

凡研究一种学问，求一种知识，皆需要适宜的环境的，要是没有这种环境，便无所措手。在种田、渔猎的环境之下，他能获得许多生物的习性和实用知识，在别一种环境下面，他才能研究科学的生物学。这环境应当有大图书馆、博物院、研究所或实验室；个人如欲建设一个实验室，购置应用的药品、仪器书籍，往往超出个人的经济能力的。单就杂志说，据云世界植物学著名杂志就约有三百种左右，动物学的差不多。像美金一元，中国作银圆五元计算的今日，若非社会上有这样设备，个人的能力能负担的要是有也只是少数人。

即使有这种社会的环境，个人的生活状况也是重要的，如果我们没有相当的闲暇，休想做这等企图。在今日的社会里，假使一个事务员或工人，早晨起来，洗面、漱口毕吃点儿点心，已差不多是上工的时候了。出来已经傍晚，只有黄昏的一息时间是自己的。假使还有几个朋友要往来，有点应酬，有时假使还要走走公园之类，以及因小孩们吵闹、啼哭、生病而不能做事，还有什么多时间来研究生物学？如果是一个矿工，终日钻在矿洞里；丝厂工人，每日做工十二小时还恐不够哩！因此这些研究变了少数人的职务。教授们，每星期授课鲜有十二小时以上的，他们有书看，实验室又方便，尽量可研究；博物院的管理人，也是接近这方面的人，还有他种这类机关的专任的职员，如果离开这些环境，鲜有可能的。

三、研究生物学的价值

纯科学的生物学是从闲暇和富有里产生的已如前说，但便是此种超实用的纯科学也不是全不切实用的。我很怀疑，真是和实际生活无关的学问是否也能够长久存在？用望远镜看看天上的星好似于我们的生活完全没有裨益的，可是航海深赖天文学的知识，而航海和我们的实际生活的重要是人人皆知道的。地质学初看也似和我们的衣食住没有多大的关系，今日却知道这大有关系于开矿和农业，这两者和我们的关系又如何呢？

况且人不能"吸西北风"，食泥土而生存，空气及无机的矿物质于他的生存固然未尝不重要，但同时他不食动植物质也不能够生存。无论牛排、锅贴或面包无不取自植物和动物。

人的皮肤是柔薄的，毫毛也疏朗，除却在热带，远不足以御寒冷。于是衣服遂成为必要。它的花样虽有多种，但材料不外乎动物的毛革、植物的纤维及少数别的。如果没有它们，我们必受寒冷，如不知道利用它们，也必遭同样的命运无疑义。我们如何可以不研究生物学，尽量地去知道它们呢？

说到衣服，仅有蔽体的衫裤是不足够的，为了避免雪风雨露的侵袭，我们更需第二重衣服——房屋。砖瓦、石板及近代的铁骨水门汀、玻璃等虽然将木料、明瓦（一种贝类的壳，批成薄片，嵌在窗格上，以通阳光）大部分代出，但生物的材料仍然重要的；假使本来须用木材制造的窗门及桌椅等室内器具，改用人造石或铁制，恐怕住了未必能安适。

我们如有了衣服和房屋，但如欲安适的生活，更有赖于优良的环境。假使我们穿了狐裘，住在大厦，但四周是一望无边的沙漠，我们还是不容易生存的。现在欲保存适于居住的环境的第一要件便是保护森林或植林。它是雨量和气候的调整者，有它存在，才有顺调的风雨，柔和的气候，碧绿的草地，清澄的川河。如果把它砍伐净尽，则空气变干，河水干涸，土地荒芜，不久便不适于居住。然而保护或重造它们，皆须先行详细知道它们的。

以上所说的是关于生物学的研究有益于实际生活的事情。此外，对于思想方面也有很大的裨益——因为它能告诉我们各种生物的相互关系，和人是什么一种生物。一切生物的相互关系犹如小孩猜拳时所说的"老鹰拖小鸡，小鸡吃蛀虫，蛀虫蛀洋枪，洋枪打老鹰"的复杂的相关联，这在生物学书上称为 Web of life（生命的网），查理士·达尔文说得非常明白。他说翘摇花（clover）是赖土蜂替它传送花粉的，它的盛衰在于土蜂的多少。但土蜂又受制于地鼠，地鼠的繁盛与否则与猫的多寡有关系。假如猫多则地鼠少，地鼠少则土蜂多，土蜂多则翘摇繁盛。从前的人常以为"富贵贫贱皆由天命定"，现在用生物学的眼光说起来，这无非复杂的关系中的一种机会，并非自然中有这种分别。

自来许多人对于人的地位往往不能明白地看，有时把他抬得极高，当作天之骄子，有时又极卑视，说他只是一只"臭皮囊"，没有什么价值。现在如果研究动物学或比较解剖学，它们能明白告诉你他的地位的。他的性质，什么几点和猿猴相像，又什么几点和它们不同。他们含着许多动物所含有的共同点，然而同时也有着其他动物所无有的特点。人是这样一种东西，他并不崇高，但也不卑污。你如看见一棵柳树或一个个蚂蚁，有理由说它崇高或卑污么？对于人也只好这样看。

又，假使诗人、画家分出一部分工夫研究生物学，察见生命现象的奇异和生活方法的繁伙，和显微镜下的微生物的繁多和构造的奇丽，如许多美丽的藻类，我想：一定能够开拓他们的想象力，使他们的诗或画意义愈加丰富。

四、初学者怎样去攻究这门科学

动植物的研究既有上述的许多的用处，我们即使不是猎人、渔人，不能从生活中经验到许多真实的知识，我们也应当设法学习它。所学的虽然是不切实用的纯科学，我们可再从这里去谋应用。但初学者怎样去攻究这门科学呢？作者曾经任过好几年中等学校的这方面的功课，觉得学生对于这门功课每每没有多大兴趣的。他们多数喜欢念汉文，因为要看书、写文，不能不先把文字弄清楚，而且将来无论谋职业或应酬上都省不了它的。他们又喜欢习英算，这些在升学上很重要，所以也非用功不可的。但是记些昆虫六只脚，雌蚊虫要吸血，及果实分颖果、坚果、核果等等，这有什么意思呢？岂我们知道了吸血的是雌蚊，它便不来吸，不知道坚果这些，我们便不能吃栗子、桃李么？

这弊病大部分由于学生单读教科书，不大接近自然，和它太隔膜，原因当然多在教师指导的不善。亚格西曾说"自然研究不用书"，法布尔也说"研究自然应当直接到自然里去的"，折中的说法是书和观察自然同样重要。教师应当指导学生去观察，学生也应当知道这重要。从书本和挂图和模型学习生物学，虽然和看地图和模型学地理一般也可以知道大要，但不像亲见过实物的深切。

我们如走到田野中，常见蝴蝶、花蜂飞过花间，它们或者伸出舌头吸花蜜，或者咀嚼花粉当饭吃；它们为了自己找食物，却于无意中给花服务，输送了它们的花粉。

如果走进山林里，自然中的生活愈显得奇妙，书上说过有许多植物是会捕食小虫的，今在林中湿地果然看见有细叶的小草，叶片能卷缚小虫，有的它尚在挣扎，有的已只剩翅膀等残肢；这等食虫的小草名叫毛膏菜，浙江的山中常见的。

如果季候较晚，我们所见的生物完全变了相，田中不复被满菜花的黄色，只见稻花在午前开放，它吐出黄色的丁字形的雄蕊，在和缓的风中颤动，雌蕊的柱头作羽状，这是风媒花的特色，容易捉住乘风飞来的花粉。在这些时候，你能看到蜾蠃捕小青虫或蜘蛛，装入泥瓮里，给它的子息作粮食，和萤火虫舐食蜗牛的肉汁，蚂蚁吸食蚜虫分泌的汁液。没有书能详尽地记下一切这类生活的情形，没有文字能给你这样鲜活、深刻的印象。

五、采集和实验观察

人走到田野山林去观察可以得到许多生活的真相，比书本上的解释更了然，说明更明晰，所得的印象所以也更深刻。但纵使如何明了和深切，如类似的事物见得多了，或长久了，不免仍要混淆的，因此记事簿及标本的采集遂成为必要。

记事簿的用法是极简单的，只要把所见的事实摘要记下来就行，以备他日的检查。可是采集和贮藏便没有那么简单了。采集植物标本至少需一个采集箱、一个根掘，及一把坚固的剪刀。用根掘掘取小草，用钢剪剪取枝条，放在采集箱里携归来。制作植物标本也比较的容易，除却有些豆科植物干后叶要脱落的，许多百合科植物夹在纸中间还继续会生长，须用沸水泡过之外，多数植物的枝条或全株只要夹在纸中间，每日换衬纸令它干燥就行。夹的衬的纸张，讲究点自然须用吸墨纸，但是旧报纸也可以，干燥后贴在台纸上便完成。

但采集动物要比较复杂，各种不同的动物有不同的采集法和标本制作法，欲知道这梗概，读者可读杜其垚先生的《动物标本采集制作法》。此外还有一种良好的参考资料，便是分期登在《自然界》上的陈劳薪先生译的各种动物采集法（总称《动物采集须知》），他是根据英国某博物馆出版的小册子移译的。那小册子系有经验的采集家所写，给青年采集者阅读的书，详细说明在什么地方可以找到什么动物，又什么动物应当如何保存它，于初学生物学的人是极有帮助的。

青年生物学者采集动物时最多采集的是昆虫，因为他种巨大的动物采集往往较费时，保存也很费钱。有的昆虫随地可见，采集时只要有捕虫网、毒瓶等几种用具就勉强可实行。而且采来的标本只要钉在虫针上，插在箱内就可以保存。虽然说起来很惭愧，在外国科学较发达的国家，多处有卖的昆虫针，作者在上海找寻过许多店铺竟得不到一根。后来函询专门研究昆虫学的尤其伟先生，才知道他们所用的皆购自美国。上海只闻科发药房有一种，不裹黑漆的，疑心许是日本货，质料虽不及美国制品的坚实，但初学者为了购买的便利和价值的低廉计，自不妨用这一种。

研究星必须用望远镜，研究生物则须用放大镜以观察肉眼不能见或

不能看清的东西。这是必要的工具。但是中国自己不会制造，近来金价
又这么贵，要买一台较好的显微镜往往为普通学生的能力所不逮。显微
镜的牌子最老，做得最好的大家推崇德国宰斯和赖芝两工厂的出品。就
研究普通的生物学说，有 6 和 10 二个接眼镜，3 号和 6 号（或 7 号）
二个接物镜的已尽够用。在金价没有飞涨以前，这样的接物和接眼镜，
装在 "G" 号的显微镜台上，赖芝厂造的，在上海五十元以内可以买
到。但现在恐怕价格要增加一倍多。虽然还有较小型的、价较便宜的也
勉强可用。

初学生物学时用不着去研究高深的细胞学或组织学，观察植物的受
精、细胞分裂的状况都是比较不容易的工作。但可以观察鱼鳞的年轮，
昆虫的翅脉鳞片的形状，花粉的形状等。取一些动物的肌肉，放在玻璃
片上，用解剖针分析地极细，加水观察之，可以看出肌肉纤维的形状，
横纹肌的横纹也历历可数。向嘴唇的内面用小刀背轻轻地一刮，涂在玻
璃片上，放在显微镜下观之，有长方形的细胞，十分明晰。撕下一点叶
片背面的薄皮，可以看出许多气孔，位置在皮肤细胞间，这细胞在单子
叶植物是长条形，在双子叶植物的叶片是不规则形，略如云头。如取污
水一滴来看，必先看到草履虫，它作草鞋的形状，很快地游去；其次变
形虫也有的看见；还有细菌等。如刮取一点树皮上或墙基边的绿衣来
看，显微镜下放大为美丽绿色的东西，它们是藻类，独自静静地生活
着，慢慢地在繁生。从这些容易观察的事物然后进而研究较难的。

六、关于参考书

最后，我们当讲到参考书。前已说过，亚格西主张自然研究不必用
书，法布尔也有这意思；不过如果不用书，人人皆从头至尾向自然去观
察，损失极大的。研究自然物固然应当向自然中寻求，不过仍然要读
书。一个月可以读了的书籍上所说的话常常是前人许多年研究的结果。

许多人把一部分的研究结果写成论文，向杂志上发表出来，别有些人则把许多论文综合起来，加以自己的研究所得，写成一册书。我们读了这些，可以知道这事情现在知识已经达到如何程度，我们当进一步如何去研究，可省却自己空费的许多时间。人的寿命有几何，如皆欲从头观察起，即尽毕生的能力还是不能深入的。不过如果只管读死书，自己不去观察和实验，那么至多只能知道别人所知道的事情，跟着别人走，新的事物和新的原则便不能找到的。

教科书是教师会选择的，参考书选什么呢？中国是科学落后的国，关于这方面的出版物也特别少。译本是有几种的，但某一国人写的书，他是对某一种社会里的人说的话，别国人因历史和现状不同，看了未免多隔膜，不免减少些兴趣。如果这一点不顾，则北新书局出版的《进化概论》大块文章等可以供课外的阅读的；较高深的有商务印书馆出版的《生物学》《精义人生》《植物学》（将出版）等等，纯粹自己写的关于动植物方面的参考书并不多，薛德焴先生的《近世动物学生理学通论》，彭世芳先生的《植物形态学》是可以供阅读的。

本来杂志是很重要的读物，如美国的 *Scientific Monthly*，英国的 *Discovery*，日本的《科学知识》及《科学书报》等都是中学及中学以上的学生的很好的读物，但中国尚少有这种刊物看见。博物学会的《博物学杂志》已经停刊了，科学社的《科学》是牌子很老的杂志，可供参考的。此外有《自然界》，讲生物学方面的事情比较多；《科学月刊》是另一种科学期刊；此外有些关于这类的散见于有些大学的刊物上。但往往因为太专门，所以读了会觉得生硬。中国科学者实在太少了，有些人又太忙，无暇写文章。不比他们外国，真是车载斗量的多，例如美国，单是专门研究昆虫学的人大约有一千数百个。研究的人既多，这个或那个便是偶然写一两篇文章，出版物也就不少了。

七、结论

生物学这题目关系于人的日常生活是很重要的。但如要研究它须有相当的闲暇和环境，科学比文艺更需要优良的环境，许多研究者如离开实验室，往往不敢多说几句话。曼兑尔①有修道院的园给他作试验场，法布尔有哈买斯园给他作天然的实验室，有人曾说：要是达尔文生在中国，他将不成为达尔文，这话非虚语。

在学校的学生算是有这环境的，虽然中国的学校设备多不良，出学校，入社会任事以后，欲做这种企图更为难；虽然采集些固着地上的小草是可能的，捕捉些自己会飞来的飞虫也可能，但欲做博大精深的研究实在很为难。除非将来有一种理想的社会能实现。做工时间不像今日的多，一方面却有更多更好的图书馆、研究所、博物园等等，使做工的余暇，便可进去研究，这才使生物学的研究不限于少数人，较多的人皆能够得着这机会。但在今日，便是有人喜欢研究它，也很受限制的。

（原载于《中学生》1931 年第 14 期）

---

① 现译为"孟德尔"，现代遗传学之父。——编者注

科学的由来和它在中国
不发达的原因

有一天遇见一位在书店里编书的朋友，他谈起近来关于科学的书销路倒好一点。他又说："大约国民觉得中国的不行，一部分由于科学不发达的缘故吧。"但怎样能使它发达呢？我们只要看它的由来和经过自能明白的。

我们确信科学的来源是为人生（for Life's sake），研究者并不是单为科学，——大概全部的科学都是这样的，虽然在生物学里更明白。当还没有书写历史以前，古代人对于许多常见的生物的生活、习性、效用，都已知道得很详细。古代人怎样试验、研究，我们现在虽然尚未明白知道，但他们已早知道什么动物的肉，什么植物的茎叶、果实可食，以至于什么种类可以愈疮、治病，这是很明显的事实。

要是不明白动植物的习性，是不能够管理它们的，然远古的人们却已早知道什么动物怎样豢养，什么植物如何种植。他们也许不特种植可供食用的植物，更栽培可供观览的花卉；他们也许不仅饲养肉供食用、革制用具的牲畜，他们又养育可供赏玩或助猎的动物。法国的自然学者蒲封告诉我们养犬实在是人类最原始的艺术。

直到今日，农人有农人的科学，猎人有猎人的科学，捕鱼的、养鸟的也各有自己的科学。他们虽然不曾把所得的知识写成书，但他们对于植物、动物的生理、习性都知道得很详细。在有几方面，大概比普通的生物学者知道得更明白。达尔文写他的《物种起源》时，不少知识得自园艺家、养鸟者或饲养别种动物的人。

但许多研究科学的历史的人，注意不在这一方面，他们往往从古代有闲的人们的科学记载里，考查科学的起源和发展。我们如翻开科学史来看，他们首先讲起的是亚里士多德、培根、加仑、泼利尼、林那及哈佛等，他们大抵是官吏、教授、御医及社会地位相似的优越的人。我们如果讲到中国的科学，不能不说起吴其濬、郝懿行这班人；吴其濬的《植物名实图考》至今颇有名；郝懿行是锐利的观察者，他看出螺蠃捕捉小青虫，封闭泥房中，是给其子作粮食，并非化作其子的；飞萤系由其幼虫蜕生，不是从烂竹或腐草化成的。更有李时珍集新书的学说，写成《本草纲目》，这是中国唯一的药物学。但他们都是社会地位优越的有闲阶级是大家知道的。

一般地说，科学起源于实用，经过纯理科学的研究之后，复归于实用；但分析开来说，写成文字的科学的兴起，由于封建时代的一班有闲阶级的人们。他们尽有时间以从事研究，尽有适当的环境使他们的研究得以继续，并且使他们写的研究的结果，印成书册，流传于知识阶级间。农人、渔人等纵使对于自然物有丰富的知识，但是他们缺乏传达的工具和机会，他们的知识也就只能传达于同职业的阶级间，和知识阶级相隔离。

所以从科学发达史的全部说，它是起源于实用的，但写成文字的科学，我们尽可以说产生于闲暇。研究者不受饥寒的威迫，生活既丰裕，遂有所谓好奇心、兴趣，或研究欲，他们得利用了闲暇和环境，去满足这等欲望。

成文科学的开头实带有贵族性，这时代的科学则可以称为有闲科学。要是我们能够去询问研究者，他们为什么要研究科学，推想起来，他们的回答会得说因为这事情有趣味，或者说受好奇心的驱使。

经过一个时期，西洋资本主义发达起来了，科学者的地位也随着由封建社会改变为资本主义社会而变迁，他们的研究科学现在成为一种专业，而且做了资本家的顾问或雇员了。我这里说给资本家做了雇员，有些科学者一定不高兴，一定会反对。他们会得说，他们是为了科学而研究科学的，即所谓"为科学而科学"，并不受资本家的佣雇，然而事实上是受资本家佣雇的。

资本家开设工厂，奖励生产，向国外去发展市场，是要改良货物，使它精良的。这时候他们便须要技师和科学家了。于是他们拿出钱来，设立研究所或试验场，雇用大批的科学者进去研究，奖励研究，把结果来改良他们的货品。他们的货品愈加精良，他们的市场也逐渐扩大了。

在这种社会状况之下，科学者不复以兴趣或闲暇而研究科学，他们以科学做了他们的职业了。但科学者纵使以为研究科学，并无其他的目的，而实际上是受资本主义的奖励和推进的，无论他们所研究的是属于理论或应用的。

你如果去询问科学家，他有什么目的，他的口号虽是"为科学而科学"，但如加以分析，这时期的科学实在仅是"帮闲科学"，和鲁迅先生所说的"帮闲文学"实相对当。

西洋的近代科学建设于近代资本主义上，看了中国的科学不能发达的情形，益加明了。清末，中国已早有人大叫"科学救国"，但叫的只管叫，科学不发达如故。直到近年，叫喊的还在叫喊，但科学究竟进步到如何地步呢？

原来中国的社会状况，一方面还没有脱出封建时代，而一方面却走入"买办主义"的道路；这名词或嫌生硬一点，但意思却很明白的。

资本主义进步的国家，那种制度已过于发达，那种组织已过于精密，落后得太远的中国，据我想已经没有兴起同种主义和他们相抗的可能，除非你另辟途径，别走新的道路。不幸许多中国人在这种外国资本主义的压迫下，养成了"买办阶级的心"。这决不是唯心论，欲凭空谋新的改造固然不可能，但在某种环境下养成某种心理是可能的。买办有时候看了他们的主人的富强，也会羡慕到科学，但买办主义的国家根本不是培养科学的环境。取别人的货品，替他们销售，科学有什么用？你如果谋仿造，那么他们尽有现成的科学家和技师，尽可不绝地雇用，更何必自己培养？

工业上的产品如此，农业上的产品亦然。中国许多人口口声声自夸以农立国的，可是近年来每年由外国输入的米或麦粉不知有多少！即就水果一项说，苹果、蜜柑，亦不少自外国来。盖中国的政策将使大部分土地种鸦片，而种鸦片是用不着精深的科学研究的。

中国的生物科学的发达的过程是很简单的，它只有自远古遗传下来的农人、猎人等的科学，它只有封建时代的科学。这并没有什么奇怪，这种现象是自然的。要是中国能脱开买办主义，另走新的路，方才能将新的研究和农人等的旧知识联合起来，造成新的科学。如果在买办主义下高叫科学救国或振兴科学，我想是不会有什么结果的。

（原载于《中学生》1932 年第 28 期，署名乔峰）

关于科学方法

各种行动都有方法：人们的各种行动都有一种方法，例如东西怎样吃法，住所怎样造法，衣裳怎样做法与穿法等等，如果不懂方法，事情便做不成功。虽然这方法是随时在改变与进步的。

我们到公园里去看见猴子，它们吃花生时会剥去壳，单吃肉；吃香蕉时也会把皮剥去。可见比人类低级的动物便是吃东西也已经有方法；此外如爬树等行动也有方法的，并不是乱闯乱窜。不过这些只是一些由经验得来的习惯或本能，还够不上称为方法。人类的祖先起初找东西吃等行动也与猴子差不多，但等到发明了用工具的时候，才开始真的有了帮助行动得到成功的方法了。例如，他有方法用石头来敲破具硬壳的果实，用木棒撬开笨重的东西如石块之类，去找寻下面的东西，才开始有了工作的方法。后来一步步地进步上去，方法也进步与增多。到了会造房子，就发明了造房子的方法；会穿衣裳，渐有裁剪缝制的方法。关于吃东西则有各种烹调的方法与吃法。

方法的科学化：人们因为用了工具去劳动，遂逐渐产生科学。这是非常明白的道理，人们因为种东西，遂渐渐产生农艺学，因为养动物，产生畜牧的学问。同样的因为用棒头去撬开笨重的东西，就渐渐明见杠杆的道理；因为要推动一件笨重的东西，推不动，下面垫进几个石子就容易推动，如垫进会转动的圆杆更容易推动，从这种情形，就会想出车轮的道理来。杠杆与轮的道理是可以造出更复杂的用具与产生出力学等学问。因为科学的进步，工具的改良，工作方法也会渐渐地科学化。什么是科学化呢？我们通常称从旧日由经验得来的习惯方法，加以研究与改进，使工作经济，效果确实而显著的方法为科学的方法。例如，我们叫新的养蚕方法为科学的方法，新的造纸的方法为科学的方法，旧的经验的方法称为土方法。但这只是相对的，它还可以改良上去，使它愈经济，效果愈大，成功也愈有把握。在个人健康与养生方面，因为科学的进步，各种有益的运动方法代替了旧的八段经与静坐等方法。合于营养原理的饮食法代替了旧社会的不合卫生的饮食法。科学方法与非科学方法的效能上的不同，在医学的诊断上表示得最明显，亦为一般人最熟知。旧方法诊治病人，只用望望脸色，看看舌苔，把把脉息的方法去诊断病症，这几种方法不是完全没有用处，而是十分不够的，因此常常不能断定。科学方法于这等方法之外，再加上显微镜检查、化验、X 光照看种种新的方法，疾病自然容易断定了。且科学方法不像土法的改变慢，它是不断地迅速改进的。

脑子做工时的科学方法：用工具做工时要用方法的，人们渐渐使方法科学化。但用工具做工并不单用手，同时也要用脑子想的。而且这等方法还得用脑子的做工想出来，脑子做工自然也得用方法，以至于用科学的方法。脑子做工时最重要的方法是观察。古人也用观察，但所得的结论常与用近代用科学方法的观察法所得的不同。因为他们观察是不科学的，不精密的，而且随时伴着空想与任意的推测。随便举出些例子来讲讲，比方：古人看见乌龟，大概的形状当然看得清楚的，但他们说这等阔背的东西是没有雄的，与蛇相配的。乌龟明明是有雄有雌，他们却偏说没有雄龟，代以幻想的说法，这样不合事实的武断的说法却偏偏会相信。

还有，有一种古人叫作蜾蠃的昆虫（现在有些地方叫螟蛉虫），是一种小形的蜂形动物，古人说这种细腰的东西是没有雌的，所以它们捉树上的鳞翅类幼虫放在窠里，祝念"像我像我"，若干日后化为螟蛉虫（用今日俗称，下同）飞出来了。对于这一段"瞎说"，郝懿行在他的《尔雅义疏本》早已辨明了。他曾经拆开螟蛉虫的窠来看，里面固然有捉来的幼虫等东西，但又看出明明有卵产在这等捕获物的旁边。所以郝懿行看出捉去的东西是给从孵化出来的幼虫当食品的，并不是能变为螟蛉虫的子孙，他遂称这话"古人察物未精，妄为测量"的结果。

观察的科学化：郝懿行的观察比前人科学化了。前人看见螟蛉虫把鳞翅类幼虫拖去，封在泥做的窠里，便想入非非，以为把它拿去做儿子的。郝懿行不作空想，实地仔细地、有系统地观察。并且进行观察时能尊重客观事实，不随便依据前人说过的话，要凭事实。于是他的观察就某种程度地成为科学的了。本来人们是随时随地在观察的，比方看到一个杯子，他看看什么样子，有什么花纹没有。看到一把刀子，看看它的大小式样。不过这些观察结果只认识是什么杯子，哪一种刀子而止。但在要明了一件事情与解决一个问题的时候，所用的观察自然还要复杂得多。

观察当然含着比较，如果不比较，便是认识一种杯子，一种小刀也不可能。

但在科学的观察里，常常照现成的状况去观察是不可能或不够的，必须要实验。其实实验就是观察的延长。比方我们要观察一种青虫怎样变蝴蝶，时时到野外去看不方便，只好把它养起来，放在实验室里来观察。分明是观察，有时也称为实验，如把幼虫放在温度较高或较低之处，看它发生什么变化，称为实验，实际也是观察改造条件的。如物理、化学等研究尤多从实验里去观察，并去找寻新发见。

观察里实在又含有调查。例如为了要知道螟蛉虫把尺蠖虫、蜘蛛等捉去做什么用，就必须把它的窠破开来看，这就是调查它的窠内的情形，才知道是拿去供食用，不是去当儿子的，因为查出食物旁边还产有卵子。如问到人的寿命问题，调查也显得极重要的。在旧社会里没有户口调查的时候，这时候恰恰生理学也不发达，只凭日常所见的情形，人常在死去，归纳起来，同时又演绎出去，而得人类要死的断语，而且由此来得知只有若干岁可活。但人无法看到所有人的生死情形，因此又存在着也许可能有人会长久生存着的疑问。到了社会有了精密的户口调查，生死都须报告，才知道人是没有不死的。而且这时往往生理学也进步了，证明有机体的机构到一个时期总是要毁坏的，会有长生不老的人存在的念头遂打破。在社会科学里，如要明白社会上经济情形、工业情形、风俗习惯等等，调查占非常重要的位置，如果没有调查，好像自然科学里的没有观察，便没有依据，无法研究与下断语。还有统计的方法，近来在自然科学的有些部门与社会科学上，也日见其重要。

科学方法的进步：前已说及古人亦用观察法，但是片断的，死板的，并且常常把中间缺落的部分用空想去填满。例如看见螟蛉虫把蛾蝶幼虫拖去，后见窠里有小蜂出来，便加上空想，说是蛾蝶幼虫所化。雀入大海为蛤之类都由空想构成的。科学的研究法则看重事实，不凭空臆造。但如矫枉过正，如有些实验主义者所说的离开实验室外就不能活，却是不对的，只要有根据，推论不但可以而且必要。有些科学的推论是准确的。近代的科学方法还有一种特色，是研究成为有机的。古代的观察常常把事物孤立地看，科学方法是把各种有关的事实也一气加以考察。达尔文在《物种起源》里开首不久便说明翘摇（一种豆类植物）与土蜂、野鼠、猫的关系。他书出翘摇如果没有土蜂去采蜜，同时给它们输送花粉，便不能结子，所以翘摇的盛衰与土蜂的盛衰有关系。不过野鼠要毁灭土蜂的，野鼠如果多了，土蜂便减少，翘摇也少。猫要吃鼠的，所以猫多则野鼠少，土蜂多，翘摇繁盛；猫少则野鼠多，土蜂少，翘摇衰落了。还有一个军官也研究这问题，说明英国老处女爱养猫，猫的多少又关系于老处女的多少。注意相互的联系是近代的科学方法的一个特色。

自从进化说打破神造说以后，科学方法又处处注意于各项事物与现象的发展。研究动物学时，首先叫人明白的是在有脊动物里有鱼类、两栖、鸟类及哺乳类，各类有一定的进化程序。在社会学里，首先叫人知道从原始共产社会，经奴隶社会、封建社会、资本主义社会以达社会主义社会，最后到共产社会。这又是近代科学方法当中的一个特色，而且渐与哲学相合接。

世界既有发展，就必然有变化，没有变化，是不会发展的，两者是很自然地相关联的。但变化的过程怎么样呢？从发展有一定的历史的路线想起来，就不会雀入大海会变蛤子；鸡毛会变成蜈蚣，随便变化的。我们看自然里生物个体的变化，有像小牛长发为大牛，小人长发为大人那样的渐变，也会有青虫渐渐长大到一定大小，骤然变为蝴蝶的突变。实际上各种东西的变化都会有渐变与突变。例如一个社会，渐渐变化，到了一个时期，以较骤的步骤变为另一阶段的社会，以后再发展上去。这是很明白的事情。各阶段社会里的个人除年龄幼长的变化外，智慧等性质也在进步。个体因为受生理作用的限制，不能无限地发展，于是老的死去，新个体产生下来，他具有更大量发展的新的量，使他能够比前人做较大量的进展。在每一阶段的社会里，个体就这样一代代地进步上去的。但到了某一阶段的末期，往往没落阶级里，则进步常常受限制。到了新社会产生时，个人获得了大踏步进展的新境地，又迅速进步。从一个历史过程来看，每一个社会阶段里的进步是渐变的，转换为一个新阶段时，人亦起一个突变。若就说个体，说个人，自幼到长大的进步是渐变的，每个婴儿的产生，是起了一个突变的革新，他有较大量进步的可能性。但如受社会的压抑，发展是限制着的，遇到能大量发展的环境，才能发展。

用了科学方法研究时，从渐变与突变的关系上，他就很自然地看出各种物质变化的过程上常有一种矛盾存在着。生理学者发见每个生物生存时，一面从外界吸收材料，构造成为自身的物质，同时自身的物质不断在破裂下来，成为废料，排泄到体外去。这两种过程，生理学者称为代谢作用或新陈代谢。

一个细胞的构造作用盛旺时，原形质不歇地增多，体积就不断地增大，因此与外界接触的面积比例减小，失却平衡，细胞遂分裂为二个，以解决这矛盾。因为有细胞的构造与分裂，生物遂构成各种的体制。一个生物的部分或器官，虽然在共同负担着不同的机能，以支持整个身体的生存，但也有矛盾的。所以一个部分或器官减少作用时，它便渐渐退化或消灭。又因相关作用，使别部也发生变异。

科学方法与辩证方法：《资本论》第一卷的序文上有这样一段话：

"我的辩证法不仅根本上和黑格尔的不同，而且和他的直接相反。对于黑格尔，思维的过程（他称之为观念，甚至变成为独立的主体）是现实的创造者，而现实只不过是它的外表。相反的，对于我，观念的东西只不过是移植在人的头脑中并在人的头脑中改造过的物质的东西。"这里辩证法，一本英文读本译作 dialectical method，也可以称为辩证方法，这方法与科学方法有什么各异呢？从前面的一些简单的说明里看起来，科学方法的范围是很广泛的，用工具做工时，能经济地、有效地达到目的；遇到一个问题及要明了一件事情时，用了一定的方法可以明白真相或得到解决的办法，这都属于所谓科学方法。人们用了这方法，无论拿工具劳动或用脑子劳动，结果必定思想方法也自进步，对于自然或社会的各种过程能够反映得更其真确，这种照实在的去认识外界的方法便是辩证方法。前面已经表明，科学方法深入到考察物质的本质，如变化、矛盾等等时，便进入辩证方法的领域。二者关系是密切的，但以不同点说起来，辩证方法是一般的，科学方法是特殊的。这两者的不同，正如哲学与科学的相异。局部的探究真理是科学的职务，触到一般的理论部分，便遇到哲学。现在科学方法与辩证方法的道理也就是这样。但照卡尔说来，哲学的主要任务在改革世界，那么哲学与辩证法也是一种工具。

（原载于《新文化》1946 年第 2 卷第 6 期）

《自然界》发刊旨趣

　　西洋科学的输入中国，大约有三百多年了。最初是天文、地理、历算等；其次为医学、化学、物理学等；大概是西洋传教士翻译的居多。等到国内少数的先觉，感到科学的重要，凭借政治上的势力，遣派留学，译印书籍，这还不过是五六十年前的事。到了最近三十年中，国内的智识阶级，几乎没有一个不承认科学的价值。优秀的青年，学习外国语言文字，在国内外学校里攻究科学的，成千累万；翻译出版的书籍，风行一时，已成为市场上的商品照。这样看来，将来中国科学的发达，一日千里，殆非吾人意想所能及。不过从别方面看来，总觉着这种科学，仍然是西洋的，不是我们中国的。好像一枝荷兰瞿麦，栽在中国式的花园里，总显出它是舶来品，不是土产，这是什么缘故呢？

　　我们也知道"科学是世界的"，西洋的科学，就是中国的科学，本来没有什么国界的区别。不过我们国民，若对于科学没有一点贡献，又不能把科学来应用于日常生活上；大多数的国民，还是沉溺在非科学的迷梦中，没有一点科学知识；请问这科学和我们国民有什么相干？科学既然和我们国民没有什么相干，那么这个世界的科学，当然只可以认作西洋的科学，不是中国的科学。我们若要把西洋的科学变成中国的科学；在这工作中最重要的条件：第一，科学上的理论和事实，须用本国的文字语言为适切的说明；第二，科学上的理论和事实须用我国民所习见的现象和固有的经验来说明；第三，还须回转来用科学的理论和事实，来说明我我国民所习见的现象和固有的经验。这种工作，我们替它立一个名称，谓之"科学的中国化"。印度的佛教，传到中国，变作中国的佛教；这工作称为"佛教的中国化"。科学的中国化，也是这样的意思。

照我们的意思，科学的中国化，是很要紧的。但是现在国内的智识阶级里，对于这项，似乎很不措意。据我个人的感想，觉着他们都想把西洋的科学，生吞活剥地放在国民的头脑里；还有一部分人的意思，似乎西洋的科学，没有变为中国科学的必要；只要把中国人的头脑，变作西洋人的头脑就行；这种的论调，我们也不愿意置辩。因为他们希望"中国人的西洋化"，和我们所希望"科学的中国化"，真所谓"马牛其风"了。古人说：道不同不相为谋。我们只好照着我们的意思行，何必置辩呢？

我们愿意自己，并且希望大家，在"科学的中国化"的标识下做些工作。我们已经提出三个重要的条件，请大家注意。现在我们再把提出的各条件，说得详细一些；庶几我们愿意做这样工作的，可以大家一致进行；或者随各人的愿意，分工治事；以达到"科学的中国化"的目的。

我们的第一条件，要在文字语言上做一种工作，这当然是从考订名词术语着手，论语上说"名不正则言不顺"。如果科学上的名词术语，不能用本国文字语言为正确的表示；那么科学决不会有进步的。现在这项工作，有科学名词审查会很担责任，这是我们所很欢迎的；不过我们各人还须尽点各人的责任。而且名词术语以外，在文字语言上，我们还有应做的工作。科学知识的不容易普及，固然因为科学本身的理论细密和事实繁复；但有时因为文字语言上艺术的拙劣，对于细密的理论和繁复的事实，不能为适当的记述，也起了不少的障碍。科学应用的文字语言，当然须单简，须明显；用简单明显的点线，表现细密繁复的体面。这种艺术，和文学上的艺术，途径不同。我国文学，向来以浑涵概括为主；细密的叙述，繁复的记录，往往为文学家所厌弃。对于这种艺术的发达和传播，是我们应当努力的。近来科学上应用的记号、方式、表谱、挂线等渐渐通行；将来文学方面，也许受科学的影响，有一种新的发展。我们不愿意"中国的西洋化"，却希望"中国的科学化"呢。

第二条件，当然是很重要的。世界各国，因历史、民俗、教育、宗教的殊异，社会情状，既不一致；各国的自然界，因方位、气候、风景、物产等种种关系，差别尤多。若科学上的说明，和国民的环境不能适应，就容易生出许多误会和隔膜。例如美国教科书中讲空气的一节，关于室内换气的设备，都讲得很详细；这都是就砖石水泥建筑数层或数十层的大厦而言。他的门窗都是密不通风的；换气的设备，费用很大。我们国内，除了几个大都会以外，哪里有这样的建筑和设备呢？我们的瓦屋墙砖（我国砖瓦质地疏松，气孔很多，屋上覆瓦，空隙极大）、纸窗板壁，空气处处流通，当然无需这样的设备。我们若只把洋房内设备，讲给学生听，他们以为房屋内都应该有这样的设备；没有这样设备的房屋，就要防闷死了。又如我国民以乳腐、霉菜梗等经过发酵的植物性食品下饭的很多；价值很廉，营养的价值却很大（乳腐中含消化蛋白很多，其他酵母菌，均能制造蛋白，菌体内所造蛋白质，和三倍以上的牛肉相当），旨味既佳（含确基酸[①]，由蛋白经酵素分解而成），消化又易，（织维疏解），能促进食欲（含消化酵素）。西洋虽习用酸牛乳、发酵牛酪，但对于发酵的植物性食品，向无经验；故此等有益细菌（微

[①] 即氨基酸。

菌、酵母菌等，通常亦列细菌中），不加注意。我国学校中讲授细菌，只把病源细菌讲得淋漓尽致，不曾把有益细菌分别说明；容易使学生把一切细菌，都认作病源细菌，对于此等由国民久经经验制出的廉价食品，认为病魔的集合地，岂不冤枉呢？我觉着我们中国人讲西洋科学，类乎此的事情，不一而足；我们应该随时注意。我们曾看到美国翻译德国的教科书，凡书中所举例证内德国的事物，多改换了美国的事物；译外国教科书，当然应如是的。有人说"这种改头换面的本领，我们中国人恐怕还要比美国人强点"；其实这事情也谈何容易，外国人对于本国的事物，都经详细的调查，可以在教科书中提出作例证，我们中国哪里能找到这样材料呢？各地方的平均温度、雨量、湿度、重力的加速度、磁针的偏角侧角、著名山岳的高度、河流的长度；诸如此类，我们都觉着茫无头绪。我们对于本国的事物，知识既然这样浅薄；在科学上做些例证，尚且不能。那里还想在科学上有什么贡献呢？所以我们在这一方面的工作，应该赶快地完成他一部分。

第三条件，是要把中国内非科学的环境，渐渐地纳入科学中；这工作比前条更难了。我们的社会，已经有五千余年的历史，其中可宝贵的经验很多；但是迷误重叠。真理的光辉，被怪雾迷云笼罩住，成了一个混沌世界。扫除迷误，发掘五千余年内蕴蓄的瑰宝，这事情当然是不容易的。我们社会里历来相传的或随时发生的非科学的事件，到处都有：例如山洪相传为蛟水；民国官吏，尚有袭取古代的传说，劝民间伐蛟的。我们虽然知道可以从科学上断定这种怪的动物，完全属于想象。但我们对于山洪的实地考察，却没有着手。他们的非科学知识，是从书卷上得来；我们的科学知识，也不过从书卷上得来；岂不是五十步笑百步呢？狐仙的奇迹，乩坛的仙笔，至今仍为大多数人所迷信。我们何不把他们的神奇事迹，公表出来，发现他们的秘密呢？曾记得日本杂志中，截一段故事：说某郡某山，相传有一大蜈蚣的化石，后半段已残缺，只有前半段，长约二尺余，阔约四五寸。相近的居民，对于这大蜈蚣，就流传种种神话。后有一研究古代动物的人，前往考察，就辨别明白；知道这化石乃狗的脊梁骨和骨盘相连。因为误认骨盘为蜈蚣的前端，且误认肋骨为废除的足，所以有这样误会。我们若能把五千年内奇怪的化石，都这样地辨别明白，岂不痛快？我们有友人到南京龙潭山去访寺里的和尚，出了香资，要看龙潭的龙。和尚竭诚致敬，跪拜念经，请龙入钵，嘱友人敬观。友人拟出资向和尚购一龙，和尚期期不可。下山后，轿夫问友人欲购龙否？出价一元即可得龙。友人就允许了他；他就上山趁和尚不见，抓了一龙来。友人携龙归，详细考察，知为两栖类中的蝾螈。（有人在庐山寄龙二尾于张菊生先生，先生示予等，亦为蝾螈）又有友人至泰山一个道观内去看"温凉玉"。相传用指触玉的上段觉寒，触下段觉温，所以有温凉玉的名称。但实地观察后，知此玉并没有什么特异之处。玉琢为圭，是约三尺。下段的五六寸，有墨色的胶漆状物质，被覆玉外，琢为山峦；其上则琢为海波。这被覆物为土沥青之类，系矿物自然状态。琢玉时，因为除去被覆物，材料太小；只得留存，琢为山峦，且故作温凉玉的名称，以掩其迹。土沥青的传热性质，自然比玉为小，何足为奇，我们社会里这样的神奇事迹，大概是没有什么道理的。但有时治病的丹方，催眠的魔术，竟也效验显著；若能把他们的秘密，公表出来，安知没有很深的科学包在里面；我们更从我国固有的工业和技术方面考察，像制漆工业、染色工业、大豆工业、酿造工业等；应用的方法，都和学理相合。似乎我们的先民，对于有机化学、细菌学等，都有很确实的研究。又像造圆洞桥的图案，关系于力学的计算；四川盐井火井的开掘，关于地质的研究；古代炼丹的书中，确有关于制造硫酸的记录；历代的乐律，关于音阶的计算，也很详密。我们总觉着我国民对于科学上的贡献，绝不止于发明磁针和制造火药的二事。我们应该在我们祖先遗下的字纸篓里，细细检查一番；这些工作也应上紧去做。现在英美法德诸国，尤其是日本国，都已赶先抢去做了许多的工作；我们自己家里的事物，被人家明明白白地上在簿子里，我们自己还没有知道，这不是很惭愧的事吗？

本志出版的目的，就在依着提出的三个条件，汇集国人研究调查的成绩，在本志上发表。不过范围既这么大，同人的能力薄弱，希望国内的同志帮助我们，随时把研究调查所得的，供给我们。不但关于各地方气候、物产、工业、俗尚等重要的资料，我们极表欢迎；就是一本小草，一只小虫的生命史，凡属于自己观察所得的，我们都认为很有价值，乐为发表。至于东西各国科学家，对于我国事物的调查研究，如有采取的价值，或翻译原文，或撮要记录，或加以批评考证，这也是本志所愿意发表的。此外本志也发表关于科学教育的言论和事实；间或有西洋新学说的绍介，和国内出版科学新书的批评；但这种不过是附带的条件罢了。本志的材料，既重在调查和研究，恐怕这样材料，不易多得，所以不能严密地规定出版期限。现在预备每年出十册，每册约四十八页。迟的时候，两三个月出一册；快的时候，一个月出两册；这都不能预定，还要请大家原谅。

（原载于《自然界》1926 年第 1 卷第 1 期，第 1—7 页）

漫谈智育

　　人与虎豹等猛兽比起来，爪牙之利远不及它们，体力亦差。但是人能够制服虎豹。人类在地球上分布很广，生活却比动物要安全得多。这是为什么呢？就是因为人有脑能思想，有手能做工。也就是说，人有智慧。他不仅能认识世界，还能改造世界，使它造福于人类。

　　但是，每个人的智力是不一样的。有的人聪明一点，有的人愚钝一点。这当然与先天有点关系，但主要是后天造成的。记得早先孟德斯鸠说过：人生下来本是平等的。实际上人生下来并不平等。在同样的环境里生长的孩子，智力与体力会有差殊。长大起来了，在阶级社会里就有无产阶级与资产阶级之分。因而对社会和自然界的认识，有浅有深。我有一个本家说过：人的认识事物的智力有如"千层饼"，有的只能看到表面的一层，有的能看到底下的末层。这一方面与知识的多寡、智力的大小有关，另一方面与一个人的世界观，也即他的立场、观点、方法有关。同样是对茜草这种植物的看法，哲学家康德认为茜草是自然地生存着的，与我们无关。另一位哲学家黑格尔就认为茜草的色素取出来可以作染料，是为我之物。黑格尔掌握了辩证法，比康德看得远多了。同样对于社会现象的看法也是这样。在资本主义初期，无产阶级和资产阶级还没有发生激烈的冲突，后来发展到阶级斗争。马克思、恩格斯把无产阶级前期称为自在的阶级，后期称为自为的阶级，并且预测到阶级斗争必将导致无产阶级专政。这就是马克思、恩格斯的天才贡献。

要有智慧，就要靠努力的学习。英国哲学家培根说："知识就是力量。"有了丰富的知识才能有智慧。当然这种知识不是死记硬背的知识，而是与智力发展相联系着的知识。这个道理是大家都知道的。新社会不少人家的母亲教自己的小孩排七巧板、取线棚、猜谜语。例如有一个谜语云："南阳诸葛亮，稳坐中军帐，摆起八卦阵，单捉飞来将。"教自己的小孩猜，小孩低头想一想，说是蜘蛛。这种虫子在南方夏天是很多的。

但是旧社会的教育就不同了。不是教他们发展智力的知识，而是教他们一些封建的道德。这种道德不仅不能发展人的智力，而且会压制青年智力的发展。例如，我家房长某太公说：人生一世，只需把"大学"参透了就了不起了。翻开"大学"，第一句话就是"大学之道，在明明德"。很不易懂。还有每家大厅上总要挂着木刻大对联：上联是"品级详明，德性坚定"；下联是"事理通达，性是和平"。前清光绪年间开办县学堂时我进去读书。每周第一课是修身，清朝的秀才、校长陶碌生先生衣衫笔挺地上课来了，翻开课本说：今天讲"孟母训子"。这些东西对于发展孩子的智力不仅无益，而且有害。这和西欧中世纪时期只讲教义，不讲科学知识一样。布鲁诺因为宣传了哥白尼的地球绕日旋转说，被宗教裁判所活活地烧死。伽利略说了一些物理上的科学道理和相信地球绕日说，被监禁了多少年。

但是，人的智慧是无穷的，真理总要被人们所认识，黑暗的时代总是要过去的，而且确实也过去了。可是要改变旧社会所造成的愚昧状态，却需要经过很大的努力。现在有的农村不还是有迷信活动吗？这就是愚昧状态的残余，是文化不发达的结果。因此普及教育就是极其重要的问题。华国锋同志提出，要极大地提高整个民族的科学文化水平，这是实现四个现代化的重要条件。

（原载于《北方论丛》1980年第4期，第1—2页）

今后中国卫生教育之展望

　　过去我国，对于关系人民生命、民族生存之卫生事业，除上古岐黄发明医学，神农发明药物学，历代相沿相承，医疗疾病而外，什么卫生行政，卫生教育，均可阙如。社会卫生状况，以言环境，则肮脏不堪；以言生活，则漫无规则；以言知识，则在在幼稚；不过从前对于习武艺，习骑射，尚在在提倡与重视，不遗余力，于卫生上有极重要意义。故我华夏，赫赫威名，声震环球，晚近以还，欧风东渐，媚外心甚，从事新体育运动，昔日之武艺骑射，置之于不顾；然而新体育运动，虽亦提倡不遗余力而未能普遍，结果，变为少数运动家之专业，无济于事！总之，我国以教育不普及，民众知识缺乏，卫生程度幼稚；兼之卫生行政卫生教育之不讲，以致形成目前如此百孔千疮，十室九病，国穷民弱，生存危急之现象，尤其卫生教育之缺乏，最为成因，亦最为遗憾！

　　近来当局亦觉悟起来，知如此之中国，甚为危险，思其圆存，非实行卫生不可。实行卫生，又非先从卫生教育着手不为功。故全国经济委员会卫生实验处有卫生教育系之设立。国立政府行政院卫生署（最近改隶）有卫生教育组之设。去夏内政部教育部又联合组织全国健康教育委员会。江苏省教育厅成立卫生教育委员会，及令行各县教育行政机关设置卫生教育指导员。此卫生教育行政之情形也。卫生署与国立中央大学合办卫生教育科及民国二十三年夏新创立江苏省立医政学院卫生教育科，皆从事卫生教育专门人材之训练，准备卫生教育之工作。中央大学卫生教育科已毕业两届，唯人数甚少。江苏省立医政学院卫生教育科第一届于前年×月×日毕业五十九人，由该省教育厅分发服务。均从事于卫生教育之工作矣。此卫生教育之教育也。民国十八年第四届中央卫生委员会议，有各学校添加卫生课程钟点之提案。二十一年教育部召集各级师范课程标准委员会议，通过健康教育课程标准草案，以便编辑健康教育之教科书而备采用，训练师资。此外如上海市、南京市、河北定县，均有提倡学校卫生与健康教育之工作。此卫生教育之提倡与实施也。前年七月十日，中国卫生教育社成立于南京。同月十八日，该社第一次理事会议议决，筹备设分社于镇江、杭州、上海、徐州等处。查该社为中央委员陈果夫、周佛海、国民政府考试院专门委员胡定安三先生动意发起。社员征求卫生与教育两界及有志卫生教育之人士。将来社员加入众多，各地设立分会，于卫生教育学术之检讨与研究，裨益实匪浅鲜。此卫生教育之学术团体也。卫生教育之于中国，可谓已由萌芽而茁壮矣！

从今以后，党政界、卫生界、教育界、医界，共同携手，互相观善，同谋中国卫生教育之发展与改进及实施。则中国卫生教育，何愁不振奋，不发达，不普及？如是，则不良之习俗，肮脏之环境，万恶之疾病，自然一扫而空。合理之生活，理想之环境，自然霎时而现。贫弱之国家，消沉之民族，自然一蹿而登。斯时也，若谓我国民族之不能振作与圆存，谁肯信也。

愿往往理想如此，而事实如彼，何也？曰：此无他，乃担当其事之工作者，未能尽如理想而负责努力也。有如建筑琼楼大厦，彼工程而设计如何精妙，而工人不依其所设计之原样经营，望其精致，如何可能？苟能负责努力，虚心于事，则事业不能成功吾未之敢信。然则担任卫生教育工作者，如何方可为之负责努力？容条举要端如下：

不要：一、办公式地推行卫生教育。

二、外国式地推行卫生教育。

三、贵族式地推行卫生教育。

四、书生式地推行卫生教育。

（以上援引《医事公论》第 2 卷第 19 期明恕君最中国卫生教育社四大要点）

要：一、革命化地推行卫生教育。

二、大众化地推行卫生教育。

三、平民化地推行卫生教育。

四、经济化地推行卫生教育。

五、实际化地推行卫生教育。

六、科学化地推行卫生教育。

爰于展望之余，谨作数语，原与诸同志共勉之。同时并希望同胞，须虚心接受卫生教育人员之指导，而实行卫生。夫如是，中国卫生教育，自能有上述之成功，不禁欢呼。

一、卫生教育是救亡图存之基本工作。

二、卫生教育之前途光明璀璨。

三、庆祝卫生教育成功！

四、恭祝同道健康！

五、中华民国万岁！

（原载于《医事公论》1937 年第 4 卷第 11 期，署名嵩山，第 4—5 页）

思想科学初探

思想—语言—文字，是一系相连的三个环节。现存的人类都有繁简不同的思想与语言，但有的民族还没有文字，或曾经有过，后来遗失。思想与语言相比，我认为思想先于语言。俗语云：饥思食，渴思饮。当人们要种植时，用手挖土不可能挖得很深，遂发明器具，如锄头、铲子之类，用它们来掘土。而不是先有了锄头或铲子的语言，然后制造出这些工具来的。所以，思想先于语言。

但也有一派以为先有语言，后有思想。曾经有两个年轻人，向认为先有语言的人提出疑问说，生来不会说话的哑子，其耳必聋，不能听人说话，如何也能思想？使认为先有语言的人很难做出圆满的答复。我认为，思想是先有的，但语言又回过来作用于思想，启发思想。这就是如古代成语说的"听君一席话，胜读十年书"。

文字显然是后起者。但有些文字分明产生得很早。"旦"字，表示太阳初始冒出地平或水平线上，表示黎明之意。语言大概叫"早晨"。还有，早晨又常见太阳从树林中升起，后来就把太阳的"日"字与树林的"木"字拼起来写成"東"字，成为表示方向的"東"。太阳向另一个方向降落时，天将晚，鸟归巢，古人描写成一个简单的鸟巢，一只鸟停在巢上，成"娍"。后来写成"西"字，成为与东相对的一个方向语。古字"福"，有好几种写法。其中一个是这样写的："妤"，表示一个陶器中盛满食品，还向四面溢出来，意思是有东西吃，有富裕就是福。

西方研究人类以下的最高等动物黑猩猩的"心理学"证明，黑猩猩已能发多种表示喜怒等声音，它能登上凳子或用其他器具以取得它所欲得的水果，说明已有思想，但还没有语言。

"思想—语言—文字"这一串相连的环节，可以肯定，思想应放在首位。人们把语言作为短距离和短时间的交通工具，文字则是长距离和长时间的交通工具。交通工具必须力求便利。在加快实现四个现代化的时期，我们就要研究这种"交通工具"的现代化，以便像华国锋同志号召的那样，尽快地提高我们整个民族的科学文化水平。由此可见，文字改革，拉丁化的拼音化已刻不容缓，其迫切性也是不言而喻的了。

（原载于《光明日报》1979 年 6 月 13 日）

第三辑

妇女教育

妇女运动的究竟目的何在？

凡是长进的民族，社会必日渐趋于伟大，自由的。智慧的人民，意识中很明白地希望大社会的实现，或常常计划，如何则可以使它实现；别有许多人民，虽然不曾明白意识到，但时常觉着古代传袭下来的教育理想的荒唐，道德标准的无当与别的许多概念及国家观念的谬误，这等不安，便是改造社会的要素，因为如不将各种乖谬除掉，大社会是不能实现的。

妇女主义运动想将古来男尊女卑的观念，及女子无才便是德等概念打破，使她们回到与男子平等的地位上来，脱去奴隶的户籍，重新做一个自由人。妇女运动者虽然不说到社会根本应如何改造，阶级应如何打破；或者她们竟不曾感到阶级压迫过，她们的所见只是男女的不平等，只是一种与男子对抗的态度，然人们应该知道，妇女解放是趋向更大更自由的社会的必由的途径，因为如果男女不能得到自由平等，大社会是不能实现的。所以纵使把妇女主义的妇女们很无谓的模仿：男子吸烟她们也吸烟，男子当兵她们也要当兵，男子坐茶店她们也要坐茶店，甚而至于因为男子要逛窑子她们也去逛窑子。这种模仿虽然无谓，但动机终不可不说是对的，因为她们是要求平等自由，因为这是趋向更大的社会的一种动机。

但我们如反复一想，妇女主义者的妇女只要与男子一律就算达到目的，就算如愿以偿了么？只要男子能吸烟她们也吸烟，男子能做议员她们也能够做议员，男子能被选大总统女子也能被选大总统，把男子的好习惯或坏行为都学去便算达到究竟的目的了么？是的，我敢武断地替许多妇女运动的人这样回答。虽然所见的只是少数的例，不能演释推论一切，但我觉得实有多少谈妇女运动的人，以为妇女只要能仿照男子一样地做，那就好了。我深望我的观察不确，如果不错，那么她们便错了。平等自由的真义愈显，愈是各人各发展固有本能与兴趣的机缘；在男子或女子同性中，有相差很远的天性，或有强弱相差很远的体力，智慧更不能千般一律，但在自由平等的社会中，决不强其相同，而各人有发展自己的能力的均等的机会。过去的社会制度是以男子中心造成的，目前还是如此，将来必不久当成为非男性亦非女性中心的公共的社会了。过去的男子所造的社会尽是对的么？不用说，当然是不对的，别的不说，压迫半数的女性，就是文化进步的一大阻碍。男性中性的乖谬既如此，妇女运动的妇女又从而仿效男子的行为，那便首先承认男子的行为是人类行为的标准，以自己的一切行为错误自认了。我现在告诉她们说，平等是不须推定标准的各人能信各的就行，其间直没有尊卑高下的区别的。所以我说只是仿行男子的行动妇女运动并不能算已达到究竟的目的了。

恐怕各国大概都是如此，先感到自己位置低下，而奋起与男子社会抗争的女子往往先前都是中上阶级的女子，中上阶级的女子既不曾受着阶级的压迫，她们所感到的只是男女阶级的差异。所以她们的大目的只是想竭力填平这男女不同的间窟，使不同的两性渐渐趋于同一。现在我们试问，在现代社会上的男子都能享平等自由的幸福么？当然是未必罢，然则妇女即使与男子十分近似，压迫还是不能免的不过到非其间，不能预先感到罢了。所以我说妇女运动既然是一种压迫的反抗，不论态度如何总是对的，但第一必认明要点，先认定男子的行为为正则的标准而后去谋仿行的法子，这不是谋平等自由的终极目的，应当用更广大的理想，认明平等自由的真义，然后谋更大的新旧社会的发现，然后方才能得到广大的平等和自由。

（原载于《现代妇女》1922 年第 10 期，署名高山，第 1 页）

妇女参政运动的重要

妇女运动有两个方面，一个是社会的运动，一个是政治的运动，这种运动，而且认为极重要，但有些社会主义家，对于妇女参政运动，常常加以反对。社会主义者为什么要反对参政运动呢？这理由在这里却不及细说；只是妇女主义者为何认妇女参政运动为极重要的运动，却不能不在这里约略一说：

妇女主义者认参政运动的重要，大概从以下三点上出发：（一）感情上的主张，（二）理性上的主张，（三）功利上的主张。现在将这三种意见，分开来说明于下。

（一）感情上的主张是说，妇女如果没有政治上的权柄，妇女终究被男子当作财产、物件看的，不当她是一个人，一个百姓、公民看，只是叫她守服从的生活，政权如果得到，那些弊病可免。

（二）理性上的主张是说，妇女与男子既然一样是人，权利自然应该平等。同样的人而男子可以得种种自由，对于妇女则剥夺其自由及独立，未免太不公平。若当她们下劣看，则尤失公允之理，所以参政权妇女也当有份。

（三）功利上的主张是说，妇女之所以求得参政权，因为她们对于社会实有所设施，如没有得这种主权，便有方法也无所设施的，所以参政权的求得实在非常重要的。

以上三条论妇女参政运动之所以必要的意见，虽然不无可以批驳之处，但照妇女主义的观点上看起来，实在都有存立的价值，因为妇女主义的要旨，简括说起来，便是要求妇女与男子平等；虽然层层观察下去，妇女主义未尝没有与社会主义相会合之处；但从大体上看起来，无论大小事情，凡男子可行的，妇女也仿照来行，男子剪发，女子也要剪发。男子吸烟，女子也来吸，这都不失妇女主义的宗旨的，你如果说吸烟是一种嗜好，妇女大可不必仿行，那么，妇女主义者便要说，然则男子为何不首先戒除呢。对于参政运动也是一样，虽然很有社会主义以为大可不必，或有些批评家以为中国这样坏的政界中，妇女更可不必投进去，可是这宗主见，都与妇女主义的要旨相背，因为她的要旨，重在解放妇女与男子趋于平等，凡男子做的事她也要伸手来做，这是妇女主义的精神，对于投票选举等事，她们如何肯放弃呢。所以照妇女主义者看来，妇女要求扩张权力和生活的运动什么也是好的。

（原载于《现代妇女》1922年第3期，署名高山，第1页）

妇女主义者的贞操观

我们若要讲到妇女主义者对于贞操的观念怎样，必先说明何谓妇女主义。妇女主义，英文叫作弗弥涅士姆（Feminism）。5 月份的本志内，味辛君译日本原田实所著的《弗弥涅士姆概说》里面，已经把要旨说明白了。可是简单地界说，却很不容易定，大概说起来，妇女主义也可以说是社会主义的一条分支，社会主义的大目的是要求贫富阶级的平等，妇女主义则在要求男女阶级的平等。要求各阶级一律平等，不能不包括男女阶级的平等，所以妇女主义是包括在社会主义之下的一条小分支。

但妇女主义不过是理论上的一个名词，在实行时就称为妇女运动。这运动的一致的趋向，便是要把从前压迫妇女的东西除掉，把被束缚着的妇女解放开来。勃林顿·葛莱格（Teresa Billington-Greig）在 1911 年 11 月的 *Comtenporary Review* 这本杂志上说："'妇女主义'这种运动，是要把世界放在两性平等的人间关系的基础上来组织，来重新改造。"英国斯诺顿女士（E. Snowden）在《妇女主义运动》(*The Feminist Movement*) 内也曾说相似的话。"妇女主义者重要的意见，是在妇女的自由的获得和求与男子机会相均等。"又美国海尔夫人（Beatrice Forbes-

Robertson Hale）的《妇女的需要》（*What Women Want*）里说："'妇女主义'是一种竞争……凡是阻碍民族半数的妇女的身体、精神、道德及经济发展的人为障碍，都要除掉。"唯德国勃劳痕在《妇女问题》（*Die Frauenfrage*）上则说"妇女运动的目的，是要使妇女都能独立工作，使她们都脱出经济的奴隶"。

妇女主义的界说，虽然各不一致，但他们的重心，总不外求妇女的各种能力的发展，谋与男子的机会均等。自来妇女的地位，与男子不平等的地方很多，社会及政治上的事，女子固然向来不能与闻，占权来唯有男子，家庭向来说是女子的势力圈，但实际上女子在家庭中，尊卑不必说，便是经济上，以及一切的职任及义务，也与男子相差很远，法律上对于两性间的不同也是一样，这种道德上或法律上的二重标准及经济差别，都是妇女主义者急待改造的。这二重标准之中的道德律，尤其差异得显著。古代的男女道德，老实不客气地规定妇女天生有守贞操的义务，而男子则可不必。照古代的见解，如果两性发生性爱，不必问是否正常，妇女总逃不出过失，而对于男子，却特别宽容。这种二重道德的由来，显然是由于男子占有女子遗下来的观念，两性间的不平等，实在太形显著。妇女主义的目的，既然在于两性的平等，这种二重的观念，当然要急于打破，另行建设一个统一的道德律出来，使大家一律可以遵守。

古代的道德，说男子不妨不守贞操，妇女则必须守贞操，现在妇女主义者的意见，是要求男子也和妇女的一律守贞呢？还是要求妇女可以与男子一样不守贞操？原来妇女主义上面的运动，虽然大部分在扩张女性领域使之与男性相并，只是对于贞操问题，多数重要的妇女主义者的意见，却不以为妇女可以不守贞操，而以为男子也应一样守贞操；不过这所谓贞操，不是从前的旧贞操观，是一种新的贞操，这种新贞操，是男女同等的。这新的贞操是怎样呢？对于这问题，英国妇女主义者格丽简夫人（Mrs. Gallichan）说："只有不由于恋爱而由别的动机发生性交，才是污损贞操。"看了她的话，意义可以明白了。

妇女主义者的要求，既在提高妇女的社会上的地位，务求女子与男子相等，而自来由男子单方造成的道德观念，正是一个大障碍，决非打破不可的。因古代对于女子的贞操观念，据格丽简夫人所说，它的起源，完全由于把妇女与财产货物同样看待而来；不特如此，便是一切道德律，也都是由于所有权的意义而成立。所以这种历代遗传下来的道德律，与自由平等，完全不能相容。而这种不合理的贞操观念，尤其是"妇女的大迫压"，这大迫压正是妇女主义所必须推翻的。格丽简夫人所以曾这样说："当初男子以不正当的理想迫压妇女，习之既久，因妇女们自己的盲目与恐惧，遂愈把这种观念推崇起来。现在妇女已经找到自由权，并且要用从前束缚妇女的索，将男子也一同束缚起来了。"

妇女主义者之所以要打破二重道德的贞操观，不特为男女平等计，更进一步说，这旧贞操观念的存在，有更大的遗害，便是单侧重死的贞操的形式而藐视恋爱，结果乃使性交不发于恋爱，而反由于别的动机。近代两性道德的理想，以为性交若非由于恋爱，便是不道德的。所以泰脱尔夫人（Mrs. Tuttle）在所著的《妇女的觉醒》（The Awakining of woman）里，毅然决然地说，"性交如果是由于恋爱的结果，并不是可羞涩的事，如觉得可羞，也只为自己要羞的缘故"。这等道德观念的使成为正确，也是妇女主义者所不肯苟且的。

我们看泰脱尔夫人的话，可以知道妇女主义者只承认恋爱；至于承认贞操，不过是恋爱中的诚意，除却恋爱，更没有独立的贞操可以存在的。然而恋爱有永久性的没有呢？对于这个问题，近代多数著名的思想家，都不敢断定其有永久性的；恋爱破裂而离婚，离婚之后而另嫁，无所谓失贞，正因为保守贞操，所以恋爱破裂，就不能不离婚了。

近代英国妇女主义者格丽简夫人对于贞操的观念，可以从她论结婚的意见中看出来。她说，结婚的法律，必须将恋爱，种族的利益及个人的利益都顾到，婚姻固须采一夫一妇制，但一方面为种族的利益，为个人的利益，不能不许可离婚。离婚不是"羞耻或过失"，却是"不幸的救济"；但是即使为种族的利益计，也当许可离婚。因为不和的夫妇，便成不和谐的亲属，是不利于子女的养育的；而且从生物学的基础上看来，——虽然尚待证明——生命必须生活得愉快的。现在新道德的基础，恋爱与结婚，二者必须合为一事，所以恋爱消灭，婚姻的约束当然该解除。

近代妇女主义者中，一类主张离婚，如格丽简夫人的以为"结婚的门户必须开放，必须使走出和走进一样容易"，最得多数人的赞同，而对于自由恋爱，则往往持反对的态度。但妇女主义者中，也有倾向于自由恋爱的，如生理学家福莱尔（Forel）便是一个很著名的代表。反对者意见，虽名为反对，实在内容却也相差无几。即如格丽简的意见以为夫妇也不妨只有一个暂时的结合，只是对于两人的关系所发生的结果，必须彼此共负责任，如生了子女之后父母尽可以分散，不必一定有什么关系牵连着，但对于子女，则必须双方负担责任不使流离失所，这最为重要。至于这种两性的关系，是否由于正式的结婚，这却都不成问题。（*Welsh Feminism* 第五章。）

这样看来，她虽然反对"自由恋爱"，其实与自由恋爱相差的地方，只有两性的结合必须彼此负责任，与自由恋爱相差很微细，如果没有子女的牵累，则两造分散更不成问题了。

以上所说几条妇女主义者的意见，虽然不过一个大概，但我们实在可以看出，无论为妇女主义者及多数思想家，对于贞操观念，没有人能够说恋爱已经破裂，而且贞操能够独立存在的。但在恋爱中间，两者必须坦白而且忠诚。这是近代大多数思想家众口一词的贞操观念，为男女共同所当遵守的。

末了，还有几句话必须附带说明。妇女主义的要旨，本在扩充妇女的生活，而使渐趋与男子平等，凡男子所做的事，叫妇女也伸手去做，这都不失妇女主义的精神，但对于贞操问题，却并不欲妇女也与男子一般的放荡，说男子可以多妻则女子也可以多夫；便是带倾向于自由恋爱的论调的福莱尔，也以多夫多妻都是一种特殊环境或病的状况之下的情形。他们都主张建设一种单一标准的贞操观，使男子也共同遵守。但这是理想，怎样可以叫男子也遵守这恋爱的真诚呢？在高尚的男子，对于这理想自能了解的不必说，要多数人都能实行，不仅是一个理想所能做到的，妇女主义的要达这种目的的手段，便是要求妇女自立。爱伦凯女士在《妇女运动》中所以说："只要妇女不求丈夫赡养了，然后女子也可以如男子要求女子守贞操一样的要求男子守贞操了。"

（原载于《妇女杂志》1922 年第 8 卷第 12 期，署名克士，第 16—19 页）

妇女主义与贤妻良母说

"贤妻良母"这四个字是从来视为妇女唯一教训的，不特许多男子这般想，便是大多数的妇女也以为在宇宙的系统的命运之下，妇女是应该如此的。到了近年来，思想起了极大的革命，许多男子知道妇女的生活若不得正当的发展，是使社会陷于不健全的一个原因，若男子去强迫女子过这样的生活，这便不合于人道。在女子一方面，张看一眼，立刻见自己生活的狭小和黑暗；她们生理上虽有怀胎哺乳的官能，但一生专做一个孵卵器，自知不是她们唯一的命运，至少还有别的——更光明的幸福的——生活在那里；于是妇女解放的喊声一起，妇女运动的潮流就高起来了。

所谓妇女运动，便是女子参政，教育平等，以及一切想获得和男子同样境遇生活的要求。这实在是妇女们很有希望的改进。便是她们见了男子剪发，也剪了发，男子穿短衣也穿着短衣。男子吸烟也吸着烟，以求与男子同等，也不能不说是妇女运动的一种（关于妇女主义的概况，读了本号味辛君译的《弗弥湟士姆概说》很可以使我们得些知识的）。自己剪了头发穿着短衣吸着烟的男子，自然不能批评她们不正当的。

然而现在有许多反对妇女运动的人，以为女子原有许多弱点在那里，她们生下来的命运只配做"贤妻良母"，应该与男子生来是不做"贤夫良父"的有别。而且女子在人群里，仿佛是一个里衬布，最好也只能衬得面片（男子）格外出色些；或者只是陶冶男子性情的东西，最妙的也不过只能引起男子艺术上的发展罢了。

我读了本志第二号鲁伯君译的《两性的强弱》，从著者广大的学识和经验上使我们知道男女间知慧的强弱，实在并不像常人所设想。这篇文字，很可以纠正人们对于两性强弱的妄断。我们只知道两性只有最明显的生理上的不同，因此而生体力上的差别——其中一部分也受环境的影响——然即使女子体力比较不及男子，但也无害于各种事业的发展，因为社会上有伟大的事业或学问的男子，也原不在体力上见长的。

所以妇女在社会上应该怎样生活并不是男子可以给她们代定范围的事，只能各自发展自己所能发展，只有几种过于劳力的工作，能妨害生理上的健康的，才能说不适宜于妇女罢了。医生告诉我们，铅粉工厂中的工作，是不适于青年女子的，因为粉屑能随时由口鼻等处混入血液，输运到肝脏里，遂贮藏了，如果那女子到了分娩的时候，——这时候因身体上抵抗力的薄弱——能够爆发铅粉的毒性，中毒而发痉挛。如果这种研究的确，我们也只能说这工作是不适于要生小孩的妇女罢了。

总之，妇女运动虽然是妇女们改造自己的新命运，然而结果所得，利益所不是只限于妇女一方面的；所以富于同情的男子固当赞助，便是利己的男子也一般应当赞助的。古代遗传下来的旧的观念，多半是束缚女子的，非尽先打破不可。"贤妻良母"的话，便是这类之一，自然也需打破它，但有人以为打破这话之后，人类恐怕要陷于绝灭了。然而我们不用仔细一想，可以立刻记上心来，男子没有"贤夫良父"的教训，为什么也在那里为夫为父呢？

（原载于《妇女杂志》1922 年第 8 卷第 5 期，署名高山，第 15—16 页）

妇女运动的发展

中国的历史，便是说只是一部男子运动的历史，也未尝不可。妇女对于政治上、法律上，以及自身的地位上，历来几乎没有发表过什么思想，至于实际上的运动，自然更不必说了。

但如果说中国妇女，向来完全不曾发表过言论和行为，却也不尽然，可惜所发表出来的，多不是为谋自己的地位和生活而发表；大抵只是去教导同性的人们，怎样应该降低自己的地位，怎样应该缩小自己生活的路。教她们如何可以博得主人家的欢心，教自己怎样做奴隶的方法；有的简直是些奉承男子的意志的话便了。

妇女所以完全被屈服在男子的权威之下，本是一种自然的趋势，我们可以从自然学里看出的。在猴类里常有数个母猴殷勤侍奉一个牡猴（常是一群中最强壮的猴子），或采了果实去献奉他，这是实有的事；而且那牡猴妒忌之心极深，如果见有别个青年的猴子，与所霸占的雌猴略有亲近的样子，他就免不得要与他性命相搏。（这类情形便在通俗的书，如日本丘浅次郎著的《生物学讲话》里也说起过）把这动物界的情形，和人类社会对照，便可晓得男子的占有女子，把她们当作奴隶，不是十分奇怪的事。

到近年来，有许多男子，头脑渐渐清醒，觉得只图自己的安逸，将自己所不愿做的事强叫女人去做，这是很不道德的；恰好许多有觉悟的女子，张开眼睛一看，见前面还有广阔的生活的路，正待人开阔整理，向着那里做去，比终身做琐屑无谓的事重要得多，于是妇女运动逐渐起来了。在个人方面，如教育运动、职业运动，以及在社会方面，如各种的文化运动，都连续发生。四月初间广州女学生有废娼的运动，又经过几次的参政运动，女议员已实现于广州湖南等省，这都是中国妇女运动上可喜的事。妇女运动在今日的中国虽还是曙光，但有了这一线的曙光，将来逐渐扩大其运动区域，当然可以容易一点。到了女子在社会上的地位渐与男子平等，那时女子像今日为妇女节自身的运动，将化为社会全体或一群人类的运动，所谓妇女运动的名称，定可逐渐消灭了。

（原载于《妇女杂志》1922 年第 8 卷第 7 期，署名高山，13—14 页）

妇女前途的曙光

民族的能进步，全在各人自己的有要求；不但求自己的生活满足，便是自由、平等、正义、平和，也都是要求出来的。人类有谋起发（Promtion）的要求，这是人类的光华，因为较低的生物里，但求个体与种族的保存（Preservatiaon），这类要求是没有的。

我见北京西山下的苦工，每天从清早起直到傍晚在那里抬石板搬泥土，一日只赚得二十几个铜子的工钱，那里烙饼虽然便宜，也仅能图得一饱；有时偷闲在乱石上懒懒地睡着，还好像很安然自足的样子；如此直混到老死，永远没有脱出困苦的奴隶籍的希望的。

这个缘故，因为中国历代相沿下来服从的教训，把要求起发的萌芽，折磨几尽，生命遂变了毫无目的与意义了。至于自来当作财产看的女子，所受的层层压制，自然比男子还要重些，所以自来人口中半数的女子，在社会上竟等于无人一般。在野蛮社会里，不曾经过理性的指导，男尊女卑的习俗，原是常有，只是中国直到二十世纪，还弥漫着这样空气，不免令人觉得"良可慨叹"了。

到近年以来，却早有几个先觉的女子，想揭起旗帜，号召同志，协力来打破旧家庭的牢狱，离开黑暗沉闷的空气，但是不先认定目的而想奋斗，总是少有成功的。现在上海有女界联合会的设立，它的要旨，第一步便是要求与男子受同等的教育，并且设立平民女校，为年长失学的女子设法。她们的要求上，有承受父或夫的遗产，与男子的工资同等，在施展一方面，有与非人道的待遇而奋斗，争一切自由的精神。这不可不说是荒凉的冷空气中的一线曙光，中午的烈日，便是由此而来的。这不是很有希望的么？

中国此先未尝没有想挣扎的女子，只是"孤掌难鸣"，没人救助，不能越出牢狱式的家庭，或者没有为她们做先导目标，纵使有多少奋斗的精神，不久也在黑暗的沉雾中消散。现在这在女界联合会，便是欲脱牢笼而不得的女子的救助者，既脱离家庭而彷徨无路的女子的指导者，给予不甘心于操奴隶生活的女子一个要求奋斗的目标。使中国人口中半数的女子，将来都能立到社会的前面来，给社会的改进上，分担一半的责任，这不是人们所很希望的事么？将来的成功的果，当然须由这现在的萌芽结成的。

（原载于《妇女杂志》1922年第8卷第3期，署名高山，第16—17页）

妇女运动与民族的进步

"妇女是首先受束缚的人，在未有奴隶之前，妇女已早为奴隶。"这是德国倍伯尔在他的名著《妇女论》中开端所说的话，由此可见世界妇女屈伏于男子社会的由来长久，和对于男子的地位的卑下了。

妇女运动之起，根本上是对于男权社会的一种反抗；奴隶生活本来只有服从，无所谓责任的，权利自更不必说了。现在妇女运动的要求，虽然表面是求所失的权利获得，其实是愿对于社会负相应的责任。所以妇女运动的根本原则只是妇女的自觉、努力，及自己尊重。时代逐渐进步，女性的灵魂，终于从本能和感情的幽暗的室中，透露出来，到理性和意志的强烈的光辉中去。既开眼看出自己所处地位的卑下，和男尊女卑观念没有根据，并且疑惑到男子可做的事，自己为什么不可做，于是女权运动就起来了。

她们现在便觉得从前的道德教训，及社会上对于女子的种种观念，都是为着男子自己的便利，用来束缚女子的。从前认为天经地义不可动摇的，现在已觉得没有存在的价值。从前依附男子，深信自己无所谓荣辱，自己的荣光尽依靠在丈夫身上；甚至于做母亲的时候，觉得为男子的母亲，比做女儿的母亲荣誉得多。现在有了自己的认识之后，这类谬妄的成见，不得不尽行打破，想脱去依附男子的生活而为自己的生活。从这种外表看来，妇女运动的要旨，虽然只是"给我们的地位"的一种呼声，即其中含有一种与男权社会的一切旧习惯的抗争，但在人群上全体而言，女权的扩张便是人群的进步，与社会的全体是有莫大裨益的。

经一番改革便有一番的进步的，但自来凡是一种什么运动，——对于旧习惯的一种革命，——无论为政治的、习惯的、道德的，社会上必有许多人加以反对，这一班人便是不求进步，顽固沉迷的人。但保守派和进步派，在社会上本是永远存在着。就社会全体上看来，保守派也非全然无用，如果没有他们，社会便失了安定性，急进不绝。这正如空气中助人生活的固是养气，然无为的淡气却也不可少。

但中国的民族，久已过于滞涩不灵，在民族竞争场中，早已远远落在人后了。人类本是各须争先的，这因为人类生存在自然中，土地及一切供生活的物事，不是天然就分配好；自然的和过去的历史告诉我们，凡土地不能自己经营的只能让给别的会经营的人。现在中国正在自己不能经营的时候了，要图挽救，唯有从多方面去努力；妇女运动的兴起，便是妇女们的努力觉醒与自尊，是民族有希望的一种动作。如果对于这种动作还要反对，但让人家争先，自己情愿落后，像这样的保守，还自以为有益于国家，恐怕中国的民族，不久便要成为化石了。

（原载于《妇女杂志》1922 年第 8 卷第 11 期，署名克士，31—32 页）

妇女才力低浅的原因

近年中国的妇女渐为欧美流入的妇女主义、妇女解放等名词所呼醒，于是较清醒的妇女先自觉醒过来，奋起社会的和政治的解放运动。但在这运动中间，有一个莫大的阻力，便是多数男子待女子的专制思想中，牢不可破地保守着妇女只该怎样和不该怎样的旧观念。总说妇女感情用事、好虚荣、知识浅薄、能力低微，所以她们不配做大事业，只配管些家务！然而我便要问，纵使妇女的才力固然比较男子为低，这统是先天的呢，还是别有原因？论到这个问题，保守派恐怕也不能明白对答，因为他们绝不肯略用心思加以思考。他们只是心中信以为是，遂固执地死守着这种成见。

可是妇女们中多感情用事，办事才能低微，研究学问的能力欠缺，这些缺点不但许多男子说，许多妇女自己也常常这般说，她们自己觉得有许多才干不及男子，这是妇女们自己的平心静气的论调。

在比较没有偏见的男子看来，虽然学问才能超越的妇女未尝没有，但平常年龄相似，所受教育相似的青年中，女子似乎往往不及男子，如果这是一种事实，那不肯用心思虑的顽固派，因了这情形，说妇女不能解放，不能赋予参政权，也不该完全非难。但我们见地究不该这样浅近，至少须作一个较深远的考虑。妇女的才能，究竟是否根本上不及男子，对于这一种问题，许多学者的见解，都说妇女的才能之所以比男子缺乏，大半是因历代受男子的压迫使然。男子因为卑视女子，将她对于政治及社会上的活动尽行剥夺。但他未尝不爱她，正因爱她之故，所以将她如画眉绣眼一般的把来关在笼中，不惜出重资供养；可是纵使这样溺爱，毕竟是养成妇女为寄生的原因。如果把一切自由付还她们自己，如鸟的出笼，本能也就能发展起来。乔治在《妇女与明日》里所以这样说：“从多少长久的时期里，把妇女造成了奴隶的姿态，形成了奴隶的性质；我们深信只要改变生活状况，任她们在自由中间发展，她们自然具有自由妇女的性质了。”

我们现在再将妇女当初本与男子智力相同的科学的证据揭出来。

人的头脑容量的大小，是智力高下的表征，这是无可非议的。鲁斯·伊斯·苏立凡教授（Louis R. Sullivan）说，现代男子的头壳前面，确较妇女为隆起，可是查考原始的人，便不然，他们是没有什么差异的，例如现今的原人，中亚非利加的侏儒（African Pygmies）便是这样。

后来因为妇女要负担生育，保护之职由男子去负担，妇女只做些喂养小孩及家中杂事，男子则管理外面的一切事情；因为长久的历练，和发展的机会，遂使他才能渐渐发育起来了。人是何等富于可塑性的动物，这也是为科学所承认的，所以妇女即目前智力不及男子，固然不能认为妇女根本的弱点，而且如果男子的专制思想打破，把自由还给她们，使她们有发展均等的机会，这机会便是使她们做主人的生活，对于社会国家都有管理的权柄，一切工作，都任由她们去操作，那么，她们在地位上不能不往前进步，就不能不学习她们的学识和本领，她的才能自然也就高起来了。排鲁博士（Dr. Ballon）说道：“教育高起来，能使妇女的前脑充满么？这是时间问题了。如果教育增高与妇女独立已普遍，将来大概能使男女的脑又化为平均的。"就是这个意思了。

（原载于《妇女杂志》1922 年第 8 卷第 11 期，署名高山，第 34—35 页）

妇女与工作

妇女天然负有非常重大的职任，和极神圣的工作；她们生养未来社会的人生，这种职任在男子比较的很轻，她们有长时间的怀孕，和相当的时间的乳哺；此后更须喂食，及看护，在生产较密的妇女，大半生的精力，尽疲劳于生育小孩之中。

她们养育小孩的工作时间是不能规定一天几时间的，在小孩感染疾病的时候，便是自己不快，也只好勉强支持了去看顾小孩的疾病，这样的工作，为男子在工场里所没有的。

不但如是，在贫苦人家妇女一方面生养男女，一方更须维持生活费，作种种的劳工，或在家庭中做些小工艺及农艺，或到工场中去做工，顾不得小孩的啼饥号寒。自己也因为饥寒的驱迫，生育小孩的前后不能得适当的休息。不必说，疲乏的母体，生下来的小孩不能望壮实，劳苦倦乏的母亲更如何能够得良好的乳汁哺养小孩呢？

现在多数人知道若要人对于那工作负责，优良，必须对于那种工作有兴趣而不厌倦的。女子未到中年，多数都极热烈地盼望生育小孩，这是一种盲目的欲望，是自己不知其所以然的，种族的保存，却深赖这种欲望的存在。

可是女子虽然这种欲望极强烈，但多数妇女的小孩是并不因这种愿望而来的；她是农夫所有的秧田，要撒多少谷子，自然是农夫的主意了。

至于日常生活上的工作，妇女本来是不担负经济责任的。主持家庭虽说是妇女的责任，但经济的全权原本握在男子，她在家庭中，不过经管些日常的出入罢了。所以她对于家庭经济，往往并不彻底明了，她的需要只知道向男子索取，或者在日常经手过的零星小款中暗取一些下来，供自己的私用。

在贫苦人家，妇女多数也一样不明了家庭的经济，出去做工，往往也承受家主命令而去，她不负责任地去工作，因她的工资，她没有计划的权柄。她不过是家主的活的财产，她赚得的工钱，便是一宗利息；如果男子不要收入这宗利息时，便可立刻停止她的工作。

照这种事实看来，妇女固然没有权利，社会上也不要她负责任。她的义务，便是服从，这完全是奴隶生活，是环境使她不能不成寄生的生活。在这样生活的环境之下养下来的妇女纵使有弱点，也哪得不有呢？要解除妇女一切弱点，必须"……各妇女们都有健全的教育，养成健全的道德。成年妇女都有法律上的自由，宗教上、习惯上的自由，结婚与否，愿生子女与否，都认为她们个人的事，要怎样只能任凭她的良心去抉择……社会不能对男子说'你们对于工作，结婚都可自由'。对妇女们则说'你们是不自由的'。"（哈尔女士的《妇女的需要》。）

（原载于《妇女杂志》1922 年第 8 卷第 12 期，署名克士，第 25—26 页）

中国的女权运动

　　中国的人民本是富于保守性质，在人类进化史上事事都落人后的。妇女的觉悟和女权运动的发生，自然也像别的文明进步一样落在人的后面。民国以前，虽然有过参与革命运动的女子，但纯粹因女性的觉悟而从事女权运动的，从前实在可说没有。直到民国元年革命告成以后，才有唐群英女士等组织女子参政同盟会从事女子参政运动，她们的手段，可也不过向参议院上书，要求在《约法》中规定男女权利平等的条文罢了。在那时候，固然还不是女权能够伸张的时期，当时不特舆论多数反对，而且战争又是女权的敌，革命告成未久，叠连又发生战事，那种女子参政同盟会遂不过如昙花一现，不久遂归消灭了。

　　在那时候，女权运动虽没有什么成功，但那次革命成功对于妇女解放的影响却是不少。民国成立的宣告，很使人兴奋，各地组织各种社会，同时多有女子参加，这班女子，虽然未必对于女性的地位有何种了解，但男女平等的概念，总已经半意识地感觉着了。

　　不久革命的兴奋剂的力量逐渐过去，生气又渐渐减退。直到五四运动以后，新思潮很迅速地发展起来。于是旧道德、习惯、信仰受了极大打击，多数人对于现代生活都觉得不满足与怀疑。稍有觉悟的女子同时感到旧式生活的不安，想加以改造，于是又有最近的女权运动的发生。

在这前后的中间经过许多无团体的妇女运动，如要求学校教育的男女待遇平等之类。比较的运动时间较长期而且有团结的，则有广州妇女的参政运动，当时运动的结果得在《广东省自治案》的第二章第五条里规定"人民在法律上一律平等，无男女宗教阶级之区别"及十八条"人民依律有选举权及被选举权及任受公职之权"等等。

天津的学生同志会，今年添设一个女权股。内部的目的是，推广女子教育，提高女子人格，发展女子群性。细分开来，可分十条：（一）倡办妇女学校，（二）与女子以高尚道德的训练，（三）扩充女子组织，（四）增进女子服务社会的能力，（五）救援女子所受的苦痛，（六）扩充女子职业，（七）破除不自由的婚制，（八）反对不平等和非人道的女子待遇，（九）做社交公开的模范，（十）预备女子参政。

这是理想上的计划，在实行方面，则拟从"废娼运动"及筹办"家庭工业"，组织"女子服务团"等入手，关于女权方面，似乎还没有什么计划。

我们所不能忽略的，是最近北京发起的女权运动。因为这次政治上的改变，政府将民国六年所解散的议院重复在北京集会，并将从事制定宪法，于是有北京中国大学学生万璞女士，法政专门学校周桓女士、石淑卿女士等联络北京女子高等师范学校学生，预备组织一个女子参政运动的团体，向国会为大规模的参政请愿。自从 7 月 15 日在法政专门学校开筹备大会之后，中大学生和法专学生的意见为一派。高等女师的学生的意见又另为一派，于是两者各自分离，中大与法专学生组织的团体，定名为中华女子参政协进会，女子高等师范学生周敏女士等发起组织的为女权同盟会。

这两个会的不同点，便是前者只主张要求女子参政，而后者则主张于宪法上须明白规定女子与男子完全平等。前者认定法律上的权利是人类运用知识的保障。女子要不受人限制，非得到参政权不可，所以她们会的目的分开来只有以下三项：

（一）推翻专为男子而设的宪法，以求女权的保障。

（二）打破专以男嗣为限的袭产权，以求经济独立。

（三）打破专治家政的教育制度，以求知识平等。

而这三种目的入手的方法，便是从"要求女子参政权"做起。

女子高等师范的女权运动会，主张多方面进行，她们不但要求在私法上男女平等的财产权、行为权、亲权、承继权及离婚权，并且要求宪法上参政权，在刑法上要求"同意年龄""蓄妾者以重婚罪论""禁止买卖婢女"等种种新规定。该会的目的有：

（一）全国教育机关一概为妇女开放。

（二）女子与男子平等地享有宪法上人民应享的权利。

（三）私法上的夫妇关系，亲子关系，承继权，行为权等，一依男女平等的原则，大加修正。

（四）制定男女平等的婚姻法。

（五）刑法上加入"同意年龄"，及"纳妾者以重婚罪论"的规定。

（六）禁止公娼，禁止买卖婢女，禁止妇女缠足。

（七）依"同工同酬"及"保护母性"的原则，制定保护女工法。

这两个会，女权运动同盟会成立较早（7月13日），到女子参政协进会在中国大学开成立大会（8月3日）的时候，却有北京警察厅援引《治安警察法条例》第八条及第十二条女子不得加入政治结社及政谈集会的规定，出面禁止，因此不能正式开会，遂改为讲演会了，但形式上虽然有这样改变，内部那种集会的精神却依旧存在，并不因警察的取缔而挫折。

可是在全体上看起来，这两个会一方面受《治安警察法》的限制不无稍受影响，一方面又限于活动力，所以她们的运动的方向，不能不只限于文字的鼓吹，学理的讨论和研究而止。虽然京外各地女子也纷纷兴起，——如杭州有女子参政运动会，天津有女权请愿团，汉口有女子参政同盟会等，想互相联络起来，协同进行。又女权运动同盟会及参政运动协进会都拟在上海设立支部。将来一体进行，成功自然很有希望的。不过中国妇女运动的发起，其中的分子，都限于中等阶级以上的人，劳工阶级中的妇女，多数还未觉醒，也没有做何项运动的能力，既不加入中等以上阶级的集会，而那种集会，也不曾顾虑到她们，或者也因为没有能力能顾到这一方面去。

大概因为劳动妇女，缺乏教育和训练，每天又往往比男子做时间更长的工作；而所得工资则比男子低廉。一方面妇女又常有家事及小孩的牵累，使她们心身都在困倦的状态中，思想和运动的机会都被剥夺，所以无产阶级的女子，加入女权运动，往往晚于中等阶级的妇女了。

（原载于《东方杂志》1922年第19卷第18期，署名高山，第86—88页）

对于女权运动的希望

　　自来的社会是男子的社会，一切经济、法律、道德、教育等无不由男子去制定，而且掌握在他们手中的。对于两造的观念，无处不存尊卑高下二重标准，因为相沿既久，妇女也安于卑下，深信不疑了。

　　但因为时代的变迁，思想也逐渐发达，"人"的正确的概念渐渐为多数人所认识，人们的相互关系也同时渐得了解，于是聪明的妇女，也认知自己在人群中的地位怎样，因觉悟而感到不安；因不安而发生权利的要求了。

　　所以女权运动，无论是要求（一）教育上的领域与男子平等，（二）经济独立，（三）法律上的平等，（四）选举权，（五）母性保护等；

　　无论是要求一部或全部，或以参政为入手办法，这都不能不承认是妇女的觉悟，都是可嘉许的。

　　如果凭理性而说，自来对于妇女一切错认，将来终究当订正，妇女的权利，终究是她们的；虽然不用力争执，凭理性的指导，必有解决的一日。可是考之历史，却又不然。过去的事实告诉我们说，欲获得已失的权利，如果自己不努力去争，没有已得的人肯无端让予的。我们由这个教训，和积极地要希望女权的获得，乃不得不催促做运动的人们努力了。

可是女权运动与许多别的权利的争夺又不同，妇女的权利的争得，是只要显明真理，用不着实质的力去攘夺的。多数人能对于"人"的概念明白了解，妇女在社会上的地位也就不辩自明；二重标准的道德，不平等的法律的修改，并不是难事。只是现在中国有许多人，实在还没有这种认识的能力，因此指示他们了解，在目今很为重要。所以我希望从事妇女权利获得运动的人们，对于这种进行，自己必须有彻底的了解，才能很明白地指示别人。至于各运动团体是否联合一致这倒无关紧要，虽有人以为不能一致是很不对的，其实进行顺序虽有不同，而终极目的总归一律。最要紧的，却在加入的分子必须健全，既做女权运动，对于女性必须彻底知道。但我曾见这些团体中，往往有极年幼的女子，补充人数，幼年非不能干事，但年龄太幼，性的性质尚未明显的人，若能说对于自己的性在人群中的地位能彻底觉知，似乎总觉得有些可疑。我们所希望于做女权运动的人的，就是把这事看作郑重才是。至于近代女权运动的梗概，载在本志《女权运动》栏内，这里也就不多说了。

（原载于《东方杂志》1922 年第 19 卷第 18 期，署名乔峰，第 3—4 页）

美国妇女的公民教育

中国妇女在社会上的地位，可说小得很；虽然已曾经有过两次参政运动，但结果也不是很好。美国的妇女，自从争到选举权之后，她们办事的范围，登时扩大起来，而且因此对于政治上的知识，也成为必要了。上年 10 月间，美国耶鲁大学与康内的吉州的女选民团，协同办理一所妇女公民学校（Citizenship School），教妇女应有的公民知识，校舍即在耶鲁大学校里面；讲师便是该大学里的一班教授。担任讲演的人便是前总统塔虎脱（W. H. Taft），及教授波加特（E. M. Borenhard）等数十人。其实这种讲习公民知识的学校，设立已经渐多，并不止在耶鲁大学一处，此外各州间已经渐渐都设立起来了。

前面所说在耶鲁大学里的一个公民学校，讲习的期间是一星期为满，所讲的是政治学、政党方法、社会问题与社会服务。其中有一天是专讲国际的经济的、社会的、政治的关系，以及军备裁减等问题。并且拟定一个"国民日"（National day）在这一天专讲美国历史的大要，以及政党的历史，原理及职务。在"州日"（State Day）这一天里，讲演州议会的情形及他们所干的职务，政党选举会，预选会等的情形。至于城镇问题等事情，别有讨论的日子，并且就在这一天里讲城市管理、社会保安，以及公民服务等事。"城镇日"（Town and City Day）这一天，讨论城镇间的地方的事务。

因为要希望女选民明了镇上的各种情形，使她们能够努力；而且能够体察社会上所需要的事，所以这女选民团中，特编成 112 项的问题，由阿干萨斯大学刊印出来，给发予州内各镇的女选民。所问的事，有的是关于人口的，如本国及外来移民的人口增加数目。有的是关于工业上的问题，如男女及小孩的做工时间，及做工的情形等，关于家庭住屋上的，如房屋抵押及租价情形，1920 年间镇内离婚的多少及原因等。使人可以按所列的问题去体察这些情形。

现在耶鲁大学里，妇女已得进美术、音乐、法律、医学等科的许可；可以望得哲学博士、文艺学士、理科学士等学位，及医生许可状。女子在大学有这样同等的权利，这自然与选举权上得同等的权利相连而来的。至于政治上的男女的同等，比较从前的有区别，不用说在社会的进步上有很大的益处了。

并且美国自从这样的妇女运动，和大学里有公民的学校开创以后，此种潮流渐渐扩大，现在不但在美国西部，早有选举权的地方如此，就是在参政运动较迟的东部，也逐渐发动起来。在 1919 年的 7 月间，纽罕什尔大学，联合各大妇女工团的领袖，在特拉墨地方开一妇女公民学校。自此以后，美国全国女公民团，竭力向各大学，专门，师范及高初等学校，运动关于公民知识的教授。在各州大学里，已设有妇女公民学教科的学校，如马萨诸塞、勿吉尼、南喀尔勒那、若耳热、亚拉巴马、田纳吉、阿海呵、英厘安纳、二十余州的大学里已经都有；在私立大学，设公民教科的，也已经很多，如南喀尔勒那两个专门学校，在1921 年的夏天，也设立起公民学校来。

全国女选民团又有三所自己管辖的师范学校，以养成讲授公民知识的人才：一所在纽约，一所在密苏尔厘，一所在芝加哥。在这三所师范学校里养成的教师数百人，各在本州各地方担任教授公民知识。并且有许多老练的教师，巡行各州间，编制班次及担任讲授。

像这样的区学校，就在宾夕尔勒尼内一州而论，已经有 450 所，在密苏尔厘 130 所，在阿海呵 35 所，在尼布拉斯加 30 所，另外各州有的还不少。除这样办理之外，全国女公民团，又发行函授公民学讲义，每七日一发，分投四十六州及亚尔司加各处。

女选民团现在所最尽力的事情，大部分便在公民知识的训练。此外别方面的发展也有，如政党的组织等是。现在美国女选民团的发展，和那热心毅力的奋发，自然不久也就能够和男选民一样具有权力，为各州及全国的利益上，自然大有所设施的。

（原载于《妇女杂志》1922 年第 8 卷第 5 期，署名高山，第 53—55 页）

贞操观念的改造

在变化不绝的世界里，贞操观念当然也随同变化，将来或许再经什么改变，也未可料；只从现代的眼光看来，中国古代传习下来的贞操观，已经显然有破灭的情势。这因为如果社会逐渐进步而趋于平等，专制时代的产物当然须改换的。

在近代思想中，认贞操只是一种恋爱的诚意；真诚的恋爱，当然含有贞操在里面的。如果失去了贞操，恋爱也同时消灭，没有恋爱也就无所谓贞操。可是古代的见解，却不如此。因为在古代，恋爱还没有发达，而对于贞操的要求却很强烈。所以在道德进化史上，贞操原是离开恋爱的独立的要求。其与现代贞操观的大异点，便是现代的贞操是自动的一种真诚；古代的贞操，只是从男子所有欲而起的对女子的要求，是被动的，是强人遵守的。我们只要略加思索，便可知道古代贞操观念并不是一种公正的道德。乃是男子起于占有女子的欲望，用贞操去束缚妻子这活的财产，使成为稳定的；倘使解除这束缚，便有不能独占的危险。所以以贞操为美德的是男子，而破坏贞操的也是男子。男子的心理，无非要求女子为我个人守贞操，如果不在我的掌握时，还是不愿对我来施用贞操的。英国罕巴达（S. Herbert）在他的《性伦理的基础》

中说得很明了，因此可以知道贞操所由来的意义了。

> "那是无疑的：伟斯德玛克曾说，结婚前的性的自由，并不是普遍的事。多数原始社会中，贞操的约束是极严格的；只是大概贞操只限于女子而不及于男子。……要求妇女的贞操，完全因了男子要满足自己的欲望而强定的一种财务所有权。一个男子引诱一个女子，不算是陷于道德的过失，只是减损了女子的市价。再进一步，我们见有许多种族中，丈夫常常将妻子去敬尊客，也有将处女第一次性交须贡献族中的酋长或牧师的，这算一种特殊的仪式。从这种情形上，可以证明今日的纯洁观念与最初的观念截然不同。那时妇女的贞操，纯是一种男人的权利。"（P.43）

因此，我们更能明了贞操的来源本是很卑陋的自私的，虽然用在好的地方，却是恋爱中的诚意，不失为一种高尚的精神。只是到了现在，大多数人的心目中，对于贞操还存着一种原始时代的观念。也正因这个缘故，所以欧洲十八九世纪的时候，已经有许多知慧及道德出众的人，对于那种贞操加以极力的反对。他们所反对的正是这虚伪的腐败的二重道德的贞操观，却未尝反对那新理想的贞操观念。

可是在旧障碍存在的时候要希望新的贞操观念实现，是很难很难的，所以英国爱理斯（Havelock Ellis）在《性的心理研究》里曾说起："我们如不把一切不自然的而且空虚的贞操形式，都无慈悲地打破，我们是不能真实地理解贞操的理想的。"但在我们中国，那种二重道德的贞操观念，由男子个人的要求，进而成为社会的要求，更进而至于把所有国运的盛衰，世道的隆污，都归因到妇女的贞操上去了。就法律上查考起来，从唐律到大清律例里，对于妇女贞节的保守，代代趋于严密，由尊崇守节或烈女，加以荣耀的封典，命妇的不准改嫁，及强迫寡妇改嫁的刑罚加重（寡妇不愿改嫁自然也是人的自由，不过法律特别加重夺志改嫁的罪，确有要严守贞节的用意在里面）等等上，都可以看出注重片面贞操的用意，甚至不特妇女有意地与人相通是极大罪恶，便是在无可抵抗的暴力之下，受了"侮辱"，也非自杀不可；而一般男子，还以她不能死在未经"被侮"为可惜呢！

像这样的贞操思想，可说完全是性之病的表现。在生物学中，这种畸形的发达，可以类化的很多。古代的巨大动物，往往有某种官体一直发达上去，到后来不特失却生活上的利用，反而变成生活上的障碍。中国历来的贞操观念，也是如此。道德观念，不向着真理上去追求，却只向偏畸的一方面去伸张是很有害的。如果说贞操本是恋爱的真诚，是何等高尚的精神；比较中国人向来用压力和各种虚荣的哄骗所造成的贞操，价值的大小，更当何如呢？德国保罗博士（Dr. H. Paul）批评社会对于童贞的谬见说：

"有些女儿，虽然还未长大完成，但她们自己早用了手淫和淫荡的思想去奸淫自己。她们灵魂上的贞洁，已完全丧失，所存在的，不过一张处女膜。但有了那处女膜，便尽够对得起她未来的丈夫了。有这样的坚固的证据存着，还有谁敢疑她有过失呢？如果别有女子，她本是秉着纯洁的心，到了长大之后，因觉醒的感觉与热烈的女性，遂投身于一个男子，无论是因恋爱，或者只因热烈的情欲，必有许多人要起身惊呼，说她的不忠实了。"

看了保罗博士的议论，和平常的事实，可以知道古代传袭下来的贞操教训，不过是一种外的形式，一种"男子自己所不欲，因自利而去牢笼妇女"的形式（《伟尔虚妇女主义》第136页）。寡妇守节也是一样，不论她有无困苦或抑郁，有无"手淫和淫荡的思想"，只要实际上不与男子接近，那便算得好的贞操，社会上便当赞叹她、褒奖她。如果能在更困苦更艰难的境况之下，仍能独身自守，那便愈可嘉尚了。

这种贞操的教训，在今日看起来，可说完全是一种罪恶。因为凡是属于道德的条件，绝非只能一任自己的私欲，而于人无利或竟有害的。然而男子私造的贞操律，竟是一种"把自己所不欲的事，因自利而牢笼妇女"的手段，哪里有称为道德的教条价值呢？在这景况下制造出来的贞操，所谓发于自动的真诚，将从什么地方去寻觅呢？

现在把这种贞操观念，加以仔细地辨认，觉得显然不适于理性的要求。但要希望合理的新贞操观念的出现，却如爱里斯所说，必须完全把这一类旧贞操观念无慈悲地打倒不可。但这所谓打倒旧贞操，并不是反对贞操，正因为爱护贞操，乃不得不反对从前片面的贞操说，而使贞操成为男女对等双方应当遵守的道德律。不过我们承认恋爱也许要转移的，那么，贞操也同时消灭；离婚再嫁，都仍然不失贞操，这便为了承认贞操只有恋爱存在的时候才存在，因为照爱伦凯女士所说，"贞操只是恋爱中的肉体与精神的和谐"，不能独立存在的。所谓不贞操，除非只有在同时期内兼爱二人以上，而生淫荡的思想或行为，但这也就是违反恋爱的道德，并不是说只有贞操上的损失，而恋爱依然存在的。恋爱没有贞操是伪的；单以贞操二字去桎梏人的自由，那更违反道德了。纵使贞操观念，变成了男女同等，但如果说它是独立在恋爱之外的，恋爱虽失，仍有保守它的重要，这反足以养成虚伪与隐瞒的习气，使人要外务其是，而实行其非了。道德教训，本是指导平常人的行为的条件。如果用形式的、虚伪的不良条件，来做指导，反足以使人为恶。所以我们如果真是尊重贞操，就不能不打破旧的贞操观，再另行改造过。

（原载于《妇女杂志》1922 年第 8 卷第 12 期，署名高山，第 2—5 页）

妇女在进化中的任务

　　对于妇女在进化中的任务这个问题，我很擅断地说，妇女在进化中的重要与男子一样，或者更重要些。生物界中，每种高等的生物为什么要分两性，这是另一个问题，此刻不及讨论；但既是两性的生物了，要进化则一齐进化，要停滞则一并停滞，不能一性退化而别一性能够特别进化——至少指高等生物——而且只有一性进化，我们仍然不能认那种种族是进化的。我们搜寻自然中的事实，那事实告诉我们，在下等动物里，有一种的两性，一性极发达而别一性极简单退化的，可是在高等动物便不能有这种偏颇的现象。因为两性的生物，合两性才成一种生物，在进化上有相互协作的作用，正如在身体中的各机官，在一个身体内协作一样，如一个身体内的机官有一个失调，别个官品，也就连带失其官能，不能独自健全的；在两性也正是一样，有一性不发达，不能使那一种物类进于更进化之域的。

　　两性是有差异的，但这差异不是高下优劣，从前英国生物学家该池（Geddes）与汤姆逊（Thompson）同著《性的进化》（*The Evolution of Sex*）一书，反复说明代谢作用有两方面，一面将简单的物质渐渐构造成复杂的物质，一面将复杂的物质渐渐破裂再变为简单的物质；前一种作用叫作构造作用，后一种作用则叫破裂作用。一切生物都不能没有这两种作用；但在女性的生物体里，构造作用较盛，男性的生理则破裂作用较盛，这就是两性的根本上的区别。

两性为什么要这样分别，这不是我们此刻要讨论的问题，我们可以不说；但男女两性的一切不同，都于这一点上有关系，女性之所以被征服，也与这一点上有关系。

男子的生理是富于破裂作用，而浪费能力的，是天生的破坏者；如果在生存竞争强烈的世界里，自然不能不以力为主体，那么，男子自然而然超越于安静的女性之上，社会成为男子的社会，女子贬为男子的附属品了。社会既由男子独占之后，一切设施都由男子的意志行去，便是女子应该怎样生活也由男子去造成，至于近代，还有多数人们，以为女子的唯一的职务，是做贤妻良母；贤良当然是好性情，但我们却不能说男子以贤良的美名，去笼罩或养成妇女的个性及服从性，不是一种罪恶。又有许多人，以为妇女在家庭中缝衣、烹调，是他们的职务，我们不反对女子学缝衣或烹饪，我们兼且以为便是男子能学一点缝衣烹饪也是好的，但说这些事一定是女子专有的工作却不可以；我们只能说妇女所能做的工作都是妇女的工作，这不是可由别人代为限定的。人家要做什么工作，人人都该有自主的权利，别人原不能代谋或干涉，纵使女子历代受严密的拘束之后，不能不减少她们自主的能力；人本来能走的，但如果长久不使他走，他必定减少走的能力。鸟类本来能飞，但如果长久关在笼中，也必定减少他飞的能力。妇女在将解放的初期，缺乏自己抉择的能力，或办事的能力，也是意中事；指导她们的人们，只应该引她们到广大的路上去，不当再用自己的判断，来范围她们生活的领域。

自然告诉我们，凡是生活高尚而且活泼的动物，两性并没有将职务严定区别的；在日常生活中，两性的物类，各尽各的能力做他们所能做的事，以谋本身的存立；在哺养仔儿的期间，则两性分担养育的劳苦，共谋仔儿的发育。

但人类是好竞争，尚强力的动物，生理上破裂作用盛的男子，登时成为两性中的强者，于是争到独占权，而将两性和谐协力的生活渐渐消灭。男子不顾妇女共负进化上的任务，只望她做一个自己的意志的奴，异性的玩具；妇女们处这样的环境下面既长久，于是照适者生存的公理，妇女遂安心于这种生活了。

近代科学告诉我们，要求文明的能够生存，必须减少破坏的力，要减少这破坏力，便不能不使妇女有社会上、政治上的地位。否则，如果男子用自己的意志去支配女子，及缩小女子生活的路，这不过是自己将种族驱到衰残的地方去，不是有益于将来的人间社会的福利的。

妇女并非没有谋生活上及社会上各种服务的本能，即使当初一见似能力不及男子，但这种薄弱的地方，恐怕正因为受束缚太长久了所致。英国斯多白脱（St. Clair Stobart）曾说道：

> "如果上界的门拒绝她们，她们自然只好降到下界下了。必须让她们很自由地操作神的工作，不当如现在的只许她们操作魔鬼的工作；必须使她们得有经济及精神的自由，如同男子一样，照她们的本能去工作，用她们的有用在社会间，妇女在进化上的重要的真义，当容易看出的……"

中国自来对待女子的手段，正如斯多白脱所说的关上了上界的门；一方面既认定她们是属于下界的，而一方面又复责备她们的不长进，这于人种前途是很危险的。我们若希望未来世代的人种进化，实不能不增高妇女在社会上的地位，提高她们的知识程度，使这社会成为两性公有不是男子独占的社会。这个论据，便是我们在自然界不能找出一个例，说或种物类，其中一性不进化，而能使这物种进于繁复的。中国近来多数人已经知道教育的重要了；并且知道要教育有成效，更不能不赖良好的教师，所以养成良好教师变成必要。但感化儿童的力量，教师能及得母亲么？所以希望未来的人民的进步，使为母的妇女，先得充分的发展，实为极其重要的事呢。

（原载于《妇女杂志》1922 年第 8 卷第 8 期，署名克士，第 9—11 页）

妇女与社会

　　妇女既然是社会上的一分子，则自然应该与男子有同等的地位，似乎是不必深论的了。但其实不然，知道女子是与男子同等的人，只是近年来的思想，而在中国思想界中，还仅在若干人的脑中轮转着。自来社会及政治上的事务，都只由男子独力去经营，男子便是人类的代表；女子在人群里面，不过当作生育子女的机关罢了。她们的生活，只限于家庭中；她们的所谓道德，只是服从；她们的观念，只许笼在因男子的猜忌和占有而造作出来的道德律里！

　　而且女子也不知不觉的，以为女子的生活，原来只是如此，对于片面的道德律，也就深信不疑了。

　　女子不从事于工作，只是依附着男子，度寄生的生活，养成观念狭窄，性情娇柔，只由男子去经营一切；这种制度的妨害社会的进步和不经济，本是十分了然的事。这思想轮到青年的脑里，男子顿时觉得独力负担不下这重担；从前蔑视女子的教训，结果依然累了自己，一同遭遇这困难与束缚；于是有觉悟的男子，便首先发起"女子解放"的喊声来。

　　近年有些女子，似乎也有了这种的觉悟，知道女的职分，不专在乎牺牲自己，熟记抄袭下来的旧道德律，还有更为重大而且更与人群有裨益的事业存在。并且想从沉闷破压的生活中，寻出人类幸福的真生活的路，这是很有希望的挣扎。

然而我们要问：不是人类学家及社会学家都说，人类早先曾有过一个时期，称为母系制度的，在政治及家庭上，女子占极大的势力吗？何以后来一变而退到深房密户中去了，群众事业都交给男子去做呢？其中必有一个原因，使他们不能不退让；而且寻觅这弱点是很为重要的事。

生物学上的事实告诉我们，两性的生理，有极明显的区别。雌的是构造作用盛，雄的却是破裂作用盛的。构造作用盛，便是善能贮蓄能力，不浪费；呼吸少用氧气，消耗也少；所以生命较为稳固而且长久；因此能负担生育的辛苦；只是沉静些，不善于运动。

人类也是一律的，我们见幼年的儿童，两性便有极大的差别：女孩是文秀而且安静，多恐惧，守秩序，顺从而且整洁。男孩是雄健，敏捷，不好宁息，鲁莽好争斗，好破坏与违抗。

而且女子造血的机能又特别得强；但血液的比重，却不及男子。红血轮也较少，脑及身体的重量也较轻小。骨格及筋肉：女子只有骨盆及腹部筋肉很发达，此外的骨骼，都比男子细弱，关节平坦，筋肉也细弱。

女子的躯体却不短小，只是肘及腿比较得短，臂及胫更短，手及足则小得很显著。

就这一点的比较，可知道女人维持生命的力强，这是于生育上有很密切的关系的。由体格的装置上看来，显然是不善于运动，不胜辛苦工作的一种装置。

性情上，女子有一种母式的态度，有如待人多挂虑，善用慰藉的言语之类都是。然而又有幼年风态，大抵好作愉快的谈笑。此等性情，就是于抚养小孩很适宜的地方。而且性质少变化；癫狂，痴呆，犯罪行为，天才等，都比男子少。富于感情，善于记忆，联想也比男子快。只是推解的力量薄弱些，遇事好固执自己的主见。

这些性质的不同，正是人类的进步处，正如不同的彩色，或音色不同的乐器，配合起来，而使乐音与图画益增其和谐与优美。然而所以被男子征服的原因，也正在这些不同的地方。

古代的原人，接触既不如现在之密，生活情形，也与现在不同。当时的男子，因为体力强健，所以专司的职务是打猎、捕鱼，以及保卫和战争等事。男子既须奔走，而生命又颇危险，出外亡失是常有的。所以社会及家务上，不能不由安居少动的女子去办理，这便是妇女当权的起点。结婚是由男子到女家来，不是女子嫁到夫家去；不但财产是女子的，而且子女也是女人的，姓女家的姓，与父无关。现在新墨西哥的苏尼河一带的土番，便还是如此办。北美印度的伟杨陀族人，一族里还有四个女议事员，由她们去选举那发号施令的酋长。

然而女子因有种种的弱点，如就生理上而言，怀孕及分娩的时候，身体不能不变为衰弱，分娩之后，又有长期间的哺乳，加重了牵累；若在男子，则未为父时，与已为父时，有何区别。所以便在母系制度之下家族中往往有操大权的男子，不过这男子不是丈夫，也不是夫族中人，只是她的兄弟等辈罢了。

我们由此便可知道母系制度是极不稳固的了。女子当时在本部中虽占势力，一旦随夫转移，即顿时失了依赖，减却势力，生下子女来，也便成了男子所有了。但其中破裂母系制度的重要原因，却不能不推战争。一到人民繁多，战争便也增加起来，而且战争又是男子天生的职务；我们只看类人猿里的大猩猩，一逢敌手，牡的便叫喊迎敌，牝的、幼的都闻声避去；试看牡猩猩的发达的犬牙与雄伟的躯体，即知显然是天生的善战者了。人类的善战者既也是男的，则指挥号令的人，自然不能不托付更勇敢善战的男子了，所以伟杨陀族中，议事员虽属女子，发号令的酋长却是男子。别的几个部落中的议事员，有五分之四是女子，但他们并不主议，只有否决之权，遇男子所主张的事不协意，可以否认。一逢战争，则选出两个男子做部长，主理战争上的事务，可见战争是破坏母系制度的一个重要原因了。

不但如此，而且战争之后，必有捕虏，男子虏去做奴隶，女子虏去不但可做奴，而且又可为妻妾，所以女子在胜军的手里，是一种胜利的奖品了。虏去的女子，不论为奴为妾，一样失了平等的地位。

因此，母系制度渐渐地变成父系制度了；先从政治社会上的权力剥夺起，渐渐到家内。父系制度之下，财产是男子的了，子女用父姓，女子嫁到夫家，并且渐渐转成男子的财产了。

所以母系制度的转变为父系，是很自然的倾向；但因为男子的猜忌和占有等心理，迫压女子，愈趋愈甚，甚而至于如中国的迫压其思想，说出"女子无才便是德"这些话来！

这样教训之下养成的女子，自动的思想与自立的能力，消磨殆尽了。自幼在父母跟前所习的，多半是怎样趋奉公姑，如何顺从丈夫的事，如此造成女子很普通的一种观念，是并不谋划自身如何存立，而希望得夫家怎样可依靠。

实有多数的人，以为女子最幸福的生活，——而且也为多少女子所羡慕的——只是为人所宠爱：幼时在家的时候，得父母的宠爱，既嫁之后，又为公姑所宠爱，丈夫的依顺；家庭的经济上无须忧念，经营上也不烦操劳；只是锦衣美食，差遣有人地平稳过去。此等希望，本由历来的迫压和沉闷的空气中造成；然而既有若干能达到此种希望，而别有多少人，则在迫压之下，过奴隶的生活。受人的供养与做人的奴隶，虽其间劳逸有不同，而结果的不良，却两者非常相似。奴隶是不许有自动的作为的：愈不能发表自己的主见，便愈少违背之处，愈适于这样环境之下的生活。受人供养，则因为无所用心一样可以使思想的锻炼缺乏，这便是阻碍智能的发展，和减少生活能力的。略治生物学的人，自能知道蜜蜂群内不事工作但事繁殖的蜂王，脑的发达不如工蜂。别有些昆虫，专事繁殖，减少活动，有雌的是寄生，而雄的活泼如常的。

而且高等动物的生育，都在盛壮时候，不像多数昆虫，生殖只在生命末期；不像短命的蜉蝣，幼虫生活于水中，须经三二年才得成熟，变成飞虫之后，只在一二天的寿命中，便尽了生育的能事了。

高等动物的生育所以在壮盛的时候，这也是进化处，不但使子孙壮实，而且也适于养护。但人类的生育既无定季，怀胎和哺乳的期间也更长，幼童更须长时期的养护，所以人类的生育，负担更为繁重。

生理上既不使女子得充足的工作，历来的环境上，又不使女子有发展能力的余地；近年来才知道这般生活，即不说个人的苦痛，但就全群而言，也不免妨害社会的进步，是极不经济的事。但要女子得工作，便不能不培养女子的生活能力，和减轻生育的负担。培养谋生活的能力，自不能不赖教育，减轻儿女的负担，便又自然牵连到儿童公育等问题上去。要完全解决女子问题，实系于社会的改造；社会改造之后，也许无须人人有多时间的工作；只是养成生活能力的事，仍然在所必要；倘使减轻儿女的负担，也可以使生活更有变化而不困倦。我们可以毫无疑义，若女子有经济独立的能力，则不论中国专制家庭的势焰如何盛大，就可以立刻破裂而成平等的。

然而有些含侵略思想的学者，他们只将社会作整个看，不去分看内部的人人，因此主张出一种论调来，以为人类务须使社会稳定，务须人口繁衍，使渐渐蔓延开去，而牺牲一些个人的幸福自由，却无妨的。唯恐女子得经济独立之后，家庭要分散；儿童公育之后，减少了夫妇间的牵连，离婚愈加容易了。唯恐女子因谋生之故而晚婚，或因离婚避妊的缘故，而使生殖率减低，人群不能够繁盛。

此等偏见，其实是因为误解而来的。人类建设家庭的思想，根蒂非常之深固，纵使个人主义如何发展，此等本能也决不消灭。爱的真精神，早萌芽在人类以下的动物中，有些进化的鸟类，如燕鹤之属，在漫无约束的自然中，牝牡却有长久和谐的共同生活。而且人类更有教育，能了解人们相互的关系，明了人们的关系，这便是道德的基础。束缚是摧残爱的精神的寒霜，没有束缚牵连，一定能使爱情更变为真挚。爱自由的诗人英国勃来克，在《我的桃金娘树》这一首诗中表爱与束缚不并存的思想，最为明白，诗说：

> 缚在可爱的桃金娘上，
>
> 周围落下许多花朵，
>
> 啊，我好不厌倦呵，卧在我的桃金娘树下。
>
> 我为什么和你缚住了，
>
> 啊，我的可爱的桃金娘树？
>
> （录自《少年中国》一卷八期《英国诗人勃来克的思想》）

女子因为谋经济的独立，使结婚的年龄加迟，这是文化高的国中，已经实现的事情。束缚除去，使意志较强，不能容忍苦痛的人，离婚自然更不复为奇事。至少在我个人的观察，便是有儿女的家庭，夫妇一旦感情不相容，儿童实没有能调和的多大能力，不过有了牵连，难于分离罢了；欧美各国，已有子女的离婚所以较少，大半便因这缘故。然而爱自由的人，两造意趣的不合，却当作重要看，这些自由幸福，正是不可以牺牲的。

我前已说过，建设家庭的本能，根底极深固，不是因环境而能消灭的；而且社会的进步，实藉于分子的健全，而不在人数的过多；生殖不过多，而养护进于周密，使中途夭折的减少，这是极合于经济，也是进化而适于生存的条件。下级脊椎动物如鱼类，一产数万卵，有些鸟类，孵化一次四五子，然因为保护周备，少有死亡，能力不作无端的消耗，显是"最适的生存"。

但在动物中，个体的生存与种族的保存，是自然的、盲目的，只是适于生存的便存在，不适于生存的便是渐渐地灭亡；低级的人生，也一般循此自然的公例。至文明增进，思想进步了，对于个人的生存与种族的保存上，发生了意识，起了要怎样生活的要求，于是便发生许多改造的问题来。研究此等问题，是一种试验工业，虽极聪明的人，也不能一时下全般地解决，预料将来至永久而无错误。犹如观察一幼芽，虽靠了过去的经验和现在的观察，知道此芽必定变枝叶；然而将来的枝叶多寡与大小，虽在敏捷的植物学家，亦不敢由难以推测的土地气候等复杂的关系中间，断言他将来是怎样；要希望他将来的茁壮，还只有今日的加意培养。

人类的培养，自然是教育，一方面用教育去培养，一方面也还须自己的挣扎。我所谓培养女子的教育，固然不是"三从四德"，和什么"女子无才便是德"，也不是学几针刺绣，及切剁得极细巧的烹调；只是人生应有的智识，人们相互的关系，养成健全的心身，便是琢成社会上有用的材料。一面去掉无用的旧观念，一面使对于新观念有能批评的能力。虽不能望全国女子都如此，但如此能有若干人，许多关于女子的问题，也便容易解决。

有些教育家，以为男女的生理及性情有差别，所以教育方针也应该分出差别来，但教育基础实宜于广大，不宜便领进一条一定的途径；所以男女的教育，其实是无须有俨然的区别的。不过在职业方面，自从原始人类，已见男女分工，女子趋在教养管理的事务上，治病等事，在古代是长技；男子重在保护及冒险劳力的事。所以现代的女子，不必斤斤与男子较量高下，即使勉强能操航海及开矿等事业，社会所需要的却未必尽在此。只须各展所长，向适宜的方面进行，社会也就见得进步了。

社会的男女，譬如布帛的经纬，全赖纵横地组织起来，才能绵密而且结实，经纬有差别，而经纬却并无高下的。

（原载于《妇女杂志》1921 年第 7 卷第 9 期，第 1—6 页）

女子教育的倾向

　　教育本含有生活的预备的意思，然也可以作改造生活的预备，如女子要求经济独立，不能不学习谋职业的技能；如女子觉得有参与政治的必要，女子便不能不有求政治法律等知识的必要；这等技能和知识都非从教育里去取来不可。

　　但自来的教育，往往有一种守旧的倾向，先认定了现在社会的制度，再用教育去养成适合于这样社会之下的材料。不是养成用以建造广大的物事的材料，是造成一种可以仿造旧器物的材料，对于妇女，自不消说，也用这一种方法去教育。许多执教育权的人，以为女子是天生成的专给人做妻子的材料，教育自然当顺着这目的而走，给予一点知识，无非是帮助她做个好妻子；因此，女子教育上，忽略了为女子增高生活能力和独立精神，教育的目的变了去给男子养成几个好妻子出来，如果受过教育的女子，出去能够做得好老婆，便是教育的成绩，也便是办这样教育事业的人的功劳。

　　这种教育方针，可是不特中国的教育如此，就在别国里也常有这种倾向。例如英国十八世纪有一个女子伏斯登克拉夫脱（Mary Wollstone-craft），在她著的《妇女权利之拥护》里便竭力指斥专以结婚为目的的教育之误谬，可见英国教育也有这种误谬的了。

这种误谬的女子教育，将来势必渐渐改好，向着养成女子为独立的人类，能营独立生活的目的进行。中国近年来大学及许多高等专门学校已都开放，可见中国的教育也渐渐地从代为男子养成妻子的材料而改为培养女子自身的生活能力了。但这种改革，一半固在办教育者的力量，一半却在去受教育的人要求，身受的人向哪一的方向挣扎，习惯和制度也能随着转变的。

（原载于《妇女杂志》1922 年第 8 卷第 9 期，署名乔峰，第 46—47页）

报复的妇女主义

　　中国重男轻女这种观念，由来已经极古，若在古代多战争讲掠夺的时候，社会上所尊崇的是强力，哪里去讲女权的伸张，所以在那时候，养成这种观念也不足怪；原不是男子有意的恶行，也不是因为女子不长进的缘故。

　　然而后来男子因为要把女子当作私有的财产，遂不能不造出一种教训来束缚女子的行为和思想，这宗教训，便是教她们应该怎样贞操，怎样服从等等，结果把女子圈禁得如笼中的鸟一般；男子却情甘负担供养的责任。

　　这种束缚女子的"道德律"，当时男子自然是公认的了，后来居然教得女子也一律承认而不疑；这种缘故，大概因为女子一经生活依靠男子之后，决不敢违抗社会上所流行的，与生活相悖的道德教条了！如果违犯了这道德律上的过恶，受社会上的制裁起来，恐怕比之于犯了法律上的罪恶而受惩治怕也是一样厉害，很能够妨害他的生活的安全呢。因此女子不能不附和男子，而且不但自身甘受束缚，恐怕有些女子还要将男子造出来的教条去责备别的女子，比男子还要不肯宽容哩。

　　历代在这样迫压的空气下面成长起来的女子，受害可想而知了，行为果然像穿耳朵一般地穿住了，思想也像缠足一般地裹住了，一看似乎男子得了胜利，禁锢女子的目的达到了。然而在男子方面呢，不但负了极大的负担，而且同时也发生出许多苦痛来，如果将女子的行为穿得愈牢，思想裹得愈小，则在较有知识的社会里，男女的感情上的苦痛也受得愈加不小；因此男子知道从前去束缚女子的，今番害了自身了。

于是男子稍稍先觉地便自忏悔起来，知道从前因占有、妒嫉而造出来的教训，这不经过理性的批评的道德律，是不合人情的，应该使女人一同站到社会的前面来，做人生应该做的生活去；这在男子是有益的——减轻了负担，得了帮助，精神上苦痛也许可以因此减少些。

在女子一方面，聪明些的也先觉悟了，知道应该挣扎出男子的牢笼，自己到社会上争个地位，遇事不必盲目服从，应该用批评态度来研究过。这原是极好的思想，极有希望的征进。

然而也不免有些女子，以为百事不做应该先行报复男子的恶要紧，差不多非将男子也一样穿耳裹足不可似的。我想这都省些罢！即使报复主义绝对可行，也无非多少年后，将男子养成了娇养依赖顺从等等性质，到了那时候，恐怕女子也要感着一种苦痛，那时再来喊男子解放，岂不多费了周折呢。

（原载于《妇女杂志》1922 年第 8 卷第 1 期，署名高山，第 13—14 页）

旧道德为什么急须打破

妇女问题到了今日，方才渐渐有人注意，妇女也是人，应该与男子同等，这些话也渐渐有人承认了。但这怕还只是少数人罢，因为要知道女性的并非卑下，原不是容易的事。社会学家华尔特（Lester N. ward）在他的名著《纯理社会学》中曾说道："说女性本来是，而且实在是优秀的，这种理想，似乎很难使人相信；除非是具有极顶自由而且解放的心，和极富于生物学知识的人，才能够知道。"这因为不是能够思想的人，断不知道因为"妇女自来久做了奴隶及苦役，使她们失掉了一切原来所有高等才能"。

无论古代或近代的著作，无不蔑视女性；世界各国，大都如此，但其中尤以印度和中国为最甚。华尔特所引印度的俗语，有"妇女如定制的拖鞋一般；如果你穿得适宜就穿，不然随便弃掉就是"及"妇女像一条蛇，她的动人，也正如蛇毒一样"等语，中国也有"妻子如衣服""最毒妇人心"一类的俗谚，至今保留着支配一部分社会的权力。从这些话中，可以看出自来男子对妇女的态度了。他们一面既觉得妇女的需要，一面却又竭力憎恶，自己不能节制性欲，而恨女性的为何动人。近代思想，关于两性关系的自然道理，渐渐明白，于是对于妇女的观念，也渐渐正确起来了。但在这过渡时代，当妇女作财产看的观念，大部分还在多数人的心中，从这种财产观念上，发生许多恶行。

恶行的第一种，便是多妻制度。中国是风行多妻习惯的国，可是男子为什么应该多妻，却没有什么理由可以说明，勉强地去找，也许可以借拿破仑的话来做代表：

> "妇女是专给男子生儿子的，所以妇女是我们的财产；但我们不是她们的；因为只有她们能给我们生小孩，我们却什么也不给她们。她是他的财产，犹如园丁的树木。因此一个妇女是不够的。如她一生病，她就不能做他的妻。如她不会生子了，她也不能再做他的妻，男子没有这种情形，所以男子当有几个妻。"

为了这理由，所以女子便不被承认为独立的人。而"在家从父出家从夫夫死从子"的格言，遂永远保持着极高的价值；许多的罪恶，也不知不觉地由此发生。这种观念，我们希望能够速速打破，大多数人都能进步到更有理性，更有批评态度，不为这种恶的道德观察所蒙蔽的境地。

（原载于《妇女杂志》1922 年第 8 卷第 12 期，署名高山，第 26—27 页）

中国女子的觉醒与独身

独身原与恋爱一样，都是个人的自由，他人本无须加以可否的批评。譬如有事业家、学问家，一生匆匆忙忙过去，不知不觉过了独身的生活，在这种情形之下，有谁能够批评他的是否，或去劝告他（或她）非结婚不可呢？所以我以为独身是个人的自由，他人很不容易主观地去批评是否的。

但如果善种学者见到这种情形，意见便不一样，必定要大为惋惜了。因为善种学者热心于种族的改良，以为要求未来民族进步，必须社会中的优良分子多生育，不良分子少生育。能作大事业和尽力于学问的人，便是善种学家认为优良的分子，正是应当保留他们子孙在世上的人，现在却放弃了生育的职务，所以便觉可惜了。这固然是善种学者希望民族进步的热忱，其实断绝优秀的苗裔，原因殊不止此：战争一至，多少优秀分子死亡；无选择的结婚，也足以将优秀的性质掺杂，几个专心于事业及学问的独身者，就全体总算起来，只是很微的一点罢了。

这种情形，如为禁欲主义者所见，则意见又自不同，因为这一派的意见往往以童真为高洁，那便不能不视独身为高尚的事了。其实这种思想的出发点，大半在于很神秘地重视"欲望"，现在如我们用科学的眼光来看，恋爱和结婚，并不见有汗浊，因此也不能认为独身为特别高洁，只是极平常的一件事罢了。

我们承上文的意思总结一句，便是独身如纯是出于自发的意志，无论为了志在事业学问上的发展而无暇愿到结婚，或没有相当的对手，或遭恋爱失败的痛苦等等，别人都不能加以非难或劝告，但如其不纯出于自己的意思，而别有神秘的教训，引导他们守独身的生活——即如以独身为清洁高尚之类——这却有些不可。

然这样出于自发的独身，要文明较高的社会里才会有，在低级的社会里，是难得遇见的。低文明的国内，极少专心于事业或学问的人，恋爱的艺术既没有发达，得不到理想对手或恋爱失败而独身的事，自然不会发生。试看向来的中国，虽偶有独身的了。因为女子在社会上，向来是一种货物，货物的去留以主人与买主相对的意思为定，自己如何可以说一可否呢？所以除却残废的，或少数给已订婚过的丈夫死后守节之外，女子没有地位可以独身。

女子在社会上，自来非附属于人，便无可容身。她没有财产权，她不能谋独立生活的技能与学问；她到年纪渐长，在母家的地位渐渐如同客人。生在没有财产的人家的女子，幼时帮同父母操作，在有资产的人家，则自幼学习的，只是怎样为人家媳妇的礼数和方法，为父母的不教女儿以广大的生活能力，只在养成适于寄生生活的专门本领。

所以中国女子的一生，只有从母家走到夫家这一条路。走到夫家以后，他的生活总算定了。女子的生活既这样狭隘，趋势所在，又非结婚则无所依托。历代相传只是照这"女大须嫁"的旧例行去，纯然是一种刻板的手续。在这种习惯之下，哪里会有独身的女子呢？

女子既嫁之后父母把重大的干系卸脱了，女子也把从前不安的心，有了着落。只要小心"做人""廿年媳妇廿年婆，再过廿年做太婆"，这是结婚妇女在这时，一方要博公婆的欢心，一面又要勿失丈夫的宠爱，希望夫弟姊妹的向公婆好言，更不能不加以小心遂顺。在这种挫灭个性，造成妥协的家庭里，生活的困苦，可想而知了。

到近年来，女子教育渐渐兴起来，除了为妻的训练之外，学到了一些谋生活的能力，思想的输入和技能的学习在身，一方面愈觉得家庭的黑暗与压迫，和男子的专制主义的迷想的残酷，于是渐渐怕到别人的家内去做媳妇。这些少数的女子，一面对于旧家发生厌倦，一面还有改造新家庭的能力和希望，于是有些女子，遂生活在家庭之外了。近世女子的时时流露出愿守独身的喊声，虽然不能概括一切，但其中多数，恐怕是不良家庭制度所造成的罢。

从来社会上存活不住的，一生只有从母家走到夫家一条路的女子，今日居然能够高叫独身，觉悟旧家庭的迫压，在社会上独起立来，这不能不说是思想、社会的进步，和一切奋斗能力的进步；实说来，社会上有独身女子，未曾不是社会的进化，并不是什么可悲的现象。但这种现象，许是过渡现象，社会制度改革之后，许多在今日不能结婚的女子将来，或能得到结婚的机会。因为现在女子独身的喊声大半是表示与男子专制旧家庭压迫的反抗，有些忧世的论者，对于这喊声发生忧虑，想加以改革，劝导抑制都属无效的。

但是近年来中国女子独身的喊声虽然很高，真能独身过活的仍是少数，因为便是有坚强的意志的，也往往抵抗不过经济的压力，使毅力渐渐消亡，不久不是仍然回到家庭中去，或竟进入"空门"，倒觉得比较的有依靠。要求独身，不是容易的事：必须具有种种条件，不但在经济上能够独立，更须群众观念能承认女子是独立的人。中国多数人对于这观念的肯定还是初期，经济方面则更不稳定。这女子独身之所以为难了。

我们固不愿家庭制度的压迫，以致使人生畏惧，想逃避，但要救这等逃避家庭的苦心，当从改良家庭入手，须加上极无束缚的自由，却不愿由社会压力抵制妇女，使不能独身生活。方才我在前面说过，如果有人自己没有结婚的必要而独身，这都是人的自由，别人不能横加是否的批评。但如果因被迫逼使然，精神上受有极大的抑郁的，那便非加以根本的救济不可了。

日本贺川丰彦以为一般独身生活的救济，在乎培养恋爱，但中国近年许多女子独身的呼声，如果确为受旧家庭的苦痛而发的，则不能不首先改造家庭，使从前视为牢狱的家庭，成为自由安乐，那么，为着家庭的困苦而独身的可以免了。至于误认为独身为高洁的人，则只须用科学的光明，去照穿那神秘的思想，使她们知道恋爱的神圣，那么，以独身为清洁的无谓的思想也便失却了依据了。

我总括一句说，青年的人因厌倦现在的家庭而高唱独身，不如把这能力，移作改造家庭，至反对那些因受家庭迫压而谈独身的人，如能将反对的力移在改造家庭上，成效当比劝导反对为多。至于中国旧有的大家庭制度，应怎样改造，则本篇不及论了。

（原载于《妇女杂志》1922年第8卷第10期，第7—9页）

美国劳动妇女的夏季学校

　　次页系美国一所学校里女学生的摄影。这学校名叫摩尔大学（Bryn Mawr College）；里面现在有八十三个学生，都是十八到二十三岁的劳动妇女；有的本是美国人，有的是外间搬来的移民。这种大学，专为做工的女子，开一个学习应用学识的门径，她们不用多费时间，而能受高等的教育，使她们的生计能够向上；而且做工的能力，自然也因教育的增高而丰富起来。

　　在摩尔夏季学校里读书的女子，虽然有些已经受过一点高等教育的，但进那夏季学校，非常容易，大概只要略识文字就行了。

　　这学校里面却有十九个教师，十六个导师，还有一个医生，及事务员若干。学生入校受课的时间，每星期约十至十四小时，五小时是经济等科；二小时是社会或政治的历史；二小时文学；一小时作文；一小时生理及卫生等。此外还有随意科，学生选听与否可以任使；这随意科便是英国及美国的工业组织，以及英美的劳工运动，又有两三小时的音乐。

　　这夏季学校，与破产大学的不同处是短期的，八星期的时间，可以教完他们的功课，而且功课也都与工人有关系的。因在夏季开始，所以有平常大学里学生为冬学生了。他们的教科，由教师分配教了之后，又由导师给他们指导和纠正。一个导师，只能照顾学生六七人，在教师所授的功课里，学生或者导师都可以提出疑问，叫导师或者学生去解答，所以登时将功课融化得烂熟了。

现在的教育，所需要的便是生动的愉快的教育，不能用像从前枯燥的刻板的方法了，所以摩尔学校的教授上的方法，是富于趣味而且快乐的，学生不是因有这功课而受这功课的，其实是因为喜欢这功课而受这功课的，因此就觉得平易来了，不但不觉得困难，而且得益却比从困难中挣扎得来的还多些哩。不但如此而且他们的学校是富于美的，周围有旷大的空地，都蔓生着绿滴滴的细草；又有许多大树，密布着深绿色的叶片，做工的女子，挟着书籍，走过如绵一般的草地，在大树浓荫之下行去，不但自己于不觉之中，感受着柔软的自然的美快；见者还当是一幅写自然之美的图书呢。有一个曾在那里读书的女子便是这般说："我还没有到这里来的时候，见了这学校图，我真是当作一幅图书呢。"这可见他们过的学校生活是愉快的，幸福的了。

教育本来非常重要，工人的教育，更是不可忽略。因为现代的世界，无论做何种职业，都是要"做到老学到老"的。美国在摩尔地方设立夏季学校，也正是这个意思，也正是要想给女工人得一个学习的机会，使他们可以求上进。这个意思，在 1903 年已经早早发动起来。到了 1918 年，才得了实际上的发动，当时各种职业组合及许多工团都重视这种意见，如费拉得而费亚地方的商业组合，以及此外许多重要的团体都是。

这件为工人书策，谋增加他们的学力的方法，在英国早开创起来；但在美国却是近年来才行试办的事。上面所讲的那夏季学校，是加里多马女士（Miss Carey Thomas）计划成功的；目的是："要使青年的女工人的性质和才干上，受些更丰富的教育，因此使他们在工业界上，可以发展开去，于将来的社会改造上可以得些帮助，而且使他们的生活上，幸福和利益也可以增大些。"

这学校的办事处，有管理协会，许多知名女子，都在里面协理：如联邦儿童局长拉脱洛普女士（Miss Mary Anderson）及希姆斯女士（Miss Florence Simms）、哈密敦女士（Miss Jeon Hamilton）、纳司托（Miss Agnes Nestor）、其尔司配（Miss Mabel Gillespie）等女士，都是很有名誉的。这学校的经费，管理协会就负有责任。

这夏季学校的经济，是由本乡的各区分担的；并且那奖学金，是由学友会、职业组合、劳工妇女会及别种俱乐部、私人等捐助出来的。每一学生入学，费用要二百元，这二百元的费用里，凡学费、用具、房屋，以及一切费用，全数包括在内。这种学校，照他们本国一个女子说，是有存立的需要，而且革新不已的；因此做工的女子，得了一个进求学问的机会，也就是得了一个求生活增进的机会了。

（原载于《妇女杂志》1922 年第 8 卷第 5 期，署名高山，第 55—57 页）

两极端的妇女生活

妇女的地位有极端相反的两种形式：一种是受人供养的，一种是受人压迫的。受人供养的妇女，下有奴婢供驱使，丈夫是伊的雇员，是唯一忠心听伊指使的人。这种妇女的心目中不知世间有压迫的东西，一望尽是伊的服从者。社会上妇女虽然没有经济权，但伊不受经济压迫；社会上虽然向来卑视女性，但独没有人卑视伊；法律上妇女虽没有地位和不受其保护，但伊用不着法律上的保护，法律与伊无关；妇女不许参政，但伊也并不要参政；许多职业不容纳妇女，但伊也并不要求职业。伊的生活实在是安闲快乐的，这样生活的女子恐怕也很不少。

受人压迫的妇女，是亲身经过妇女在社会上地位卑下者，伊亲身经历家族制度下奴隶生活的苦痛，伊身受专横的夫权的侵害。伊的职分是在家庭服役，顺从丈夫的意志。伊实地感到女子的没有经济的苦痛。伊便是出外工作，丈夫有向伊收取工作所得的特权。不特如此，倘使伊更受公婆丈夫的打骂，或凌虐，自己的父母如没有势力，要请求法律保护，也是全然找不着保护的法律的。中国本来是没有公平的法律，而以人的力量治人的国，如果女子遇到不良的夫家，自己的母家又没有人力或者只有异母兄弟，或关切不深的人时，伊只好预备牺牲。家庭主义和夫权有这样大势力，如果青年妇人不得家庭的允许，伊无处可以做工，也无地可以容身；如果有人收容伊，几乎如窝藏重犯一般要招祸祟的。

妇女的生活有这样两极端。亲身经验着女子地位的生活，那是奴隶生活，非人的生活。或者因为一个偶然的机遇，得在有财产的人家，服从忠厚的丈夫手里做人，犹如前节所说，便完全超出在一般人之上，伊的生活，是神仙的生活。

然而，这种因偶然得超出于一般之上的神仙生活，按实说起来，也同是非人的生活。伊们的所以有的得享快乐，有的受困苦，都是因为偶然的机遇，并非因为自己有这样的自然的地位存在。那班受人供养，享受不尽的妇女，如果一旦不幸，投身在不幸的环境，那么，伊也只好忍受各种苦难，也同样没有救护的方法了。

但事实是这样，只有亲身经历女子无地位的女子是知道在伊之上还有那受人供养的女子存在，但伊不能知道为什么有的会受压迫，有的会享快乐的呢？伊只以为这只是命运的关系，或天生各人有贵贱罢了。可是享受的妇女却常比那受压迫者更不会思考，伊除却自己的生活之外，从不想到那受压迫者的地位的。伊以为自己和伊们完全是两种人，因此便不会因见了受压迫的女子而感到全体女子的地位，和觉悟到自己地位的不可靠了。

但拯救受压迫的女子，——也就是给全体女子牢固地位——非赖安闲妇女的助力不可，受压迫的人们，身体心力无不因工作和困苦而疲劳，又因财力时间和知识上的种种关系，不能再从事于活动，所以这种活动只有托之于有产阶级的安闲妇女们。但要伊们能从事于有益于妇女地位的运动，必须使伊们对于妇女地位的地位明白觉悟起来，可是对于这一层实在非常困难，伊们如果自己不觉悟，是决没有人能够劝得伊们觉悟的。欧美妇女运动的所以有力量，全在有些有财产有闲暇的妇女的

赞助。我们中国受人供养的妇女如能够唤醒伊们呢? 愈是受供养的人,
虽然同是非人的生活, 觉悟的希望也格外少, 这真是无可如何的事了!

（原载于《民国日报·妇女周报》1923 年第 10 期, 署名克士, 第 1
页）

告中国女权运动者

中国女权运动，已有与民国同长的历史，查其成绩，则也与政治一样，算不得有什么成绩可言。到去年冬季，又作猛进之势，女权运动团体，差不多散布各地，其中少数热心者，从事奔走联络，费去的心力也已经不少，然而在最近的将来，结果还是难观，何时可以达到目的，实在有点不能预料。

女权运动团体最大尽力之处，差不多仅在文字上的宣传。文字宣传未尝没有效力，至少可以教人知道自来男女阶级的不正当和伸张女权的必要。然仔细一想，这种势力实在是很微薄，因为大多数人的理解力都很薄弱，使他们觉悟，实在很难，只有本来具有明白的心的人，才能理会。然而这种人在人群中未必是多数，在社会上又未必具有何种势力，纵使能同情于女权运动，能够有多少助力呢？

我们回顾欧洲妇女，在 20 世纪以来，已经得到多方面的胜利了。美国妇女最初仅为男权社会所钦佩，今则在实际上已渐占有很大的势力了。但我们一查欧美胜利的历史，知道她们的胜利实在不是偶然侥幸得来的。欧美妇女从前在科学，文艺界中早露头角，到欧战一至，更显示她们的能力了。

欧战初起时，妇女们也大受恐怖，后来见和平已无希望，遂决心帮同男子作战。于是被称为"弱性"的女子，男子不敢再以旧观念对待她们了。

当欧战剧烈的时候，壮年男子，许多当兵出发，国内有许多事情乏人操作，她们遂去补充他们的职务，入市街铁道及铁路，充卖票员，检票员，做车掌，运转手；充当信差；从事城市卫生及保安上的职务；代替男教员担任教务；做电气工匠，从事修整电话电报及收发信件；她们甚至做铁匠，修造房屋。德国柏林那时候要开掘隧道，新造地中铁路，工作尽出妇女之手；在铁路上工作的劳动工作队，大半是青年女子。英法的女子及德国的，更有许多在船坞里从事极辛苦的事。这类事情，从前都认为"男子的工作"的，她们都做得一样工巧。不但如此，那时女子入枪炮厂及弹场的有数十万人之多，无数毒气弹及枪炮弹都是她们手造的。

但一方面许多女子在那里制造战具，一方面络绎不绝的有受伤兵士，有的断了手足，有的打伤眼耳，也有中毒弹的毒气的，载回阵后来，那是不消说的，看护伤兵又是她们的职务了。

战事将终，饥荒继起，德奥两国土地上所产的粮食，不够分配；又被敌国封锁，外国物品不能输入；渐见所产的牛乳不能养活几百万小孩，仅有少许的粮食，也不足充成人的饥饿了。于是不能不用最节俭的方法，以省靡费；柏林遂有公共食所的计划出现。办事的干事团二十三个，尽是女子，志愿服役的女子数千人，每日往那里去吃饭的人不下数万。

饥荒一起，疾病又随之增多，德国那时数百万人民忍着饥饿，他们每日所得食量，几乎不能维持生活。身体衰弱，疾病更容易侵袭；而在小孩及为母的妇人，尤其困苦。当时有红十字会分头救济这种灾害，该会共分三部，一部是防御肺痨及传染病症，一部保证小孩及母亲，又一部是家庭保安部，其中也唯女子尽力最多。

到战争终了之后，妇女遂努力于世界和平运动了，关于这一类的事情，在本志上曾经说过数次，现在可以无须再说了。只是我们所不可忽略的，是欧洲妇女因战时的努力，引起社会的尊重，舆论为之一变，从前反对女权的，到那时也改变其论调，即反对女权党最力的英国爱斯葵士，也表同情于妇女运动了。这是欧洲妇女得到胜利的一个原因。

因此我们知道欧洲妇女的胜利，是心力换来的，她们的成功，不仅在班霍斯德等等一班著名的领袖，却是一班给战士扎缚创伤，在市街修理房屋、递送信件、修造铁道等无名的女工人等的功劳。

总括一句话，要希望妇女运动的成功，文字宣传是一方面，用力来推翻男权社会的旧制度也只是一方面，根本的要点，却在妇女们各自分头努力去做，使妇女的健全人格为一般社会所认识，那么成功就在目前了。

（原载于《妇女杂志》1923年第9卷第4期，署名高山，17—19页）

妇女发展的两个途径

　　希望妇女的能力发展，身份增高，第一当然要妇女自己有向上改进的要求，如果是她自己以寄生生活为安逸，以被人玩弄为快乐，对于一切法律政治上的不平等都没有感到什么不满意，那么别人也只好闭口，因为再没有什么话可说了。

　　然而这样的妇女究竟少有——虽然不能说没有，——自由本来是人人所要求的，便是初生的婴孩，如果把他的四肢束缚起来，不许活动，他也要呱呱啼哭的。但妇女虽有了这种要求，若只存在心里，还是无用，必须从思想发现于实际的行为，才可有达到要求的希望。

　　然而在重男轻女的社会里，要达到机会均等的标目——政治上妇女有参与之权，职业只要无害于妇女的健康均对妇女开放，教育平等和一切社会上的地位均等，却不是一件容易的事情。查考过去的历史，其间大约有很明显的两条途径。其一是政权移动之后，政治上的重要人物悉数变换，这时妇女可以不必力争苦斗，安坐而得一切的权利，只要妇女自己能够胜任，尽力地做上去就好了。

　　其一是在妇女自己的努力，并且与主张妇女主义的男子协力，使妇女的能力渐渐为人所认识，把各种阻遏妇女的障碍除去，各方面的职业都伸手去做，到了在议会中占了地位，一意图谋同性的利益，不为党派所利用，妇女的地位自然渐渐增进，男女平等的法律也容易得到了。

但这两种希望在中国都是很少。中国从改称共和国以来虽已有十二年，其间换了多少总统，改组了几次政府，结果只弄得一团糟。若不是彻底改造一番，要希望妇女由好政府来解放，恐怕是全不可靠。

至于由妇女自己努力向各面发展，希望也是很少。中国虽然也和别国从前一样的压迫妇女，但有些职业近来也已对妇女开放，许多大学和高级中学也都对女生开放，只是妇女肯竭力竞争的却还不多，所以在实际上妇女还不见得有什么大进步。在前几年，一地方的女议员也曾经有过，但得失随着不安的国势一同进退，如泡影的消失之后，不留遗一些痕迹在后边了。

总而言之，时势不安定是妇女发展的障碍，在目下这样纷乱艰困的时代，妇女运动的少进步是当然的事情了。又一种原因，中国妇女也和男子一样缺乏能力。一个民族中的两性，性质总是相近的。如果这半数的男子坚强有力，中国时局也不会弄得这样糟了。所以妇女运动的不进步，还是国民全体的不进步罢。

（原载于《妇女杂志》1923 年第 9 卷第 10 期，署名克士，第 15—16 页）

近代妇女运动的先导

——几个重要的妇女主义者的意见

要明了妇女运动的趋向，不可不先考察重要的妇女主义者的意见。因为这些意见，是妇女运动的先导；新的要求，都从他们不绝地发表出来的。妇女主义者的流派，虽然很多，但并不是随各人自己的意思，信口主张，却都是很有统系，而且各种统系的造成也有复杂的因果存在。这是我们所应该明白的。

在近代的妇女主义者中，如纪尔曼夫人（Mrs. Gilman）和须林娜夫人（Mrs. Schreiner）是被称属于英语民族中的领袖；与她们对立的，则有斯堪迭那维亚的爱伦凯女士。其他如自然学家亚伦（Grant Allen）、社会学家怀尔特（Lester F. Ward）及他的同伴梗勃尔（Eliza Burt Gamble）等，在妇女运动中，都占重要的位置。我们现在先从自然派的妇女主义者怀尔特讲起，依次讲到属于他一派的弟子，以及爱伦凯和她的弟子，然后以生理学福莱尔（Forel）、格里简夫人（Mrs. Gallichan）的新理想作结论。

怀尔特氏本是自然学家，后来改攻社会学。于 1888 年 11 月 *Forum*

上，发表一篇 *Our Bester Halves* 的论文之后，其名遂显著于世。他也因了这篇论文，被称为女性中心论者。据他的主张，以为生物不是男性中心的（Arrhenocentric 学说如法国波芬氏所主张），应该是女性中心的（Thelyocentric）。因为自然界本来先有雌的生物，那无足重轻的雄者的发生，不过专为使雌的受胎之用罢了。他的论据，即在许多低级的动物里，雄都比雌弱小。如蜘蛛类，雄蜘蛛接近雌蜘蛛的时候，往往为雌蜘蛛所食。即在很高等的动物，选择配偶之权，也都操在雌者之手，雄的也因为这缘故，遂渐渐进化起来。但雄动物只能同性间相互争夺雌的，却并不保护她们；她们不但能保护自己，实在又能保护幼子。所以雌的是主宰的。他又说野生哺乳动物的雌者——至少在饿的时候——比雄动物可怕得多。但在动物界中，虽然配偶的选择，都由雌的主宰，到了人类，却变为由男性主宰选择，外表的装饰，也因此由男性移到女性上去了。所以在自然界中，雄动物特别美丽，以供雌动物的选择，人类却适相反对，女性常常比男性更爱装饰。但无论如何，"女性即种族"（Woman is the race）的道理，总是不可磨灭。所以要使种族文明，只有谋妇女进步的一法，因此"妇女地位的升高，是使人类进化唯一的路径"。

以上是怀尔特的思想的大要。他主张要使民族进化，非使妇女进化不可的话，固然不错，但用妇女中心说来说明，似乎太费周折。女性中心说，在二千余年以前，亚里斯多德已有主张，但这话实陷于选辑上的谬误。因为雌雄两字是对待的名词，如果没有雄，雌字也就不能存立。在两性还没有分别的时候，生物当然无所谓雌雄；雌雄的两性只能说是后来分化来的，所以谁先谁后，很可不加以分别。

并且据生物学家所说，多数雄虫之所以比雌虫弱小和不完全，并非本来如此；大都因退化所致。有些雄虫，甚至退化到只剩了一个精囊，并饮食用的口也退化消失；便是蜘蛛，也是雌虫正常而雄虫退化的一例。退化更甚的，如寄生在车虾（Prawn）上小虫婆比路司（Bopyrus），雄虫竟附着在雌虫的腹部上。又如蓬纳拉（Bonella，一种海中的虫类），雄的只有雌的百分之一的大，便住在雌虫的输卵管内。

再反过来说，雄的大于雌的固然很多，雌的寄生，雄的营独立生活的也是不少，所以这种生活情形，两性中都是有的，不能从这里做强弱的比较，并说明在统系上那一性是主干，那一性是旁枝。

关于怀尔特女性中心的意见，现在姑且从略，再进一步观察他对于妇女地位的观念怎样。他主张妇女的装束，不必与男子殊异；义务，教育，及权利更须与男子一律平等。他以近代妇女与古代妇女生活的异点，即在原始的社会本由男子命令妇女做各种的事务，到了近代，不但多种事情都由男子自己做，而且妇女的生活，也由男子维持这两种生活于妇女都很有弊害，妇女供男子驱使固然不好，但受人供养，其害亦正相同。要改革这种弊害，必须再回到更古的时代，使各人都自立在自然的面前，各图自己的生活。他以为社会真实的进步，必须这般循环的变迁；由各自独立的状态，变到彼此依赖，再进一步，两性又都成为生产者，如未有社会以前的样子，个人都管辖自己，谁也不管着谁。

怀尔特的"女性中心"的妇女主义思想，颇多得自达尔文的两性选择说。他是继承达尔文之后的一个人，而继承他的人，也很不乏，如1950年，《伟斯脱敏斯德评论》（*Westminster review*）上有斯伟耐（Frances Swiney）作《男性的进化》一文，说明生命的起源原属女性，故女性即人类的种族，便是阐明怀尔特的学说的。

1983年间，梗勃尔女士（Miss Gamble）在纽约刊行《妇女的进化》（*The Evolution of Woman*）一书。她也是主张妇女比男子进化的一人。她虽然承认男人比女人多变化，但以为这变化并不是进化，反是退化。因为男子的机制实比较不完全，如男子常多色盲，便是不完全的一例；至于女子却没有这种缺陷的。不但没有，并且比男子更能忍耐、审查、精明，才能也是更高，所以妇女的机制更精细而且复杂。她很相信两性的配偶，系由女性的意志去选择，所以不特两性的第二性质由此发达，便是男子的勇敢、锐气，及博爱等美德，也是因妇女的选择作用造成的。后来因为结婚制度等逐渐发达，妇女逐渐被贬下，终于做了"性的奴隶"。但到了现在，这自由与平等的挣扎，想回到原始的、自然的、自由和公平的原则上去，为妻为母，将来必须绝对自由，不应该依赖男子。

这便是梗勃尔女士的妇女观：其重要点即在于妇女必须自立，对于结婚与否，必须有自由权。但她们怎样才能自立，她却并无明言，大约她以为只要男子都能明了这种意思，就容易达到自立的目的了。

在别的一方面，不赞成女性中心说的人也很不少。例如英国的文学家兼科学家格兰脱亚伦，于怀尔特在 *The Forum* 发表论文后，即著《妇人在自然中的地位》（*Woman's Place in Nature*）一文，皆载 1889 年 5 月的同杂志上。力言在人类中，男子即是种族；女性不过负培养种族和生育种族的责任。但他的意见，不久也改变了一点，如四年后所作 *The Woman Who Did* 的小说，即主张妇女不当依赖男子的。

现在我们再起头来讲述纪尔曼夫人的意见。纪尔曼夫人所著《妇女与经济》（*Woman and Economics*）于 1898 年，在波士顿出版，非常著名。她也像以前的几个人喜欢把动物生活比喻人的生活，并且极力反对男女心理作用有差别之说。这种生活主张，大概从前许多妇女主义者所共同，如伏尔斯顿克拉夫脱（Wollstonecraft）便是具这样意见的先辈。不必说，这种意见，很容易被人指出谬误，而且男女的应当平等，也很有别的正当理由可以说明，正不必借这种道理来附会的。但她们所以急急辩护，说妇女与男子并无差别，却也因为社会上多数人说妇女与男子差别太大，所以不能平等，才有此反响。

纪尔曼夫人著作中所讨论的，便是两性关系与经济关系；这两种关系本是非常密切；所以她常常称之为"两性经济"（Sexuo-Economic）关系。她以为两性关系同时成为经济关系的，在动物界中只有人类如此。因为别的动物，除少数的例外，雌动物完全依靠雄动物的，非常之少，在人类中，女性的依靠男性，却成为长期的了。这种两性关系，不只是女性要求获得一个男性，实在又要依靠男性过一世的生活。在这种生活状况之下，可以使她养成"性的差别过大"（Over-sexed）的弊害，像乳牛性的差别的所以过大，也是因为经济关系养成的。纪尔曼是一个社会主义者，她以为妇女问题的解决，完全在经济的独立。她又说妇女要改变这种不正常的生活，必须从劳动运动入手，使生活更返于自然，而获得经济的自由。男女的经济的差别是不自然的，一部分固然为了妇女的缺少能力和性弱，可是青年妇女，固与青年男子一样具有精力和奢望，对于自己前途很有向上的志愿。不过向来自利的男子，不肯听她们任意向上，到近代以来，男子已不像从前的自私自利，也很随顺妇女意志，由她们向前进取，所有现代科学研究、发明、宗教、政治的门户，已经对妇女开放。如果妇女更能经济独立，那便容易与男子趋于平等了。

纪尔曼夫人以为人类在原始时期，男女皆自由游行山林中，两性的性质比今日相近，也不像现在的依附于人。虽经过多少时期，由原始时代进于野蛮时代，妇女还没有什么变迁，直到社会文明之后，妇女遂觉得受男子的迫压了。但到了现在，男子的专制渐成过去，女子则渐觉醒，妇女的依附男子，不久将告结束，男女两性，终必倾向于各自经济独立，男女关系必将脱离从前两性经济的关系，成为一种新的更高尚的关系。但这种关系，必须使妇女先有经济的独立，无论在产业上或办事上，都不受丈夫的拘束，才能实现。

她以为妇女必须经济独立，方可以说到人生关系最重要的恋爱。永久的一夫一妇的两性的结合，非将金钱关系完全除去不可。她主张恋爱必须纯洁化，不当以经济的动力作恋爱的条件，也不可以肉感的关系为原因。不但如此，她以为肉体关系，将来多少可以减少。她说，"两性形态的不同，是两性的牵引的重要原因。如果两性愈分化，引力也便愈强"。反过来说，如果两性间的差异减少，引力自然也能减少的。她以为这种引力并不重要，所需要的，是两性间的友谊，恋爱中的如友谊的爱，是使两性相爱的高等引力。

照这种意见说来，所谓恋爱，并非是特别的性爱，差不多只是一种人类普通的爱罢了。如果真是这样进行上去，也许男女可以各与同性相爱，两性间相差异的只有生殖器官，生育子女也不过觉得职务应当如此罢了。

与纪尔曼夫人意见相同的，更有南非洲的须林娜。她的大著《妇女与劳动》（*Woman and Laour*）于 1911 年在伦敦出版，也和《妇女与经济》一样的著名。她也喜欢用动物的例来解说两性问题。书中以鸟类的生活与人类相比，以为在有些下级动物中，我们所认为女性天职的育儿，也多由雄的出力管理；雌的却比雄的巨大而强壮。人类以下的动物，当育儿的时候，雌的并不曾费过大的劳力，一部分的责任都归雄的负担。到了人类男子竟完全不与闻育儿的事务，妇女遂不得不费极大的劳力了。她的希望妇女男性化恐怕比纪尔曼夫人还要浓厚。她很想妇女依然做一个人（Human），不要再做那荏弱的女子，并且希望她们有男子的气概（Virila）。但她只记得古代的妇女因为独立操作，所以不像现在的荏弱，却不想到那时的男子，当然也比现在刚强。她以为妇女运动的要点，在妇女照男子的样子进行，使男女趋于相等，或甚至于相同，并且以为恋爱将只成为一种僚友的爱。照她说来，将来人群的生活，也许竟和蜜蜂一样，只有少数的妇女生育子女，多数妇女，则如蜂群中的工蜂，都在那里做工，不再干生育的事情了。

反对妇女男性化的则有瑞典的爱伦凯女士。她竭力申说男女的区别最可尊崇，并主张母性必当保证，必须有法律的保证和个人的自由。而对于近代妇女运动的要求权利平等，功能平等，一切与男子同一，痛加指摘。其大著《妇女运动》(*The Woman Movement* 1909 出版，英译的1912 年出版) 中的紧要点，即在妇女须有为妻为母的自由，须脱离夫的保证，法律上的利益与夫均等。她以为妇女无论结婚与否，应当各有"人权"，这是一定的事，但妇女所以必须解放，不但因为她是一个"人"，却因为她是一个"妇女"。所以不愿为母的妇女的增多，不是一件好事，而纪尔曼诸人的主张妇女须与男子同一，尤是她所竭力反对。她主张工作的选择，不必以法律制定，应该一任天然。男女的分工，本自天然，所以妇女的母职是主要的高尚的事情。此等分工，不当加以改变，只该利用他的结果，养成妇女更加优美，使得圆满其功能，生养新的种族。她最反对妇女与男子在户外一同工作，以及协作的家庭管理与儿童公育。因为妇女在家庭外与男子并排做工，或竞争工作，因而减少妇女的特别性质，在妇女及男子两方面，实在都有损害；妇女在工业中，必须视妇女的力所能胜，时间和劳力也必须在最小的限度以内。

爱伦凯的意见，在本志屡屡说起，本号上吴觉农君的《爱伦凯的母权运动论》，说得更详，所以现在再也不多说了。

重视为母的职务的，除了爱伦凯女士外，还有生理学家福莱尔 (August Forel)；他的《两性问题》(*The Sexual Quesion*) 一书，意见很和倍倍尔 (Bebel) 相像。他极重母系，而倾向于自由恋爱。他以为将来最进化的结婚，当是一种自由的一夫一妇制度——不是多妻多夫制度，因为多偶的结合，只有在特殊或病的状态下才会存立——两性只为了生育小孩或已生的小孩，须负职任，否则离合都可随便。两性的关系，如果无害于他人或社会，法律是不能有权干涉的。

最后，我们必须说到格丽简夫人 (W. M. Gallichan 即哈脱黎女士 C. G. Hartley) 的意见。她的名著《妇女的真理》(*The Truth About*

Women），于 1913 年在伦敦出版。她也是一个怀尔特的附和者，主张
"女性即种族"（The female is the race）的话。英国该池（Geddes）与
汤姆逊（Thomson）合著了《两性的进化》（*Evolution of Sex*）曾说起两
性生理上的不同，即在女性构造作用盛，而男性破裂作用盛。格丽简便
更引申这种意见，以为在社会上，男性以破坏一方面为多，女性则多在
建设。从实际上考察起来，男子固然比女子多破坏，但在他方面，男子
也并不专门从事破坏。建设文明，实也不少。格丽简既然相信妇女善于
建设，因此便以为这是女性所以为原始之理由。而且她以为妇女不特在
古代母系时期占重要的地位，现在并不是被动的性（Passive Sex），仍
然是，而且永久是主宰的性，所以一切进行的责任都在女性。她这种观
念的出发点，全由先认定的女性的发源是早于男性，因而以为凡早发生
的皆是自然的，后起的皆是不自然的，附属的，所以无足重轻了。

她对于男女在自然中地位的意见既然如此，其在社会上的地位，当
然也可以知道了。妇女在经济、政治、社会上的地位，道德观念，必须
平等，固不必说；但最重要的，便是妇女家长制度与男子家长制度实在
一样是不完全。所以妇女必须"偕男子而自由"（Free with Man）并不
是离男子而自由（Free from Man）。

关于社会主义的事情，格丽简夫人虽并不详说，但她的意思，以为
妇女的经济自由最是要紧。在社会上，男子和女子须"如恋人一般，也
如僚友一样一般"地一同操作，已经为父为母的人们，无论在家庭中或
在更大的社会中，必须并排着一同做事。至于两性的结合，她以为法律
是不可废除的，但必须顾全恋爱、种族，及两个人的权益。恋爱一经破
裂必须允许离婚，这不但为两个人的利益计，而且也是种族的进步所不
可缺。因为就两人而言，生活固应该求愉快，而在种族的一方面，不和
谐的父母也大有害于后代的。所以恋爱破裂时，无论为个人或种族计，
都当分离。

她主张两性道德标准应当一致，但这一致的标准必须取法于女性，因为女性对于生命的创生和建造，最负责任，女性并不是男性的辅助者，男性却是女性的辅助者。不过妇女最重要的办法，必须要求经济重新独立，才能获得选择恋爱的自由权，妇女既负有生育的职务，男子又是她们的辅助者，所以为未来种族选择一个适宜的父亲，极关重要，也是她所不可忽视的责任。她以为妇女选择的时候，必须加以指导，选择的标准，不当在做工及保护的容量与能力上，应当在于适宜（Fitness）。我们虽然不曾从她的著作中——《妇女的真理》及以后的文字——寻出显明的主张社会主义的话，但她的主张，必须各人的收入平均，方能实现，这是可以断言的。

此处更有应该说明的一点，就是格丽简的意思，妇女的性质天然是超越的，但妇女解放的利益，不仅在于妇女，与男子也很大。她不主张报复，只主张男女一样自由。她说："我们必须解放他们，同我们自己一样。"这正与爱里奥脱（Ebenezer Elliot）说的"我们不把脚镣熔作剑，但任暴君去自由"的话相似。

现代的妇女主义者，固然不止这几个人，但上面所述，实在可说是妇女运动的中心思想。虽然所举的不过是各人言论上的一种主张，他们不曾从事于实际运动，但我们却不能不说他是实际运动的指导呵。

（原载于《妇女杂志》1923 年第 9 卷第 1 期，署名克士，第 33—39 页）

女权运动与参政运动

欧战以后这几年来，除却拉丁民族国以外，几个文明的大国，差不多妇女运动都告了成功了。

可是这所谓成功，只是指妇女参政；别有许多男女不平等习惯和法律，现在还不能尽行革除，职业也尚未给妇女开放，但是它有了参政权之后，这类问题就容易解决了。现在已争得参政权的各国女团体，正在不竭地努力，一方面，要扩张伊们在政治上的势力，一方面则已在力图第二部的改革了。这类改革便是，有许多男女不平等的法律应该修改，许多改良妇女状况和保护母性的法律应当增加，属于这一类的有益于人民福利的改革，妇女在政界上愈有势力，则进行愈容易了。因此，妇女参政运动实很重要。妇女运动固不当以参政为最终目的，然而获得选举权实为进行各种事务的阶梯，这是无可疑惑的。换一句话说，妇女为社会歧视已久，欲得参政权，必须先行对于社会努力，使妇女的能力为群众所认识之后，才能获得，但既得到参政权之后，许多不平等的，有害于妇女或全体人民的习惯法才容易改革了。

对于参政权的重要，从前美国有一位记者说得非常明了，大意是说：

"投票是男子用于拥护他们权利的武器，男子用这以发表他们的意见，和他们的愿望的，就对法律而言，愈在有稳定的文化的国家，投票权也愈见力量。但人民的拿到这权利——指男子而言——是逐渐地逐渐地得来的。在古时是并没有投票这回事的。野蛮民族里只有无组织的集会，高声大叫出他们的意见。喊得最响的得胜了，最强硬的做了首领。渐渐地只有这领袖的意见发表，只有他们的决断可以施行，别的却没有话说。于是他发表意见者只限于一人，或限于在酋长手下的几个领袖，或者以其他的宗教中的几个祭师主宰别人的意见，他们把有益于他们的意志，推行于一般愚昧的人民。许多世纪以来都是这样，王、尊贵者、祭师，独行其是；人民没有话说。男子和妇女一样没有投票权的。"

"渐渐地男子得着投票权了……妇女却不在内，因为男子常常有这种思想，以为投票权是和战争这事有点相连的。他们的思想又返到古时野蛮时代的乌合之众的喊着以取决争杀的事了——于是把妇女剩在家中。"

"到了现在，自称文明各国，投票的重要作用，常在平安事情上——公平一方面的事了。这投票，从前用以表现男子的战斗性质的。现已用以表现较好的天性，到这时期，投票权应当给予制度文明有分的半数的妇女了。"

"拥护妇女参政，总是最好的人，总是不自私的人，公平的人。妇女肯做参政运动的，总也是国内国外的最好的妇女。有人说妇女的前额是扁的，头发装饰得精光的，妇女的面孔涂抹着脂粉的，妇女对于衣服有许多思想，对于别的事情一点思想也没有了，这都是反对妇女参政的论述。还有些鄙野的、自大的，把妇女当财产看的男子也是反对妇女参政的。此外，还有一班反对妇女参政的男子是最危险的人物。这一阶级的人是不愿妇女有知识，如果在可能时，对于男子也想加以愚蒙的。他们不愿妇女投票，因为选举便要思想，思想便是趋于自由。"

我们看了这一段话，我们可知无论妇女聪明程度怎样，总应有参政的权柄，无论政治良好或恶劣，伊们也有参政的责任。一个政府是由人民组织的，是为人民而组织的，女子如果也是一个平等的人民，伊们自应负有组织政府和受政府庇荫的责任和权利。所以除却专制政体，把国家、土地、人民视为国君的财产奴婢之外，凡是进步的政治，无论组织是怎样的一种形式，妇女应当有参与的权利，并且也有参与的责任是显明的。因此，欧战之后不特英美妇女的参政权竞争到手，即德俄妇女要求参政并不剧烈的，一经革命之后，也立即把参政权，给予妇女了。我们只要一看妇女运动的经过，大部分的历史都在运动参政。参政运动实在是妇女运动中的基础，因为没有别的一种问题的运动，标语这样简明，而容易号召众人了。妇女获得参政权之后，不特许多关于法律一类的不平等的容易修正，使一般的人们知妇女实际的地位已渐和男子相等，对旧观念的改革也很有效力的。

但中国有些妇女，以为参政实在不及别的重要，与其去参政，倒不如自谋经济独立为是。这话未尝不对，只是谋经济独立，运动职业开放等，对象更不确定，用力更加为难。又如法律上妇女没有地位，空论男女应该什么权利均等的话也却是无用的。

但我在这里说了一大篇的话，完全都是废话。妇女运动是早已沉寂下去了，自从五六月去以后，直到今日，差不多已十分冷淡。回顾去年这时候，妇女运动何等热闹呢。女权运动会和政协进会在北京成立以后，各省不久便纷纷响应起来，看那时的形势，似乎妇女参政、法律平等、母性保护等问题不久可以解决似的，岂知相隔只有一年，已经渐渐消沉到这样地步，这不是很可惜的事么？

但我对于这种现象并不失望，中国人对于团体运动和组织，向少才能和训练，妇女们并没有恒心和忍耐力，不能和不平等的旧习法律等长久作战，当然是无可非议的事。只是希望过去的事都是经验和训练，此后经验和才能当能丰富一点，这些妇女运动团体再振作起来，不似从前的虚张声势"虎头蛇尾"，不要每一次的女权运动都从头做起，中途停止就好。

（原载于《民国日报·妇女周报》1923 年第 8 期，署名高山，第 1 页）

新人的产生

妇女主义的目的，简单地说，是谋男女机会的均等，教育、经济、政治的机会，不因性别的不同而加以歧视和区别；只承认才能是各个人不同的，但不能把区别放在性别上面去。

妇女主义所要求的一切，现在虽去目的还很遥远，但不能不说已经日渐迫近了。然而除以上的各项目的外，妇女主义还有一种极重要的希望，便是"新人"（New man）的产生。这所谓新人是那一种人呢？简单地说，就是没有往昔专制思想的男子罢了。海尔女士（Beatrice Hale）说旧日的男子："他们在自己的相互关系间是人（Human），但对于妇女，他们完全是男的人（Male）。他们的性情是切望的（这是好的），统驭人的（这是坏的），保护人的（这当然是好的），妒忌的（这全是坏的），赞美的（这是愉快的），阿谀的（这是不足取的），他们是主人（这是不利于己的），并且也是奴仆（这是不利于妇女的）。他们对于妇女，当她们是关系于他们的人，从不当她们是独立分离的个人看待的。"

这是的确的，从各种法律、习惯、道德里，都可以看出男子的性情来，都可以看出他们对于妇女的态度来的。但如海尔女士多举男子的各种性情，并不全然是坏的，能改良这坏的一方面的性情的男子，便是妇女主义所希望的新人。简单地说，这所谓新人，也便是态度明白，性情端正，并且有了解的心的男子。

然而要求这种希望的实现却是很难。自来教育（不是单指知识方面的教育，包括一切对于理想道德观念的指导等等）的要旨，都与那种希望相反背。社会上的公意，极不愿使男女协和了解，常常指导他们双方愈加遥远地走到不同的路上去。结果乃是渐渐陷于错误的方面。譬如养成男子的性情，大家都主张刚强，对于女子则注意柔顺。刚强和柔顺未始不是好性质，然而结果却把刚强化为蛮横，把柔顺变作无个性的服从了。于是他们的思想愈加隔膜，不相了解。在不了解的性情中的两性关系，除却满足性本能之外，还有什么高尚感情的结合呢？

旧式男子对妻的态度，大概非把她当作天神，便把她当作玩具。然无论是天神或玩具，总是属于他所有。如果是天神，她是赐给他的，如果是玩具，那她是供他娱乐的；其实两者之间没有多大的区别，不过玩具是可以由他随意把弄，天神却须顶礼膜拜了。这便是一般的不相了解的夫妇关系。

新人最难养成的地方即在思想的不易改造。譬如男女的性的关系，要不是神经昏乱的人，应该都知道性的关系是双方的，不是单方面的事情。然而自来因袭的观念，虽明知性欲的主动者本在男子，却把女子视为一种诱因；因为怕发生不规则的性的关系，并不教男子自制，却只把女子禁锢起来。而其结果，愈使男子的性冲动灵敏，缺乏自制的能力，在平常的交际上，女子对男子虽是普通的应酬也被误认为有意了。

中国的旧观念，只要略加考察，在在发见矛盾。譬如在一方面男女既严厉地防范了，然在他方面男子却可公然出入妓院。并且还有人说中国的妓院是文化的一种特色。然这妓院制度与中国文化所产生"男女授受不亲"的道德教训相远反，是无论何人不能否认的。一方设了"防闲"道德，一方又有供青年游荡的妓院，这种矛盾的教训，当然使男子对于两性观念愈入于歧误，发生活泼的性刺激，不了解的心和玩弄妇女的性情。妇女主义者所希望的新人，决不能在这种教训之下产生的。

妇女生活在男子造成的思想空气下面，既成习惯，对于男子那种的思想，遂全然不以为奇，并且从某方面说，她们竟把男子的观念像复写的一般，成为自己的观念。甚至在分娩的时候，生下女儿，便十分惭愧，反之，生下男子，觉得十分可以自夸了。这本是非常可笑的思想，然大多数人却都无解释地认为一定不易的真理。自从分娩之后起，男孩与女孩的待遇便不一样，无时不优待男孩，压抑女孩。即使有些比较明白的人，对于物质上的待遇没有什么歧异，对于性情的培养上，常常明白地指导男子趋向于专横，女子趋向降服的方面走，或者予以养成这种行为的有力的暗示。这种旧观念不改变，实又为养成新人的障碍。

妇女的结婚生活，比之于男子，占其全生活中的大部分；有许多著作者都曾这样说，妇女的爱情的生活，与日常生活更比男子密切地关联着，若遇到她的对手不能承受她的爱情的时候，容易使她陷于悲苦的境地的。所以妇女主义的运动，目的不真在专与男子抗衡，若专为了参政、法律、社会、工业地位的平等而竞争，这等地位即使竞争到手之后，而男女两性间仍然隔膜着，彼此没有了解的心，妇女的处境仍然是不幸的。两性的关系，是人间社会的根本，若是这根本的结合上的态度没有改良，虽然争到了别的权利，妇女主义的要求，还是留着极大缺憾，哪里能实现同情、了解、均等、友谊、自由、恋爱的家庭呢？

爱是生命的弹簧，也是最贵重、最神秘的东西；海尔女士又说，小孩为了打破了东西哭哭啼啼，艺术家创造他作品时的快乐，男士爱祖国而含笑战死，慈母为了儿女辛苦工作，这都是受了爱的驱使使然的。而情人的爱则更不容易分析，她们的爱的发生是不为自己，也不为他人，只为爱的缘故而爱的。但这种为爱而爱的爱，决不能从专制、势利、妒忌、压迫之下孕育成功；换一句话，如果这独立的爱能够长成，同情、了解、互助、友谊等高尚感情便也相继发生了。然必须这样,人类才能得到平安幸福的生活。所以妇女主义者热烈的希望,在男子的两性观念渐渐改变,养成一种正当的行为,思想和性情,使将来两性生活建设在和谐和合理的上面。这是最重要然而最难做到的目的,只希望将来知识进步和理性更发达之后,能够渐渐趋近这目的。

（原载于《妇女杂志》1923年第9卷第10期,署名高山,第2—4页）

闲散阶级妇女的责任

妇女也和男子一样，各人有各人的生活，但概括地说起来，大约可分为：

一类是专心为妻为母，尽力于治理家务与教育儿女的妇女。

一类是专心于劳动职业的妇女。

一类是闲逸无所事事的上等阶级妇女。

就有利于社会和人类说起来，第一类妇女的职务是极占重要的地位的，生养和教育小孩，在民族的将来关系极其重要，妇女为这种任务而努力，虽然好似消耗能力于无形，其实未来社会的进步依赖她们的力是很大的。

但就表面一看，负担这宗重要的事务当然是妇女的天职，一般人也都把这义务责成她们的。但教育小孩是重大的事，现在对于这重大的事只责女子去做，却并不教她怎样做去，成绩的不良自然可知了。

第二类劳动和职业妇女，这是社会上的生产者，不用说也是很重要的，但是要希望她们对于工作有良好成绩，必须她们先有知识的预备，和健全的身体及有许多闲暇的时间。可是现在的群众观念，没有顾到这一层，往往把人当作能力无尽的机械看。北京扯煤车的骡马，驾着超过他的力量很大的煤量，他一步一摆地走不动，车上的红纸上还写着大字说："日行千里夜行八百。"现在的劳动者，也一样在资本家的这样奢望之下做着工。

第三类是闲散阶级的妇女，这类妇女都是有财产的人家的夫人、小姐。这类妇女在社会上有极大的影响，她们是不受压迫的人，而且她们有运用经济的能力的。尤其是许多夫人太太们，不但不用赚钱生活，兼且往往因丈夫的地位，使她们在社会上也占了地位和势力。这班闲散妇女，在社会的进化上实在有极其重要的关系。罗素近来曾经说及，曼兑尔遗传律，实施的农业家种了百万年的地，终于找不出，却被一个教士，在闲暇的时候玩他的豌豆花中发见了。无线电在实用上是有大用的，但研究他的人，如法拉兑、马克斯威尔、赫尔芝等人，没一个计划到他的利益，只因要知道他物理上的过程罢了。(Dial, August, 1923)

在妇女地位的改进上，情形也很相像，那班在家庭中为妻为母及专心管理家务的人，和在工厂中或机关中终日劳动的人，精神和肉体都生疲劳，在精力上、时间上、财力上都缺乏作改造运动的机会了。纵使她们处境怎样不良，也只好隐忍过去，自己决没有能力来挽救。作这种改良妇女的境地的责任，实在一班闲暇的夫人们。我们只须一看欧洲妇女运动的领袖，往往是在社会很有地位身份的妇女。但她们的长处是在能体谅劳动妇女的实际情况而为之设法改良，并能对于一个目标，努力多年和受数次波折，意志毫不颓丧。赖这类意志坚强的妇女的行动，因此许多文化高的诸国妇女，多数已得到胜利了。现在回顾我们中国，这类有财产的闲暇阶级的妇女未尝没有，但感到妇女的地位卑下而深深觉悟的，不知能有几人？我们若就实事说起来，在社会实行的实在很少，多数有财产而闲暇的夫人们，不是看戏，便是打牌，除此之外，只有讲装饰，坐汽车也是她们的惯技，再除掉这些似乎没有别的事情了。这也许是时间的问题，这班旧式的夫人们，因为自幼不曾和新思想接触，所以没有发生觉悟，但现在已经感到女权运动重要的青年女子们，将来不要又忘了改良妇女地位的重要才好。

（原载于《妇女杂志》1923年第9卷第12期，署名高山，第17—18页）

旧妇女的任务是什么

妇女在进化的历程上，地位本很重要，在进化上负有极大的任务，极易明白；但试看中国旧式妇女的任务究竟是什么呢？

中国的旧妇女，除却许多劳动人家的妇女，终日帮同丈夫张罗衣食还时时恐怕不足者外，有些是不做事的太太小姐们，及有些是终生做习俗及迷信方面的事还来不及的中产阶级的妇女。

被人养着的妇女们的生活，是为许多人所羡慕；她们起居有人服侍，饮食衣服以及种种的装饰，都非常阔绰，她们除用心在日常的服用饮食以外，还要对付打牌看戏种种消遣的事情，于是就把时间这般匆匆忙忙地过去了。

至于终日做无益的事的妇女们，虽然她们亲身操作，但所做的事，大抵是不关于实际的生活上的，所以时间多半也是空白费去。她们所做的事，大半是习俗应酬，和迷信上的事情。我常常见中产阶级的人家，每逢过年过节的时候，往往有许多应酬，如果是大家族人家，那么祭祖祀神的仪节尤其繁杂，一年之内，差不多大半时间都费在这些事情上。这类生活，固然毫无价值可说，而家庭上也就全没有一点活泼和快乐的气象。不但成人在这样无聊的生活中匆匆混到老死是罪恶，那柔嫩的小孩在这环境之下培养起来的，精神便先已萎靡，这不是更大的罪恶么？

可是要改革中国这样旧式的家庭，却也很不容易。贵妇人的生活既为人所羡慕，革除就很为难。至于俗礼迷信的破除，如祖先崇拜的破除，及家族关系的打破，也一样不容易；这类不打破，家庭便不能变为简单，妇女们就不能不在礼节迷信等之下，空费她们的时间，那里能够顾到做人生的真生活的工作，至于家庭内一切可使生活充实的美的设备，更无暇顾及了。

我以为希望个人快乐，社会幸福，不能不使人们各得正当的生活。要使人种征进，更不可使人们的生活力走入歧路，将生活的力量，空费在迷信及无谓的习俗里，设法将从前恶劣的习惯除掉，使人们的生活，进于愉快，使生活得能充满，这实在是民族进化的重要的要素。

（原载于《妇女杂志》1922 年第 8 卷第 8 期，署名乔峰，第 12—13 页）

今日女子教育的缺陷

自从本志发表了郑振埙君的《我自己的婚姻史》以后，引起许多人的注意和批评。其中有几个人，以为他们婚姻破裂的原因，只由于两人教育程度的相差太远。因为一个是受过高等教育的，一个却并不曾受过教育，一同相处，自然不能相合了。两人教育程度差得太远，这话我也承认，但如果说他们婚姻的破裂，只因为女子完全不曾受过教育，那倒容易办了。

可惜近来有许多女子，未尝不受过教育，而且多数女子受教育的年数，照学校年龄计算起来，恐怕与大学毕业的年数几乎相等。然而她们所受到的教育是什么呢？

巴黎有一种流行的观念，凡女子将到结婚年龄，以"她有这般甜美的性情，她的性情如羔羊一般的柔和"，最高地称颂一种教育，必有一种目的，养成如羔羊一般的柔顺的性情，便是她们的教育的目的。

用了这种目的去养成妇女的性格，自然是错误的，然而这种错误正盛行在我们中国社会里。许多社会的分子，正在着急唯恐失了旧妇女的典型，极力在那里设法维持。

然这所谓旧典型是什么样呢？前回我闻交通便利的某镇上，有一个被认为模范的女子，为了一般人们所推崇，而且有女孩儿的母亲们，常把她的行为，告诫自己的女儿的。这是怎样一个女子呢？

这女子足不出闺门，我们无从详细知道她。但据知道她的人说，她从前也曾入学校读过书，但后来忽然改变了。近来藏在深闺，足不出户的已有好几年，并且学得绣花、裁缝等多种技艺，现在绣自己的嫁妆品等也有好几年了。

这便是现代多数人认为标准的妇女的形式，我以为这种社会的要求，不止限于某镇为然，别处多数地方，对女子的要求，还是这样。虽然有些青年男子对妇女的要求已改换态度，但多数头脑较旧的人，还在那里争持，唯恐这种典型失坠。

社会上对于女子教育的目的既是这样，他们不给她们智慧，他们只要她们学得死的经验。法国斯当待勒曾这般说："女子所学的东西，都是我们所不愿教的，她们所习的唯一科目，便是人生的经验。"这种教育的结果，便是斯当待勒所说，"妇女到了三十岁知识还不及十五岁的儿童，到了五十岁，理解还不如二十五岁的男子"。

这种教育，不是启发女子的心灵，是闭塞她，不是给她们谋广大的生活，是给她们划成狭的界限，只许她们照样做去。

把幼树种植在茂密的林中，阳光空气被遮蔽殆尽，它抽发出来的叶，不能不成薄弱的样子，它的干，也不能不长得细弱。然这绝不是自然的状态。女子的处境，正是如此。她们得不到充足的日光与空气，只有挤轧与压迫，遂形成那种畸形的形态。

社会对于这种观念若不改变，女子教育的前途，当然是很少希望的。中国的女子学校，本"寥若晨星"——虽然最近说男子中学可以兼收女子——便是有少数女子进去求学，几年的学校教育的影响，效力远不及家庭间的影响的显著。女子在学校中学习了数年之后，回到家庭中去，又复为旧观念所同化。中国兴办女子学校虽然少，但为时不可谓不久，迄今还很少成绩，这也许是一个原因罢。

再进一步说，学校教育的影响，既不及社会上旧习惯的牢固，然旧习惯的空气，却弥漫于学校中间，曾经在女子学校办过事情的人，当能看出女子学校多数是充满着阴影的空气，完全不脱旧家庭的样子。与男学校相比，往往不及男学校的活泼。这原因我以为有好几端：其一，因为女子受家庭的旧习惯比男子深。其次，"男女有别"的观念还深印在一般人的脑中；女界现在还缺少办学的人才，只有延聘年纪思想格外老的男子来充当教职员。加以女校的经费往往不及男校的充裕，不能聘请学问较深的教师，科学上的设备几乎没有，这是几个最显著的原因。总括一句，就是现在女子的学校教育，不与男子并重的缘故。

所以女学校并不注重科学，并不注重艺术，也并不注重体育，除非在临开游艺会之前赶忙预备一点科学讲演，赶忙临些画片，习几调风琴。到运动会的时候，才连夜地赶学些体操舞蹈。至于平时，科学是为科学自己而设的，倒不如学些缝纫刺绣、烹饪，于实际有用。虽然在实际上，女子自己穿的衣服，多是男裁缝做的，稍讲究的菜蔬，仍非托厨司不可。到毕业的时候，女校中总少不得挂几条绣花的屏风之类，这便是极大的成绩了。

我并不反对女子学一点缝纫烹饪，并且以为男子也应该学一点。不过普通的观念，还以为这些事情，是女子唯一的职务，各种科学，只是一种形式，学校教育的目的，不是为职业而预备，不是为知识，也不是为文化，不过给社会养成更多进步的新式的少奶奶。所以我说学校教育不能挽救家庭教育中的不良，而学校中反弥满了旧家庭观念的空气。

这种观念不改变，反映到青年人的心中，不是天才，绝不能逃出旧观念的牢笼。因为人的大脑表面有一皮层——由血管，神经细胞，及解体组织所组成，厚薄仅有自一点五到五米里密达，所含神经细胞则有九百万。这样多的细胞，重量只有十三格兰姆，积起来只有一立方时的大小。在初生的小孩，这层灰色脑质是洁白的素地，像照相的乾片一样。小孩逐渐长发的时候，将外界的一切观念，风俗，习惯，渐渐映照到里面，在这素地染成图画。这幅图画虽然因个性的不同，反映进去的环境，有所取舍，但在这脑的表面染成的旧空气。多数女校，仍以相似的观念反映在青年脑中，结果仍是不良。纵使在学校时，因为群众的相互鼓励，一时感到自己处境的不良，想设法改善自己的境地，但离校之后，回到家庭中去做妻子，去做媳妇，从前的少许的热诚，也从此消减了。

所以外人评论中国的妇女运动多在学生，与外国从事妇女运动者多在三十以上的结婚妇女，情形不同。我们不是说学生从事妇女运动是不好的现象，不过妇女运动止在充当学生的一时代，过此就渐渐冷落，这是很不好的现象罢。我们根究这个原因，不敢说是中国民族的个性多数是这样脆弱的，这种原因，我们不能不说中国的女子教育离正当的标目还远，不能养成她们健全的活动能力，而仍然用旧模型去范围可塑性正丰富的女青年，如果不把这种旧观念急改革一下，妇女前途的发展，很少希望罢。

（原载于《妇女杂志》1923年第9卷第6期，署名克士，第2—4页）

权利是要自己争来的

自己不去努力改造环境，却想坐等时运到来，这是多数中国人的通性。在旧小说戏剧中虽常见到在危急的时候，自有神仙或侠客前来解救，但这只能说是传奇的，不是实际上所常有的。

说也奇怪，中国自革新以后，女子虽没有剧烈的教育运动，而女子学校也设起来了。女子自身并不十分力争男女同学，而大学生也居然开放女禁了。近来高级中学也许可兼收女子，北京女子高等师范学校，秋间招考预科生后预备改设女子大学了。这可说是不劳而获的权利。

固然，我们见妇女权利的获得有两条途径，一条是用力争来，又一条是不劳而获的。前者英美是个著例，后者德国是个著例。

可是不劳而获的权利，结果总是不良。德国妇女惶惑过于喜欢地受到政府突然赐予的参政权以后，虽然竟有妇女被举为人民代表，列席议会了。然而她们都不能尽量行使她们的权力。因为不肯牺牲自己所属的政党关系，至甘心否弃有利于女界的提案而不顾，遂很受论者批评。然德国妇女与中国的妇女相较，则她们对于妇女运动的尽力又有天壤之别了。

回顾到中国妇女，她们并非真安心于旧习惯的地位，她们也明知妇女处境的不良。她们的命运是全在丈夫的手中，丈夫宠爱时，如明珠地玩弄，一朝嫌恶，如沙砾一般地遗弃了。妇女的遭遇如此，即不是身历其境的男子，也要发生同情的。

妇女自身固然也觉得不对，但她们似还想不到如何努力保守自己的地位和自身的价值，却只希望环境渐自改好。换一句话，便是希望自己永久得人的宠爱，而不被人遗弃。

最近，我曾见到许多女子对于男子主动的解约或离婚的意见，她们都一致地痛斥男子不当背约或遗弃。甚而至于说被解约的女子如不愿再与别人结婚时，应当责成那男子负担终身赡养的义务，或加以种种感情的责备。不必说感情的责备是无益于实际的，今日妇女在政治上社会上既不曾争得地位，即使有同情于她们的男子，给予她们许多婚姻上的特权——如照她们的意见，法律制定男子不许主动离婚，主张解约，则在某种情形之下须由男子负担赡养之费等——这事固然不可能，即使能够办到，不必说无补于实际，而且自己不谋活力的扩张，只谋消极的保护，结果还是不良的。

所以我很希望有知识的女青年们知道，如果她们安于目前的地位则已，倘真不甘心做奴隶的生活，应该自己努力去干。自己不先在社会上政治上争到地位，只希望男子发现天良，垂怜她们，或给她们代谋幸福，是不足恃的。并且应该知道，只有自己争来的权利是真权利，别人赠予的是恩赐的赠品，不能尽量运用的。青年的妇女应该知道，环境只有自己可以去改造，它不会来迁就我们的。生命界中只有这两条路，如不改造环境，则只能屈服于环境之下。

（原载于《妇女杂志》1923 年第 9 卷第 8 期，署名克士，第 18—19 页）

将来的女权运动

中国最近这一次妇女运动，自北京发起女权同盟和参政协进会起，到各省纷纷应声组织分会止，没有几何时期，此后便渐渐地又沉静下去；到了现在，早已不及从前的热闹了。

中国妇女运动的历史，要夸张地说也可以说由来已经有十多年，按实说起来，其实并不曾有过切实的运动。凡是一种运动，一次终止以后，如果不曾留有一些基础，下次仍然要从头做起来，这是很不经济的事。但我可不知道这样短片的运动，也许于不知不觉间，保留着效果；如从前妇女参政同志会、女子后援会、女子同盟会、男女平权维持会等等，或更至于在上海味存圆欢迎美国参政运动的领袖甲德夫人来华的一次聚会，在妇女将来的命运上都有些影响也未可知。但我们就实际一看，年来的妇女生活，地位等，和前几年实在并没有大区别。女子参政的目的固然并没有完全达到，此外如结婚的自由，妇女在社会上的地位，女工在工厂中的状况改良，母性保护等等，实际上并没有得到一点改良和利益，我们若四面一看妇女在社会上的地位怎样，政界上的没有妇女的踪迹，这还可以说因现在政局已弄得这样糟，妇女因为洁身自爱起见，所以不愿进去和男子"同流合污"——有许多女子，确有这种高尚的思想——可是在她们所希望经济独立一方面，我们也不见有什么新的职业对妇女开放。许多劳动妇女仍然做长时间的工作，仅得少许的工资，在毁灭健康的状况之下做着工，至于什么母性保护，以及许多别的什么，自然也不在话下，全和从前一样，没有什么改变。

庐隐女士去年曾在《时事新报》的《学灯》的双十节增刊上说过，政治法律是不能阻挠人的进行的，她以为妇女不必定要参政，只要各人脚踏实地地做去就好，最要紧的是在谋经济的独立（原文不在手头，这不过是追忆起来的话）。这话我承认有一部分是对的，中国的法律不良，好在极疏忽，有人若能奋力地前进，确有可能的余地存留着，并不像别国的有多种限制和障碍。如果女子真有学问，不特大学教师也尽可以去做，并没有什么梗阻，别的事情，妇女也很能下手做去。关于男女平等女子解放一类的说素，虽然有时很受些老辈的反对，然而他们的论据往往极脆弱，理由极浅薄，在略有见识的人看起来，实在只是一种有趣的笑话罢了。

然而，中国既是这样自由而留有女子发展的可能的国，为什么妇女的进步会这样少呢？

我以为妇女运动的少进步，最重要的原因是中国人多半在麻痹状态之中，否认妇女主义的人固然并不竭力反对，赞成的人也决不肯做实际的帮助。有些亲身作运动的人，也无非因一时的感情作用，并不真有深沉的考虑和进行的程序的。经过若干时之后，当初的一股勇气渐渐消灭了。

但我们若从好的一方面说，也可以说中国团体运动的没有成果，大半原因在于缺乏经验和训练，所以过去的失败也可以说便是将来成功的必须经过的阶段。这话固然并非全无理由，然一部分的原因，乃在领袖人物必须有经验的老成的妇女们，而且将这事作终身职业看的。因此能任这事的，必须有闲暇的，有运用的经济能力的，并且所处的环境是固定的。求学时代的女子，在时间和经济上都不适于做这种团体运动，固不消说，一经结婚以后，环境为之一变，能否再继续前次的运动又是一个问题了。所以我们并不悲观前次女权运动的没有成效，却希望以后有有力的团体继起。

（原载于《妇女杂志》1923 年第 9 卷第 12 期，署名高山，第 14—15 页）

妇女的智能果低于男子么

向来多说妇女的智能低于男子，现在也还有许多人主张这种意见。这种意见在妇女运动上有很大的阻力，所以不可不急行辩证。

美国 1915 年 5 月份的通俗科学月刊（*Popular Science Monthly*）上登有凯退尔（Catell，J. Mckeen）著的美国科学家的家庭一篇文字里面写道："假使达尔文生在支那 1809 年，大概不能成为达尔文的。"他的意思是说成就一个伟人，环境也很重要。鲍纳脱（Barn. ett）更接着说"（如生在中国）他大约成了一个教师、医生、狡猾的海盗，或敏锐的鱼商了——他的心灵的后越的性质，往别的方向去发展了。这是无疑的，正如凯退尔所说，俄国及支那以外，我们更可以包括印度，实满有'不言的，无名的密尔顿，林肯，达尔文'在那里罢"。

这话不是说天才不必本质优良，是说环境也有压制才能外现的力量的。我们现在再回来考察历史上的妇女们，虽然有名的比男子少，可是未尝没有伟大者。就画家说，意大利有 Rosalba Carriera，法兰西有 Mme Vigee Lebrun，Mme Guyard，Mme Angeleca kauffman，Anna Allma-Tadema 等。在文艺一方面，以戏剧出名的，为数更多；只就美国而言如 Cecilia Taylor，Anna Cora Mowatte，Mrs. Anne Gilbert，Elizabeth Crocker Bowers 等不胜列举。

　　由这宗考查及别方面的研究，现在已确能断言妇女的智能实在不下于男子；平常一看虽似不及男子，这实在因为环境给妇女发挥才能的机会比男子少的缘故。

　　（原载于《妇女杂志》1923 年第 9 卷第 1 期，署名高山，第 293 页）

女子教育与女学生

如果女学生这个名称以在学校求学的为限，那么这个名称总算是新的，因为中国设立女学校，和男子大学的开放女禁，都是眼前的事。但在历史上，也曾出现若干女文人，有的会做些诗，有的会做些散文，所以历史上，她们已早在读她们的书了。我们幼时，未有学校以前，书房里也有着女学生，她们着实读些"女儿经""女四书"，或"唐诗"之类。虽然年长的不多见，——这大约因为礼教关系，年纪略大，便走出男子的书房——读着也不求如男子般的高深，但她们也通行读书，是明显的事了。

但她们为什么要求学读书呢？

求学读书本来是生活的一部分，问为什么要从事这些，原来不容易解答的事情，但从前教女子读书识字的普通心理却可以看出一点。一种目的为的是装饰，又一种目的是在实用。习惯上虽然说女子无才便是德，但在通行女子不必有学问的空气中，如有女子识字能文，却也是一种重要的装饰，能够增加她的声价的。一面虽然看作女子不需要学问，一面却仍然推尊有学问的女子，这是推进有闲阶级的女子读书的原动力之一，在别一方面，女子又是家庭的管理者，她有着记账、买办等事

174·

务，所以读书于她们实用上很有利益，这又是使社会承认女子应当读点书的一个原动力。

但讲究装饰毕竟是限于有闲阶级的事务，所以女子以知书为装饰的，不能不说限于阶级的家庭；至于为了实用，则女子的生活范围和职业范围既限于家庭中，她用不着有广大的教育基础，所以学问在她们也就不看作怎样得重要了。

直到近一二十年来，女子学校设立起来，大学开放女禁之后，总算给女子教育开了一个新世纪，对于她们的求学看作比较重要的了。只是可惜社会对于她们的根本观念还是如旧，没有什么变换。

根本观念没有什么变换的原因，是因为男女的生活方法还是如旧日一样的缘故。今日在男子方面已知道读了几本中国旧书，学会策论一类的文章，决不能便去治国平天下；在国内可以"拜相"，出征去可以"拜帅"；如要从事一件事，非分门别类地专门研究不可了。但社会认定了男子为了要保护国家，就大的一方面说，所以要学这些，就小的一方面说也要养家活口，所以非学习此种学问不可，因为男子是社会的柱石，是家庭妻子的保护人。至于女子，她是对于国家社会都不必负责，只有家庭管理是她的绝对的责任，这是男女自然的分工，新教育家会得这样说，三家村的学究则说"男子治本，女子治内"是天经地义。两者语句上字面上虽然不同，意义实在没有什么大差别。真的，据我个人所知，村学究和新教育家的意见，大概没有多大分别罢。

女子的天职既在"治内"，即治理家务是她的自然的分工，似乎女子就没有学习高等学问的必要了。然而近代主持教育的人，居然一面也许可女子有受高等教育的可能，这不能不说他们的宽容了。但他们的意见，大概不外如霍尔（G. S. Hall）在《青年》里所说的意思，他在第二册第612页上说，一个著名的近代作家想，女子的用不用受高等教育和男子的用不用受高等教育的问题相同，即使妇女的职业在于"四K"

（Kirche，教会；Kinder，小孩；Kuchen，果子；Kleider 服装），那么大学教育于这四项的工作也有帮助的。女子受教育，于家庭服务也有帮助，这是一般人的意见。

但为了要帮助管理小孩，和从事烹饪等而受高等教育，和认女子和男子同样的社会责任而受高等教育的目的不同，教育目的不同，受教育者的态度也就不同了。

这种观念是不好的，但要改变它却十分不容易，三家村学究不问为什么要"男子治外，女子治内"，许多新式教育者也全不疑心这"自然的分工"，除非思想比较自由的人，总能脱出因果的束缚，怀疑到女子的知识比之于男子究竟如何，和想到如果她根本并不劣于他时，何妨给予均等的机会呢？

然男性是创造的，女性是保守的，这种概念不特为许多人所深信，并且深印在许多生物学和心理学家的心中。在著名的教育学家中，如斯旦黎·霍尔，如桑达克也都持这种意见，相信女性的变异性是比较男性为小；所以特出人才不及男子的多。

关于这问题的重要的讨论，却不能不推英国加尔·披尔逊（Karl Pearson）的研究了。他的材料取自：（一）已有的统计；（二）度量活的男女；（三）尸体解剖时的测量和度量。古代坟墓里的骨殖。他量身材长短，重量，四肢骨的长短，头骨的容量，以比较男女的变化大小，他的结论是说男性比女性更多变化的话是不可靠的，他说：

> 我要请读者注意，我并不是说两性的变化性是相等的，单说照现在的结果所指，说男性的变化性较大的话是十分没有证据的。许多普通的作家都取这种原则以为条文，又从这里去推论社会条件，照我的意见，是由于独断或迷信，不是从一个纯粹的科学研究的结论出发的。

这研究发表后，哈夫洛克爱理斯在他的《男和女》里批评他的说明大部分是无效的，因说他的计算全以成人为主，又把环境的影响都不计及，但这批评是否准确，已由霍林华斯（Lota Hollingworth）博士实验过，她度量二千个初生的婴儿，结论是说从解剖学上的度量比较起来，男性变异性大这句话，并非事实，只是想当然而已，科学上得不到明证。

心理学上的性质是和解剖学上的性质相关的，如果承认男子的解剖学上的性质变化大，同时也就不能否认智能是男子方面变化大了，高才的人在男子方面为多了。桑达克博士就承认男女心理学上有不同，并说教育也当双方各异。他说：变异性不同这根本要件，比普通男女的才能不同更重要。他以为只因为男性变异性比女子略大，所以结果遂致一百最有才能的人中，妇女没有二人，一千当中她们没有二十。不特结婚育儿是她们的专职，她们是天生，并且教育制度也应当和这相适合。

这种论调是封闭女子的机会的。具天才的人，在历史上女的还不及男子那么多，这是事实，但男女的机会向来不平等，这也是事实，即使有少数女子有求学问的机会，但只是少数人，不能早就去一种研求学问的空气，社会不以学问希望女子，女子也不以学问家自己勉励，也是以使女子减少才能气质的。霍林华斯说明女子所以天才不多的原因道：

> 即使男子心理学上的性质确比女子多变化，但仍不能证明男子是固有的多变化。如果真要确定变异性哪一性为大，必须具有以下的条件，即（一）两性必须机会和训练十分均等；（二）变异性在两性间的价值必须没有大小……现在男女的生活间没有合于这两个条件的，心理测量是即从这样状况中得来。两性因为在生育种族上的工作不同，活动方面遂也各异。妇女是需怀孕，养育小孩的，古今一律，因养育小孩之故，其

结果遂以管理家政为职业，因此知识的变异性在妇女的生活上
是没有生存价值的，或者反而有损。

据霍尔、桑达克教授们之见，因男女的有差别，而结果乃说到女子
的智能不及男子。据今日的考察，则智慧因两性不同之说很不可靠。从
男女教育上的试验说，在十三岁以下的女孩智慧超出男孩，遇这年限，
女生就不及男生了，现在知道这种比较并不精确，所以不能作为男女两
性确实有智识上的差异的证据。戈特税尔（W. Goodsell）的《女子教
育》引研究家的结论说：现在所能够论断的，只能说十四岁间的男孩的
优越，和在十三岁间的男子的下劣而已，这结果全因选择不适当所
致的。

可是科学虽不能证明两性间智识有差异，但女学生对于学科的趣味
和男子有些不同。汤普逊（Dr. Helen Thompson）考察芝加哥大学的女
生和男生各二十五人，见英国文学以女生见长，而物理学方面则不及男
生。桑达克·说勒斯克女士研究男女学生高等学校的教科书的成绩，用
百分数比较他们成绩的优劣。也有同样的情形，下表是男生所得百
分数。

英文	代数	几何	拉丁文	历史	德文	化学	物理
三三	四一	五三	二九	四九	三四	五八	六一

从上面的表可以看出，女学生的成绩，英语和别国语言比男生优
长，数学两者相仿，而化学、物理学则女生不及男生。看起来很似女子
在纯粹科学方面不及男子，而在人文学方面则较男子为优。

但所谓趣味的养成，常受社会的影响使然的，并不是遗传的不同。
所以女学生的成绩考察，人文方面的学问优长，而纯科学拙劣这一点，
只是一种趣味的关系，生活的环境之关系，不能说是基于先天的男女性
的不同，所以不能用这来判别男女的智慧的高下。

综合以上的考察，表面上男女两性虽然尽然不同，但仔细考究起来，智能方面究竟有什么不同与否，终于得不到证据，所以因男女在生养小孩子的不同，而遂说两性生活范围当全然不同，智能也从而分有高下，这只能说是世俗的见解，不是科学的事实。

据以上所学的研究的结果，知道女性变异性小于男子之说并无明证，只是女子较实际的，男子较抽象的这种情况却还没有相反的事实发见出来。但即使果真如此，对于妇女的求学全没有关系，可以任她们自由发展，不必有定出限制来的必要，关于这一点，最重要的是社会必须认女子是有才能的，而女子自己也承认女子是可以造就的可能的。如果这种观念成立之后，方才有真的女子教育，方才有真的女学生。

现在我们再讲到中国今日的女子教育和女学生怎样呢？我似乎觉得离开真的二字还是太远。中国现在有许多人以为女学校不过是种装饰，当学生的她们多数对于求学也作一种随意或消遣，这话或者有点过分，但决不是全无依据的罢。今日受教育的她们，虽不都是怎样的有产阶级，但多数是中产阶级以上的人。父母的给她们求学的动机本不在乎她们自立，或认研究学问有怎样的价值。最好也不遇见现在通行入学校读书，叫她们也随便进去读点书罢了。有许多人家的叫女儿入学，为的谋结婚上的利益。这是真的，近来社会虽不以怎样责任期望女子，许多男子以为非学校出身的女子不能为妻，这种意见却非常显明而且普遍。如果现在这婚姻关系是一种求与供的关系，那么女子为了结婚而求学倒成为一种重要目的了。

女子虽然以结婚为职业，但女子为结婚而求学究竟和男子的为职业而求学不同。因为男子的职业和所学的技能和学问至少总有点关联，譬如矿师至少总要有点矿物学上的知识，以博士学士的头衔获得教授的地位的总还需讲点书出来。妇女的结婚这职业便和这不同，她所需要的更其是空资格，不是学问的实质，所以这一类女学生尤其以入学校为装饰了。

我们只要知道这种社会的状况，就不至于惊讶为什么许多的女学生仍然和家庭中小姐的态度一般无二，和不难明了为什么许多女学生并不看重学问，她们的注意的重心却在留心服饰，学习毛线编织的原因了。

但这是社会环境使她们如此，也是无可如何的事情，到女子们自己或到有求职业的必要的时候，她们会得放弃这些，而把注意放到学术技能上去的，如男子想学点本领去就职业那样。但现在社会的趋势如此，有什么话说呢？立学校的意旨本不在图女子的自立，女子的入学的意旨也并不在图谋自立。然有少数真是想谋自立的女子却反找不出学习的地方来。今日除却几个投机设立的女子商业学校之外，好像中国执教育权的人规定女子只准当教员和养蚕似的，官立学校除女师和少数的蚕校之外，更没有什么学校了——虽然最近有些专门学校已开放女禁——试问有多少学校能容纳女子教育，或去看蚕呢？所以欲求职业时却往往感到无处学习的苦痛。

女子以学校的毕业为装饰固然不是我们的愿望，但因为希望自立而入学读书也不是我们全部的希望，我们的希望于女学生的在学校里读书，固然不专在只希望一纸文凭到手，可以谋到高等结婚职业。然也不希望她们盼望一纸文凭到手，便可以在什么公司或学校里得到一个地位。为要求自立而读书固然不能不说正当而且重要，但最正当而且重要的求学态度是不必问什么目的，她只因求知道，要学问而求学，社会同时也应承认她有为学问而求学的权利。

为学问是极贵族的，这正和精密的思想自由一样。总之不是人可以随便得来的，都是贵族的。但从前的意见以为这些事情是贵族的，这是比喻的话，下等阶级的人们没有下手去做的必要。妇女也被归在不必伸手去从事学问这一类的。这种观念正应该打破，我以为女子也应当有为了学问而求学问的向上心。我们的世界不是把从前认为少数人所做的事情革除，只许做大家都会做的事，我们是要把从前少数人所做的事普及，从前认为贵族的事今日平民化，普及于人人。所以我们觉得女子为了要学问而入学校，比为了想寻职业而入学校更正当。一方面却不要去求职业的女子也当读书。无论说女子的变异性不及男子那么大，无论说女子是更人间性的，男子是更富于抽象的想象的，这些话都不足以剥夺女子研究学问的权利和自由。但今日的女子教育的目的是这样吗？今日又有若干女学生是这样的呢？

（原载于《妇女杂志》1925 年第 11 卷第 6 期，869—876 页）

性教育

恋爱的意义与价值

恋爱本来是神圣的事，但从来有许多人，却误将它当作秽亵的或神秘的事看；他们所以作这样想的缘故，只因为不知道恋爱的意义与价值。

我们要讲恋爱的意义与价值，不可不知道人类具有由动物的祖先遗传下来的本能，和人类既已进化以后的特有的精神作用。这两种人类与动物的相同点与不同点，一样重要。人类的生存，既和动物循同样的公例，也一样要谋自身的生存和种族的保存。因要求种族的保存的作用上，遂发生出两性的关系来。若从下等的生物里，去考察两性间的关系——如以两性细胞的作用为例——我们见得完全是一种化学上的作用；略知生物学的人，都知道雄性细胞能游泳到卵细胞里去，全因为在卵球一方面能分泌一种化学物质，能够刺激雄性细胞，导它到卵细胞里去的缘故。在较高等的动物里，异性的个体间，也具有一种引力，像那麝的香气等，也有一种两性的诱导的功能。至于有些鸟类里，羽毛与鸣声的美，在配偶的选择上，早经有人知道是重要的条件了。但这些美的作用，也无非是一种刺激力。在人类以下的动物里，并不知道什么审美的美，不过在两性之间，愈是这样，愈有一种强的刺激力罢了。

人类的恋爱，基础原也在姿态容貌言语的美，以及行为智识等上面。但在人类以下的动物里，实在没有一种动物，能够发生含有理想的恋爱，能像人类一般的。所以人类的恋爱里，不但含有异性的物理化学上神秘的引力，不但因美的感情，及行为上的相投契，又有智慧上的指导的。

若将人的恋爱解析起来，其间的程度，大约可以分三级。第一级像平常交际上的往来，纯与同性间的往来一样，没有两性的观念发现到意识中来。这一种往来，平常即称为纯洁的友情。从此再进一步时，便渐渐将两性的关系发现到意识来了，这便是恋爱的友情了。如果恋爱已到了这一步，那便很容易进到第三步了；那第三步，便是实体随着精神的合一，这也便是恋爱的完成。

第一步纯洁的友情，虽尚未走进恋爱的区域，但真的恋爱，却必须从这一步起来的。如果在这初步的交往愈长久，彼此的性情行为智识知道得愈详细，后来的爱情的深厚与持续，基础也在这初步；如果不经过这一段长久的阶段，便到第二步恋爱圈里，因为两性间的不同，很容易迷茫，性情行为也容易蒙蔽过去的。这些不曾析解明白的性情等等，一经结婚之后，必然发露出来，这便是苦痛的根源了。然而这样循序渐进的恋爱能有几呢？又如何可以做到如此呢？

人类两性间的恋爱，是包括一个友情在里面，再加上异性的爱，于是变了更密切了。所以女子并不是"以色事人"，纵使色衰了，爱情仍然可以存在的。可惜从来多少人们，一味将恋爱抹杀，婚姻犹如牧人手下的牛羊般的由人择配，却提出贞操两字来，范围它们的形式。于是人生的两性结合变为死的形式，毫无意义与价值了。

我们应该知道，贞操这一种性质，本来存在恋爱里，也可以说是真诚的恋爱所本有的。如果两人真有深挚的爱，两人当然诚实专一，这是无可疑义的。现在却从恋爱中去抽出一份来，立了一个贞操的名目，弃掉恋爱的精神和基础——美、行为、智慧，等等——叫人去保守这无意义的一个名目。便是能够保守，也是假的，恋爱的精神从此死了。假形式在人生里有什么意义，有什么价值呢？

我们只消一看人类的历史，见婚姻制度与所有权，是互相作用互相反应，而且差不多相辅而行的。所有权、遗产制等，既无不与家庭制度相关联，也就是和两性的结合一气相关了；所以在这私有财产制度的下面，对于女子，自然也用同一的观念看待的。然而财产是死的，而人却是有意志的，究不能用同一的手段管理，这就不能不用这贞操观念去牢笼了。

但我在前面已经说过，这两性关系里，含有保存种族盲目的目的在里面，这一种生理上的本能，是不能用一种机械的教训，可以完全范围的；人生有理性友情来做恋爱的基础，这是比动物高尚处；想除掉爱的指导，却用一种机械的教训来束缚人类的两性关系，便失了尊严，而且两性间不道德行为的原因，大半也就在这里了。

从来两性间的关系，有什么利他心？男女的结合向来并不是利他，只是完全利己，如见了可食、可穿的东西，就想全归于我，这也是利他么？自来男子的对于女子，也只用同样的意想罢了。到了现在，才知道妇女不是财产，也是有意志的人，不能够和死的财产混看的。一经把这观念分开来之后，结婚与管理财产变了两件事。这是不能不说近代思想的进步了。

真诚的恋爱，本是人生的花，是精神的高尚产品，本来是可以尊荣的，只因为历来被不良的教训妨害了它的发育，这便是两性间不道德的行为的一个原因。有些人还以为这是因有恋爱的缘故，其实不然，正因为恋爱没有发达的缘故。

现在我们从生物学及心理学上的证明，从人类与动物的相同点及不同点得来的结论，知道两性间的生理本能，能够有精神上的恋爱来做指导，这是人类以下的动物里所没有的，而且便在未进化的人民里也所不发达的；所以伦理学家说维持两性间的道德，只有培养恋爱的艺术，使它发育起来，去掉从前看作神秘秽亵的观念，养成它坦白和真诚。

在现在思想界里，结婚只有恋爱可以做根据，已经没有人敢说不是了。换一句话，便是说照现在的眼光看起来，不是恋爱的结婚是不道德了。然而也许还有许多人说，盲目的婚姻莫非真是没有爱情深厚的么？恋爱的结婚，就永久不会破裂的么？

由"父母之命，媒妁之言"而结合的婚姻里，果然未尝没有"伉俪甚笃"的。但在中国男女没有交际的社会里，从来没有恋爱生活的培养，男女之间所抱的理想，也自然简单些，只要感情勉强可以通融，也就将就过去了。即使果然有"不可多得"的爱情，这也不过是抽签的偶中，是一种赌博的胜利；而且这爱情已是发生在结婚及性交之后了。

但是即使恋爱的艺术已培养得极高，爱情能不能久远继续，这恐怕也没有人敢断定，说能够永远继续的。我们应该知道恋爱的艺术，是和其他的一切精神上的生活并进的。人类愈进步，思想也愈复杂，能使感情破裂的余地也便愈多；不像在思想简单的人民，只要年龄相当的男女，能够具有极简单的几种合于社会的行为，像朴实节俭之类，彼此没有大相反的性情，就能够相安过去；他们并没有什么思想上的怎样相合，所有什么思想上的不相容，也是没有的；于是他们也结合成了稳安的家庭，也自尽了繁育子嗣的能事。若在思想复杂的人们，感情要是能相合，自然格外牢固些，然而破裂起来，也就愈加不能容受了。

然而恋爱如果破裂却怎样办呢？这自然只有离婚的一法。因为人间崇视这精神上的爱，不敢说只要是异性的两人，便可勉强配合的。这是重视精神生活的价值，不肯轻将人类的男女关系当作家养动物看，都托在生理本能上去。离婚果然也有许多问题相关联，有小孩的，问题更加复杂了。但这些问题，将来必能渐渐解决，使男女如果恋爱破裂离婚得绝对的自由，在绝对的自由离婚的境遇里面，男女有极和谐的协力共作的生活，这才是恋爱的真价值。

恋爱破裂而离婚，既是合于道德的行为，换一句话，也可以说如果恋爱破裂而还保存这结婚的形式，是不道德的行为。贞操既是一种恋爱的诚实精神，自然不能够恋爱已失而贞操能够独立存在的。再进一步，也可以说如没有恋爱而性交仍然继续是违背贞操的意义，是不道德的。然而结婚既然因为恋爱，离婚显然是恋爱的失败无疑了，如果不愿失败的增多，便应该查考这失败的原因在哪里。这原因并不在恋爱的自由——有许多人也许这样想——实在因为恋爱的艺术不曾发达的缘故。

前面虽曾经说过，说恋爱能够永久持续，这是谁也不敢肯定这样说，但如果因恋爱的艺术长发起来，使缔结力变为绵密；恋爱的观念培养得真确起来，使两性关系视为慎重；这不是不可能的事。若能加意于教育，社会上的男女交际，又变为广大，使恋爱的成功，必先有过长久的友交，能不被异性的观念，登时蒙住了考察力，当即坠入迷恋里。有这友情的感情，先缔结了深固的根底；人的性情，单方面诽谤他喜新，然而别一方面却是怀旧的；所以使恋爱的根底长得格外牢固些，这是很可能的。

培养恋爱的精神的发达，既然有赖于教育，从前因为不知道恋爱是高尚的、神圣的事，只当它作一件不可思议的、秽亵的奇事看。一方面也知道生理上两性本能是不可避免的，却不知道用方法去指导，只知道带着忌讳、神秘的态度来遮瞒。殊不知不可明说的背景，便是黑暗；一面用隔离的方法，一面去养成羞涩。男女为什么"授受不亲"呢？为什么到了一定年龄之后，便不应该同席了呢？这都是极有力量的暗示，正可以激动两性欲念的发动的。

现在我们说培养恋爱，不但应该除去这些不正当的暗示，不但应该教人对于两性关系看得光明尊崇，不但要用科学的光辉，将从前神秘黑暗的背景照得明亮；而且须使它变为可以解释的，在知识上使它明白，而且还要使男女相见的机会力多，从幼年在小学校里起，以至大学，男女同校，很能够使男女得互助共同生活的教训。七卷十二号的本志①，紫瑚先生有一篇讲《男女交际俱乐部创设之必要》的文字，男女交际之所以重要，也是这个意思。男女彼此相隔离，别的不必说，就在今后的社会里，也就成为不可能。那么，纵使有一时期的隔离，如一日突然投在男女纷沓的社会里，自然难免迷茫失措了。

有些人说恋爱是一种利他的行为，至少须到恋爱的艺术已经发达了之后，才能如此说。象购求货物般的求婚，算得什么利他！女子因一种依赖心的嫁人，这也是利他么？若利他是不然的，而且如果爱的精神培养到如此，由恋爱上发生的苦痛就有了。恋爱里最容易发生苦痛的，三角恋爱便是一个著例，但如果恋爱以相对者的意思为中心，立意不在争持掠夺，只要能满足相对人的愿望就是自己的愿望，那就许多困难也得解决了。

这样理想的爱，果然难见于事实，将来也许可能的。因为社会所遵行的虽只是习惯上的道德律，与理想本来是两件事，但理想毕竟是先驱，通俗所遵行的道德律，又不是一定不变的，只要渐渐经过一个思想的竞争，便渐渐地向着理想的指导前进了。

将来的婚姻，必须不受一切的外力——一切法律经济以及道德律等等——的约束，家庭完全是"自由的圈"，不是牢狱，而得彼此了解和谐共同合作的生活，这才是恋爱的真的精神。

（原载于《妇女杂志》1922年第8卷第2期）

①据《妇女杂志》。

性教育与家庭关系的重要

性教育（Sex education）是欧洲近代的教育上一个新倾向，这名词传到中国却已经有好几年了；但通俗对于这个问题，大都还不很了解，不知道性教育是性的卫生及性的道德的基础，往往容易误认实行这种教育，是导于恶习的起点。

性教育的重要，已实在成了自明的真理，不特学校里应当注意，在家庭里实在尤为重要，所以做父母的，必须有一点性教育的知识。

我现在未讲到青年何以要有正确的"性的知识"以前，必须首先说明"性"是怎样一种本能，在生物学上是如何地位。我们由生物学上知道不论哪一种生物都具有谋他个体的生存与种族的保存这两种本能。蜘蛛不但生下来便能组织精巧的网，张罗飞虫，他又能够编丝成袋，产卵其中，以保存仔儿的安全，这些本能都是天成，不教自会的。自然中的生物，一到成熟期，便有"两性的爱"；到了生子以后，便发生"母子的爱"；这些本能，都由"自然选择"相沿下来，是"适者生存"的重要条件；生物有了这些本能，于是不知不觉地能够达到他们保存种族的目的了。所以生物学上，"性的本能"和日常生活上的各种本能，同占重要，没有什么高下。不过常人见生活本能生来已会，性的本能则到中途才发现出来，遂以为只要隐瞒秘密，便可抑制它，因为根本上认性欲是一种不正当的事，所以想设法抑制，而且又用错了方法。

其实小孩在幼童期内，他所见的世界是一个神奇的世界，事事无不觉得新奇，这可从儿童的喜欢追根诘问，和遇事惊奇的态度而知道的，他每逢惊疑不决的时候，往往向他所信托的人去求解，这时候已经起了一个"循循善诱"的机会了。儿童此时虽然距成熟期还遥远，却已隐隐存着"性"的下意识，很觉得人间有男女不同的可异，小孩究竟从何处得到这一件事，尤是他急求明白的疑案。多数小孩常常好将这些问题向父母询问，想得到一个解释，这大概是大家都所习知的事，但遇有儿童发生此项询问的态度，大家不是呵责便是支吾，给他这疑实留在心中，随时要求解释。

儿童一到青年期——青年期又可分作两段，前半，女子十二至十六岁，男子十三至十七岁；后半，女子十六至二十一岁，男子十七至二十五岁——生理和组织上都发生显著的变化，正如蚕的蜕衣变成飞蛾，蝌蚪失尾成蛙似的变化。这时候他们所见的世界也都变了新样，眼光直照到社会上来，放弃了从前的模拟本能，渐渐发生家庭及社会上的观念了。刺激着羞涩，不复再如小儿似的只向母亲的怀中去躲，那神经能直使血管扩张，涨红了面孔了。凡是小孩的来源，男女的分别这类问题，他们也都不言而喻，不再向人诘问了。

但前面不是已经说过，本能是不教而自会的，照上文说来，关于两性间的知识又是不教而自能知道的了。现在何以又说应该加以指导，有所谓"性教育"，务当使青年得到正常的性的知识呢？这个主见，自然与主张抑制，贱视性的本能的教训相反，难免不令人讶然的。殊不知各种日常生活上的本能，例如起居饮食，目睹耳闻，一样是不教自会，何以现在也有知道些生理卫生知识的必要呢？这个缘故，只因为人事繁赜，生活不比别的动物一样简单，所以便是不教自会的本能，也不能不加些正常的教导了。近代许多生物学、医学、伦理学家，都知道倘使青年不得到些性的正当知识，往往容易养成恶习，发生身体早熟，或过夸其事的弊害。不但有妨性的卫生，就在两性间德性上也有妨害的。就具体的事实而言，缺乏此项知识，很足以发生生命上的危险，美国哥伦布大学教授比齐罗（Bigelow）所著的《性教育》第二章中曾说，他有一个大学里的朋友，因为听得一个女同学将要和一个男子结婚，他知道那男子是患很危险的花柳病的，于是不惮七百里路之遥去告知他的女同学。因她没有生殖系病理学上的知识，她和她的母亲只以一句很简截的话回复他。后来结婚未久，那女子便染病身死，做了喇叭管炎和腹膜炎的牺牲。

然而现在中国的社会，对于性的本能，大都视为神秘和秽亵，一般的教育法，凡遇小孩发生此等疑问时，便只是呵止和隐瞒。小孩有时遇着有人分娩，或者看见自然间动物的交尾，在可以引起探究之心，隐瞒和呵止，虽然可以禁使勿言，但不能阻遏他求知的心理。小孩固不知道所以要呵责的理由，实反足以助长他的疑惑。

现在家庭里既没有良好的教导，学校里也漠不注意，至于中学校长里的生理卫生学教本中，也把生殖系的生理略而不言。殊不知家庭学校不将正当的知识教给他们，儿童却能自问不正当的地方去寻，他们的导师，便是小伴当中年纪较大的顽童，以及街头巷尾乐于津津谈论的中年以上的妇女等辈。此外如不良的旧戏、书本、词曲小说等供他们的参考的资料正多，等到养成恶习，不是羞耻的态度，和神秘与秽亵的观念所能防范了。

习惯养成，是很难修改的，美国教育家霍恩（Horne）在他的《教育心理的原理》中说，习惯犹如一张纸上的折痕，一次折过，下次便容易折叠了；犹如用一个钥匙开不惯的锁，一次开过，下次便容易开了。恶习惯的容易养成，道理也就是如此。

现在性教育的道理，便是想顺着儿童发展的顺序，用一种教导的方法，使儿童长成起来的时候，得到正常的"性的知识"，使从前视为神秘黑暗的性的本能变为光明，从前视为秽亵的变为尊严，性的卫生及品行，基础就在这上面。但言之虽很容易，实行这教育的方法，却很费研究的。在这短篇里，也不及详细来讨论。大约说来，儿童生长家庭间，所以此等教育，当然须从家庭入手。儿童在三四岁起至十岁时候的教训很为重要，父母应在这当的时候，讲良好的故事等给小孩听。晚间很适宜，不但静，而且离睡眠的时间近，听的故事，不求他们牢牢记得，也不欲劳他们的思索，由他们在睡觉中去遗忘。这些方法，能使小孩对于小儿从何而来，及男女不同的奇异，不发生查究的心思；一方面使他们认识草木果实成长的道理，但这些教授，大部分当在学校中，不但授以植物以及动物的发生的情形，又当令生徒自己养育动物，观察仔动物的成长。

因为科学自有一种尊严，所以由科学上得来的知识，与听来的秽亵的谈话截然不同。例如现在搞得小学校的理科教授中，讲到植物等受精现象的地方不少，教授的时候，是并没有什么妨碍，这是担任过理科的教师所知道的。如果由此逐渐讲到动物以至人身，这是很自然的程序，而且不会有什么妨碍的。

但性教育，不单只在教的一方，育的一方面也极重要，所以家庭的职任，实非常重大。儿童必须时常洗浴，务使身体清洁，可以减少皮屑上的刺激。睡衣宜轻软、宽博，不宜紧束，被不宜太重，也不宜太热，必须使儿童整夜能够熟睡。儿童睡眠的时候，本喜欢将手放在被外，只要被服足保体温，不必定要盖在被下。早上觉醒，即刻穿衣下床，这种习惯若在幼年的时候养成，可以直到成人，不会破裂。

许多饮食物是含有刺激性质的，例如酒类是最显著的例；此外如浓茶、烟草也都含此类性质，儿童俱不宜用。在欧美几国，关于两性教育的小本书籍很多，如美国哈尔（W. S. Hall）著的有《医生的女儿》可供十二岁以下的女子看。《幼年》供同年龄的男子观看。至于给年纪稍长，十五至十八岁间的男女看的，则有《发达成人》《生命问题》等等。供成人以上看的，又有《性的知识》及《生殖与性的卫生》等书。这些书大致以生物学为根底，讲得很正当而且合理的。这类书籍，在那里流行很广远，但在中国的出版界中，却还没有见到。

　　男女到青年期，渐渐脱离家庭而入中等以上的学校，此时学校便应教些鸟类哺乳类的发育，以及人的生殖生理及发生学大意，教授上的态度，也渐渐愈趋于科学的了。到这时期，摄卫的事已多在自己，不复如幼童的都靠父母，但父母的指导仍不可少。若在女儿，应指导的事更多，如洗浴或冷水浴固然于身体极有益，然女子若在月经期内及前二日均当避忌，此等指导都是母的责任了。性教育与家庭关系之重，瓦尔（I. S. Wile）在他著的《性教育》里说："凡贤良的父母，应该把两性知识教授儿童……要想道德成为一种长久的势力，必须建立在真理上，由知识来建设，由理性来助其强固。知道两性问题的真相，实在是智慧的道德所必须的急务。"

（原载于《妇女杂志》1922 年第 8 卷 9 期，第 2—41 页）

性教育的理论与实际

　　生物一生的作业里隐隐存着两个目的：一个是为着自身的保存，一个是为繁衍自己的种族。因此，高等生物的体躯也生有这两种作用的官体，有谋本身存活的种种器官，又有谋种族继续的生殖器官。而且本能上也可以照此分别为二：谋自身存立的，弗娄特教授（Prof Siegmund Freud）称为自我本能；谋种族继续的，称为性的本能。

　　生物一生虽都具有这两种作用（除却工蜂工蚁等），但这两种本能发达的时期很有不同。自我本能因为需用较早，所以发达也先于性的本能。性的本能之所以较迟发达，于保存种族的健全上极关重要；因为身体发育还没有到强健的程度，生下来的儿子决难望强健；而且父母也不能周密地保护幼儿，使幼儿安全而壮实。

　　我们由这样看起来，性是关于保全种族，使本种继续的一种作用。凡是两性的生物，都有过这一种性的现象。生物之所以略进于高等而都成为两性，实因为合两性而生育下来的个体，比单性生殖的适于繁变进化的缘故。

　　照科学上观察起来，性的本能一方面的事情，和自我本能一方面有同样的重要与尊严，不容我们分别哪一种本能是光明，哪一种是猥亵。

近代科学的光明已经冲破这种卑视性的本能的矛盾思想，所以性教育也就渐渐起来了。这种教育的目的，是要顺着儿童的年龄，教以性的知识；从幼小的时候即将草木开花结实的情形渐渐地指示他；次后又将鱼类、两栖类、鸟类以至于哺乳类的发生的情形解释给他们，使他们知道生命界中物类所自来与种族继续的重要。这很足以使儿童对于性的本能养成一种尊严的观念；而且之亲子之间的其实关系，也从此了解。这实在是养成道德及卫生习惯的基础。

性教育学说从欧美传到中国已经好几年；在这几年中，关于性教育的理论和实施方法，已经讲过不止一次，但在国内教育界中却全然不能引起一些些的注意。这大概因为中国对于两性的根本观念与性教育学说距离太远的缘故。中国向来看两性关系是非常卑下而且秽亵；以为男女之间，除了严防以外，更无别法；甚至于夫妇之间，也有"男居外，女居内。深宫固门，关寺守之。男不入，女不出……"的梦。在这种习惯之下，与性教育的意见，相差真是远极了！其实男女隔离愈严，则相见时愈容易受强烈的刺激；所以山额夫人（Mrs. Sanger）所著的《我子之性教育里》说：幼孩当使常常看惯裸体，可与母亲同济，这就是不要养成小孩羞涩的习惯和养成不起强刺激的方法。——而且在近代生活中，这种中国式的防范法也势有所不能了。

人在幼小的时候，对于自身的由来，已经成为一个很大的疑问，所以时有向母亲去询问的。这是做母亲的所常遇到的困难；但性教育的开端便应当在这个时候。平常一般母亲的对付方法，住往用呵斥、支吾或诓骗。但是不论用哪一种方法去应付，都足以使儿童的疑团愈加不能消释；而且因为这种不安，遂引起他种种的探究。儿童经父母一次的呵止，虽往往不敢再说，但亲子之间已能发生一种隔膜了。此后遇有这类的疑问，他不向父母去问，而去请教他另有的导师，如伴侣中年纪较长的顽童以及津律谈论的中年以上的妇女们。从这种人的议论里，儿童得到似是而非的非科学的性的知识；一面再加以自己的体会，结果很容易养成身体早熟及过夸张其事的弊害。这种弊端既已养成，后来就难以修改。现在性教育的要旨，便是用科学的态度，按时候将性的知识教授给儿童，消极的，使打破性的神秘与卑污的观念；积极的，使对于性有明白的了解，知道性的作用与任务是极其重要而且高洁。这种教育的结果，有三种重要的功效：一是保持健康；一是改善性道德；最后一种效用便是改良未来的人种。

教授性的知识之有益于卫生，其理由非常明白易晓。譬如我们要管理一种机器，不能不先知道这种机器的构造；人体是一种比人造机器更精密的机器，而且因近代文明的进步，人民生活的紧张及复杂，卫生也愈加必要；所以生理解剖的知识早成为普通学校的必修课程。在这种人事繁忙的社会里，男女多相接近，两性间的道德也不是从前的"防间"所能适用；所以在养成两性的正当的观念也成为必要。交通繁盛的地方，花柳病也相随而至，知识尚未成熟的青年很容易蹈着这种危险；而这种防御与改善也都是性教育的责任。

盲目的结婚和不负责任的生育，这是使国民能率低下，种族渐呈衰退的现象的一种重要原因。如果使青年了解保存种族任务，改变从前无意识的性欲冲动而盲目的生育小孩的现象，则经过详密的考虑，希望生育优良的小孩，都成为结婚以前的重要条件。那么，结婚自然有谨慎的选择，而善种学家的理想就不难实现了。

（原载于《教育杂志》1922年第14卷第8期，第1—4页）

教育与性教育

　　一切生物的一生有两件大事，一是谋自身的生活，一是谋种族的保存，所以生活上也有相当的两类本能，一类是求自身的生存，饿了就想吃，而且不必教导他，他自然会吃，遇冷遇热都知道回避以谋自身的安全；又一类是谋种族保存的本能，如生物到长成自然会去求偶、生育，也是不教而自会的。人类也是生物的一种，自然不是例外的。

　　只是人类进化了，他生活在组织繁密的社会里面，和生活在自然中的动物不同，因此不能不用教育将各种本能加以陶镕，并且加以各项知识，使人能够管理这具活机器，——教他们知道各种器官应该如何摄卫，及防御细菌等的传染。可是关于生殖一方面的事情是没有教法的，如果小孩问父母有小孩怎样来的这类话，大人不是加以呵责，便加以支吾，使小孩莫名其妙，眩惑不定。这因为自来对于人生这一方面的事，觉得非常神秘，只能心里知道，口里却不可说的。但其所以如此，大半也因做大人们的没有可以使小孩了解这道理的方法，一半因不知道使小孩受性的生活的教育的重要。

　　这不但不受教育的人家如此，便是受过教育的人们也是一样，中学的生理教科书有讲起生殖系的生理卫生的么？所以纵使受过很高的教育的人，他纵然学过生理学，消化系知道得很详细，但他对于生殖系的构造与功用却不知道，发生学也多不知道，所以他虽然生活上的技能受过教育，但关于性的本能的作用却全任其自然的。

现在性教育的理论与实施方法，已从欧美绍介到中国了。只要中国能知道教授性的知识的重要，供母亲参考用，山额夫人的《我子之性教育》是一篇好材料。我很希望家庭中的父母，知道性教育的重要，由自己去教导小孩，使他渐渐了解，使他一知半解的疑团都消释，以代向街头巷尾津津谈论的中年妇女，不驯良的恶童去求解释。

（原载于《妇女杂志》1922 年第 8 卷第 9 期，署名克士，第 45—46 页）

性教育的几条原理

不特人是两性的动物，便是人以下的许多动物或植物，也都是两性的，除却少数动植物之外最微细的植物，如细菌，现在不见它有性的生活；此外如芭蕉是常营无性生殖，从不见它精子的，蚜虫是常营单性生殖的昆虫。但细菌是藻类的变为寄生者，正常的藻类却常营两性生殖的；芭蕉虽不结子，却能开花，并具有不完全的花蕊，蚜虫则秋凉的时候便生下雄虫而营两性生殖了。可见两性生活是生命界中的常则，别的是例外的现象。

然而我们要问：生物为什么要有两性的呢？

这问题很不容易祥和回答，只是事实告诉我们，两性生殖实有利于物类的生存与进化。生物营两性生殖的时候，必有无数精虫向卵球进趋，其中只有一个最强最敏捷的精虫得与卵球合并而完成其受精作用，所以在受精的时候，已行了一次选择作用了。当受精时，精虫内与卵球内的染色体必重新排列，这种混合的作用，使一方面有不健全的性质时，由他方可以来弥补，或两方优适的主宰性的要素结合于一体，而得生下健全的子嗣来，这些利益都是单性生殖所不能得到的。所以两性生殖的结果，使种族更多变化而更优适。

生物既分两性之后，异性的个体遂显出种种不同来，如男子的有鬓须，许多雄鸟的有美丽羽毛、鸣声等，即称为第二性征者是。第二性征的发达时期，与体内生殖器官的发达相随伴，便是须入青年期才发育起来，所以与两性配合上很有关系的。

第二性征发育有很重要的意义，因两性个体上这种性征的不同，能以一种刺激给予异性的个体，引起异性的欲望，所以这是两性结合的媒介。许多动物学者告诉我们，多种鸟类的牝鸟能选择鸣声、羽毛最美的异性为配偶，其结果使其后裔愈加进于优美。动物学者虽说鸟类的鸣声美或装饰美，姿态美以及智慧等等，就或者只能给异性以更强的刺激，且不真有如人类的审美作用，但审美的起源于此，则是毫无疑义的。

但我们人的能够感到美，并非全因外面有美的东西存在的缘故，只因体内有能够发生美的感觉，这种能感美的灵魂，根底即基于性的作用而来。不特如此而已，近代心理学家告诉我们说，人类既是两性动物，一生当中的一举一动无不与性有关系。心理学上有所谓升华作用，经过这种作用之后，使性的本能升华为各种艺术而舒写出来。一方面在行为上，也因为是两性动物之故，所以能各个间发生关系，由两性的爱推广开去，而成友爱亲善及泛爱。照这样说起来，生物的平常生活，即求自身生存的生活，是自私的；使人生的生活丰富及利他的行为、自己牺牲等，都是由性的基础上建设起来的。

然而有一种事情，足以使人奇异的，便是平常生活的本能发育得早，而性的本能则须到长成以后稳发现出来。性本能之所以后来才发达，在生物学有很重要的意义。因为这种本能是在种族的继续，没有健壮的父时，决不能生养健壮的子女的；而在子女的养护上也非存健壮的父母，不能周密地保护他们；所以性本能的发育于壮年时期，于种族的健全上实有很大的关系；然而为了这个缘故，使许多人发生眩惑，他们以为只有谋个身生活的本能是人生正规生活所有的事，性的本能是添加出来的附属事件。一方面因认性的本能多少带神秘与秽亵，因此发生一种谬误观念，以为性欲是后来发生的事，只要加以隐瞒，自然就可以抑制了。

但这不是聪明的办法，所以结果是不佳。一方面虽然绝口不谈，性的生活也不以正当的道理教导儿童；别方面却很多津津乐道的老妪与在街头巷尾谈讲的不良少年。此外如不良的戏剧及秽亵的歌曲小说之颓也很多，随处可以诱起青年的好奇心，而起性官能的误用的。

性官能的误用这恶习不一，如手淫及不正当的性交或漫空起性欲的妄想及过度的性交都是。但我们要说明手淫与性欲频频冲动及过度性交之害，必须先大略一讲生殖器官的组成和生理，这些害处也容易明白了。

男子生殖器中最重要的器官是睾丸，这是裂造精虫的器具。小孩产生时的稍前，睾丸即由后控内降到肾囊内，以后便永远在那里了，所以与鸟类的攀丸永久在腹腔内不同。睾丸有细管上行进于腹腔，又下行与尿道通逆。此外又有三种腺，其管都与睾丸及尿道相通，即精液囊（Seminal Vesicle）、摄护腺（Prostate）和考卑氏腺（Cowper's Gland）。

睾丸是制造精虫的器官，前已说过。此外三种腺的用处也很重要。考卑氏腺能分泌出一种黏性液体，与蛋白相似。它的用处在中和尿道中的酸性物质的。读者应当知道那尿管有两种用处：一种在泌出尿液，一种是输送精液，与有些动物，例如章鱼属的以一双脚取了自己的精送到雌性的体中去是不同的。精虫的性质极其怕酸——所以醋可用作避孕剂就是这个缘故——尿管泌尿之后，不免有尿中的酸质留在里面，中和这酸质便是考卑氏腺分泌液的功能。摄护腺的水液中含有蛋白质和碱性的硫类，功用与质料都与精液囊里分泌出来的液体相似。当精虫射入腔内的时候，往往有数日的停留。而精虫在越近卵球的时候，必须剧烈地游泳。这时如要能力不衰竭，非有营养物及刺激物不可，这液体中的蛋白质便是给精虫营养用的，碱性硫类是刺激精虫的质料。

精液囊的分泌物虽与摄护腺所分泌的相似，但其分泌情形却很不同。睾丸、摄护物的分泌，往往须在性欲兴奋的时候，平时却是不营分泌作用的；精液囊却不然，虽在没有刺激到生殖器官，它也能陆续分泌出来，遗精现象便由是而起了。

遗精在青年期中是极普通的现象，并非病态的现象，这是一般青年人都所应该知道的。但青年往往缺乏此项知识，一见遗精，便发生恐怖与忧虑，不特以为疾病，有许多竟以为有性命之忧的。这种谬见盘旋心中，实在非常有害。遗精也有带病的原因的，例如遗精后不见有什么病的不快，不论一月或十日一次，或更密，都为青年的常事。按其原因，全因精液囊的分泌物多了，一方面受了激刺——激刺中最普通是膀胱的压迫。膀胱的地位在精液囊的前面，仰卧的时候，尤容易压迫到精液囊，故遗精也在仰卧的时候为多。精液囊受其压迫，它里面的知觉神经部传消息到脊髓的勃兴及射精中枢，于是阳具即勃兴起来；精液囊中分泌出来的液体遂溢出。这时也许会得引起梦象，所以又称"梦遗"。其实梦的发生毫不足异，一种器官的发生刺激，常能引起对象的发现的。譬如在睡眠中觉得口干，会得梦见饮水；幼年时候夜间梦在某地撒尿，而醒来见已遗尿床上；遗精时梦象也由同一的道理而来的。

生理学家告诉我们遗精的道理及医学家告诉我们说这是无害之后，也许有人这样想，遗精既无害，手淫也无非使精液排出，应当也是无害的了。其实手淫的结果与遗精完全不同，手淫是有害的。这点性知识，青年都应该有的。但如要说到手淫为什么与遗精的不同，却不能不一说睾丸内的分泌作用了。

睾丸制造出来的两种东西，一种是精虫前已说过，又一种是内分泌物（Internal Becretion）。内分泌物吸收在血液内，身体上有重要的作用，他能使男性的第二性征发现出来，并使筋肉强固。但一起手淫或性欲冲动的时候，便有这内分泌物少许同精虫分泌出来，后射出体外。精虫本是预备给卵球受精发育用的，是极重要的质料，无端耗消已很有损害于身体。内分泌于身体的强健上尤有极大的效用，所以消耗是非常可惜的。

因此手淫的结果与自遗全然不同了，遗精并不由于性欲冲动，不牵连及睾丸的活动的，手淫却是不然，所射出来的精液中富有活泼的精虫的。自遗的精液中虽然也会有精虫夹杂着，但其原因是因早先有性欲冲动所致。前已说过，睾丸平时系静止的，只有性兴奋的时候才活动起来而将精虫泌出，如果受性欲冲动之后，这分泌出来的精虫和带同出来的少量内分泌物遂停留在睾丸管内，下次遇遗精时，随将这精虫带出体外，因此自遗的精液中也会有精虫了。但那精虫是这样带出来的不是新成的，所以自遗的精液放在显微镜下看时，大概不见有什么活动，便是这个缘故。

只是手淫虽然有害，而在青年男子中犯的却是很多，这因为诱起这种恶习的原因非常多。所以蹈入这种恶习的人也自多了。其原因如官能的刺激，描写性欲的读物，不良伴侣的指导等，都足以引起；有时如温水洗浴时，也能引起性欲而行手淫的。习惯的养成正如美国霍恩（Horne）所说，譬如一张纸一次折过，有一折痕在上面，以后便容易折转了。手淫也是如此，一次两次以后便渐渐成了习惯，如果一直继续下去，不早戒除，很能使身体陷于衰弱，并且使性官能失其健全的作用的。这又是使结婚生活不美满的一个大原因；不但如此，此外如意志也会薄弱。平常健全的男子自有一种自制力，不易被性欲所诱起，若受手淫之害之后，性欲往往很容易诱起，甚至稍受刺激，性器官都会得勃兴起来，这又是容易引起不正当性交的原因了。

因此关于性生活的过失有两方面：一是因误用性本能而使自身陷于衰弱；一是因不正当的性交而成性的犯罪。但这所谓性的犯罪，不是法律上的罪，却是道德上的罪恶。现在法律上只有奸通有夫之妇，侵犯了夫的主权，方才有罪；如果和还没有属于谁的处女相通，法律并不科罪，只有道德不许可能了。至于用钱去买性欲，则法律不禁，道德也默然应许的。然而性伦理上却不然，用钱买性欲满足当然是一种极大罪恶，因为这是辱没人格，破坏恋爱神圣的行为，所以纠正前一种的错误的是在性的卫生的范围，指导后一事的行为是性伦理所有的事；这两事都是性教育的范围内应该说明的。

近代科学告诉我们说，这种性官能及性道德的病态的表现有两种来源：一种是遗传的，就是所谓先天的，有些人会得生而具有这样性质的；如缺乏自制能力、性欲容易密数或性欲异常衰弱等；一种是因环境不良，性生活陷于错误所致的。幸而先天具有性的病态的人并不十分常见，大概多数都是由于缺乏性教育的教训而起的，所以这种弊端很可以用正当方法来纠正。性教育所用的方法，简单说起来不外二事：一方面是防护的方法，如从幼儿期起，即当使小孩睡时两手不接触生殖器，衣服宜宽博不能压迫身体，早上醒来即叫他穿衣下床以及不令其饮刺激性的酒类，不接近不良伴侣，不看淫秽的刊物、读物等；一方面是教的方法，要顺着年龄；逐步教以性知识，以科学的态度教他知道生物中性生活的重要与神圣，性器官的剖解学生理的大要，要他知道这种器官的功能的价值；一方面再教以正确的两性道德的大意，使对于性的伦理有正确的观念。并且说明整个的生活里，一部是性的生活，性的生活不是比日常生活卑下的。这是的确的，正如霍尔博士（Dr. Hall）所说，心身的能力是我们最高希望和理想的基础，如果施用正当，能给我们大快乐和幸福，如果误用时，便是悲运和堕落的根源。

我们既说完性教育的重要之后，接着发生的问题，便是性教育应尽如何施教才好。但说到当用何种方法教这人生的大真理予儿童，这美的，奇异的，灵感的，高尚的真理，却很不容易。当儿童到五六岁年岁，便已惑自身来源的不可思议，所以儿童的第一疑问便是向母亲问自身是从何处来的。从前的青年母亲被小儿这样问，便茫然得有点不知如何措辞好，往往用了从什么地方领来，或什么鸟兽叼来的一类话来支吾。这种应对是否能够满足小儿的疑问且不说，即使能够暂时瞒过去，结果却是不良的。有时小儿见母亲生下小弟妹来，更使他奇异，常常引起他的追问："妈妈，这小孩子是从那里来的呢？"美国霍尔的意见以为母亲遇到这种时候，便应该老实这样回答："这小孩是妈妈生出来的，他是在妈妈体内，用了妈妈的血养大的。所以妈妈的面颊这样着白了，妈妈的手这样白而且疲了。"小孩听见了这话，必定觉得很惊异，然而他同时也觉得这是真实的。他看了母亲的面和手，再看了婴儿之后，他会得再问道："妈妈，我也是你的体内大起来的么？"母亲可以这样回答："是的，我的孩子，你也是的。你在妈妈的体内是妈妈的血造成的，所以妈妈这样爱你。"因为为了他，她费了她的许多血呢。霍尔以为这样回答，是以生命的真事情诚实地告诉小孩，他爱母亲的心也会得格外发达起来的。

儿童年纪稍大，大部分的生活在学校里了。这时候施性教育者，应当是教师了。所以谋这样教育的发达，当然先在养成教师，必须于师范学校先设关于性教育的各项科目，随后方能施之于小学校。在小学校中最好先令儿童观察蛙类的发育顺序，鸟类的孵育雏鸟等，使他们先知道这些个体的由来，及亲子的关系等。到了中等学校里，再从生物学里去教以更详细的性生活的真理，从剖解学生理学去教生殖系的构造与官能。随后再教以性的伦理等。关于教授的方法，现在限于篇幅与时间，不及详说，并且也应当由教授上比我更富于经验的人来说了。

（原载于《教育杂志》1923 年第 15 卷第 8 期，第 1—6 页）

现代性道德的倾向

　　男女两性，在政治上、社会上、生命价值上的种种不平等和歧视是很普通的现象，由这种不平等和歧视，遂有牢不可破的二重道德观念的成立。

　　在这二重标准的道德律之下，两性俨然有支配（dominant）和从属（subordinate）的分别。治理国家，主宰家事，服务社会，承认宗族，承受财产，为国家效力，奉养父母，这些都是支配性的男子的权利和责任，从属性是处于下位的人格的，她没有权利和责任之可言——要有也在最小限度——只有服从，恭顺，守贞操，是她的义务。这些是女性唯一的道德，中国自来认为天经地义，千古不变的常则的——不特男子如此想，便是女子也视为当然。

　　二重标准的道德观是这样子成立了。但是女子真劣于男子或生命价值低于男子么？不然他的原因在哪里呢？

　　许多自然的事实暗示我们说，在动物界中，群中的强有力而勇敢的，便有作领袖的资格。人群从原始时代相沿下来，也同样地以筋力为支配者的武器——这种趋势至今还是存在。女子因体力的不及男子，这就是处于劣等地位的一个原因——便是处于被支配着的地位的原因之一。在许多野蛮民族里，不特妻当受男子的指挥监督，即杀掉或吃掉也是很平常的事。这种事例，现在可以不必多举，只要看了本期妇女杂志上妇女的历史中所讲的新石器时代家族的情形，便可以知道女性怎样被支配于强力之下的一班了。（虽然也有民族，女子的体力很强健，他们中的主宰性为女子，而从属性则为男子的。德国佛财丁博士和他的姊妹麦替尔特佛尔丁博士（Mathias 和 Mathilde Vaerting）的《支配性》（*The Dominant Sex*，Eden and Gedar Paul 英译）里，便说在女子为主宰者的社会中，女子处于优越的地位，生女孩的价值也比较生男孩为高。但这些例子总是少数。然降低妇女的地位原因不止强力一端，此外尚有多种足为妇女的地位障碍的要素。月经的迷信，便是显著的一个。

像人类所有的月经，在下级动物是没有的，到猿猴类才显著。前代生物学家如圣息莱尔（St. Hilaire）、古维埃（Cuvier）都曾说过，多种猴类是有月经排出的。但因这种正常的生理作用，致影响于两性地位的，却只有不开化的人类——虽然这种迷信直得传染到文明人。有些野蛮民族认为圣神，重要的地方便禁止妇女入内（误入则须处死刑的），大概便因为女子有月经，遂被认为污秽的缘故。爱理斯说，苏里南的黑人相信：如走近一个在月经期中的女子是要遇危险，所以在这时候，她便独居隐蔽，以免祸人。如果她见人走近前去，她必须剧烈地呼喊："Mi hay! Mi hay!"意思是说"我是不清洁的！我是不清洁的！"古印度的立法官说道："男子如行近带月经的妇女，他的智慧，精力和气力，视力，生活力便立时消减。"爱理斯在《性的心理学》里引有两句古诗说：

> "阿！带月经的妇人，你是一个恶魔呦。自然的一切，都因她而隐闭了。"

这种思想，蔓延很广，于妇女的秽视是有极大影响的。（虽然有些地方迷信，并不认月经为秽亵，或者反以为圣神，如培伐利亚人说月经血可以避刀伤，可以灭火。诺斯士教派则说月经血中含有圣德。因此教会怕惧带月经的妇女，还不准她们与圣礼或入圣地。但无论被视为神圣或秽亵，对于妇女的身份的不平等待遇却是一样。）

妇女既有以上那种生物学上和心理学上的原因，以致蔑视为比男性低微的人类，弱者为强者所属有，是极普遍的事实；迷信有极大的势力，也是不可否认的，于是妇女的地位遂降在男子水平线之下了。从这两种原因上再加上经济的原因，于是妇女和财物等同，成为财产的奴隶了。有的野蛮民族因处女在经济上的价值较大，遂将自己的女儿在深密的房屋中圈着，以防失贞，有的则用"贞操带"锁住，以防和人交合，到了男子定去付款之后才去掉。在较进化的社会里，女子经济不能独立，生活须依赖男子，她便不得不顺从男子的要求，对于他的一切意志，不能不俯首听命了。

从以上三种原因的结果所产的两性道德的中心观念，总括一句话，女子是供给男子达到目的的手段。

这种不平等的性道德观念，现在这个还在流行，一般普通的人照习惯行去而不自觉，观者也极不以为错误的。譬如男子纳妾狎妓，并不惹人注目，而女子便是嫁给一个无论白痴，蠢汉，暴徒，终日酗酒赌博的人，无论她怎样不愿，也只能服从于他的指挥之下，如果和别人稍有关系，不特便干犯法律，即丈夫也存特权态办，社会也非加以攻击不可。这便因习惯视女子是一种并非独立有人格的人，她不得为了自己有精神上或肉体上的要求的。她只能给男子满足性欲和生养儿子！

女子既是给男子达到目的的手段，所以她应当服从于夫，有给他卖气力以生育小孩，和满足他的性欲的要求。这是她的义务。现在法律上规定妻有和夫同居的义务，这便是说妻应供给他的性欲上的要求的意思。法律又说女子四十以上无子，男子可以纳妾，更明显地说明生子是男子的目的，在男子的没有这种以为，便因性欲和生子的要求被认为都是男子的目的的缘故。如果男子情愿放弃同居的权利，不愿有小孩时，女子是不能有这些要求的。以女子为达到男子的目的的观念，是旧两性道德的精髓。

动物原是依着本能而存活的，他们饥时要吃，性欲动物时要求异性。他们求满足自己的食欲的时候，决不愿到被食者的生命权的，对于异性虽然也只想着自己的需要去寻求，但自然赋予动物有决定的交尾期，从双方的热情的吸引里去满足生理的要求，我们却不见他们有某一性为他性的手段的。在人间社会里，性的要求一方面已失去在自然界中的调和，而另一方面则存着这种谬误的观念，因了视女子没有自发的欲求，只是一种供人的泄欲器，所以强奸行为常见于人间社会了，这是对于自然的动物不能不有愧色的。

在女子方面，由此养成自身并非主人，却是别人的工具的思想，结果也是不良。她对于一切生活都是给人家服役，不是自己的事务，所以她是不负责任的。古来女性道德中最大的要求是贞操，但贞操并不说明对于她们自身有什么意义，只是一种女性行为的约束和罚则。从恐惧和压迫里叫她们遵守，这不特违背新道德的志趣，并且强迫的代人行事，也容易因人的诱惑而放弃的。

近代新性道德的兴起是给旧道德一个极大的革命，他的根本要求，即在认两性关系和生育子女，都是自己做人，其间并不能存有男子为支配者，女子为从属者的意义，也绝不是以女子为达到男子的目的的手段的。所以近代对于性道德改革上最重要的呼声有恋爱和婚姻合一；离婚自由和爱的创作；以及母性的自由。

现在我先讲第一。现代的恋爱和婚姻合一的观念，在性道德上遂非常的变迁。中国从来的婚姻是被动的，婚姻的成立不特由父母代办，并且是祖先承续祭祀的意思，将婚姻当事者的本身的地位看作极小，只有在婚姻以外的男女关系，或者有为个人自己的分子的存在，但这如出于特出的人才，也不过一些可供诗人吟咏和小说家描写的材料，如在常人则便认为秽亵和破坏的举动。今新道德的主张婚姻当以恋爱为前提，其中含有认婚姻当事者是个人，和自己负责的意义。尤其是将女子从被支配的地位，而攫升至和男子对等的地位。从个人以为的原因的结合，一变而为当事者自己为基础的结合了。

但婚姻为什么应当以恋爱为中心呢？本间久雄说爱伦凯之所以高唱恋爱的理由道："不但恋爱的当事者自身享受个人的幸福，并且因其间可以生质地优秀的小孩而举人种改良的利益，所以有恋爱的男女互相的个人幸福，即构成一种社会的价值。"（章锡琛译《妇女问题十讲》第30页）

第二所谓爱的创造。中国从来视并没有爱可以创造的，他们以为两性间只有性欲，而妻对夫的贞操乃是唯一的职务。被认结婚当以爱为基础，是近年的事，认爱情又是容易变迁的，这在中国更是最近认识的。英国加本德说："贞操决不能约束的，只可以每日重新地去赢得。""要使恋爱年年保存这周围的浪漫的圆光，以及这侍奉的深情，便是每日自由给予的恩惠，这实是一个大艺术。这是大而且难离的，但是的确得去做的艺术。"（周作人《自己的园地》第168—169页。）所以"结婚是恋爱的坟墓"的话，只是对缺乏创造力的人说的。如果到恋爱无可创造的地步，那么为了个人和民族的利益，只有离婚了。

讲爱情的创造中最足使人惊异的，恐怕是性欲的调和为有道德的需要的力说了。美国自称为人道主义者的落实逊医生，在他的结婚和善种学里，曾力说性欲不和谐的夫妇有离婚的必要。英国司托泼夫人更力说女性的性欲不是被支配的，为避免配偶的两人的性生活的可悲和不平，男子的性行为有应顺应女子的性的周期，和互相的满足的必要。

这样根据人的自然的说明，在性道德上有重要的影响，从此使人确实知道女子决不是"泄欲器"，她不是天生给他满足一己的性欲手段，两性的生活有为常人所不知的更丰富的意义的。

再次，美国山额夫人的产儿制限运动勃起以后，把女子给男子达生子的目的的手段的思想也动摇了，自来认负担生育的虽然是女子，但她的儿子却在供家族的需要和男子的所有。赖她竭力的宣传，使许多人知道无限制地，随随便便地生育子女的无意义和悲惨。为了个人的幸福和民族的进步，生育多少小孩，为母亲的应当有自由的权利。这便是所谓母性的自由。她力说为母性决不能作孵卵器看待，决不能被束缚着做机械母亲，因这是剥夺个人的幸福和破坏民族的进步的。

这种新说在性道德上更有非常重要的意义。从此人们遂认识生育是妇女的职务也是妇女的目的，并不是以女子为手段而达到为男子生子的目的了。

从以上几点看起来，现代的两性道德观念是根本的改变了，从恋爱自由的呼声中女子跳出两性关系中的从属地位而推为相对的人的结合；从爱情的性质被认识，和知道性欲的调和的需要里，将女子为男子的娱乐品或泄欲器的观念同时打破；从母性自由的要求中，妻为夫生子的工具的谬妄也不能存在了。

这样的新道德的潮流的到来，有着极长远的前因。他是由许多年的思想酝酿出来的。他的主要部分不能不归功于科学。赖科学的光明照穿神的命定思想和迷信，渐渐认识了人的自然，又从历史的观察上看出从前的性道德下产生许多不幸和悲剧，因此近代遂想用更适合于生活的道德律去替代旧的了。用人的自然去观察人生是极近代的思想，也是决不可否认的威权，由这结果，于是承认凡是合于人的自然的便是道德的，违背人的本性的便是不道德，这是现代"科学的人生观"下的道德的根本基础，近代性道德即倾向于建筑在这基础上面。

（原载于《妇女杂志》1925 年第 11 卷第 1 期，署名乔峰，第 22—27 页）

性道德之科学的标准

　　道德观念如饮食、服装、嗜好一样，它会随地不同，随时变迁，又在同时同地的社会里，各人的意见也会参差不一的。

　　讲述各地方的性道德的差异是有趣的事情。伟斯德马克的《人类婚姻史》里曾举出许多实例。有些未开化民族，两性间是完全没有约束的，习惯上毫不诧异，例如兰岛居民（Liue Islander）便认结婚是例外的事情，自由结合却是惯例。梅笛逊岛（Madison's Island）的少女不妨结识许多能够供给伊财物的男子，从中取得财物。又有些习惯，未婚女子得用这方法，以赚取食资。南美印度人的女子在结婚前的性行为是极自由的。

　　但未开化民族中并不都是这样，有许多地方，对有女子贞操的要求是很严厉的。墨西哥泼汗（Maxiean Tepehnane）的习惯，女子不得和家族以外的男子谈话，即在跳舞场所，如果青年女子和任何青年男子讲话，依法便当受罚。如果法官审的所讲是情话，那么两方须受鞭刑，并且强迫结婚。加立福尼的呼巴人（Hupa）不许成年的女子和一个男子坐在屋内或者户外同行，如果违背，当用鞭打。许多北美印度人，未婚女子的贞操都管束得极严。如果失贞便失却幸福婚姻的机会了。约枯脱人（Yakut）当至昼夜用"贞操带"（chastit girdle）缚束女子身体，以防和人性交。——虽然据说只要有人来定婚。已付一注或全部的身价。父母便不注意地管束了。

马笛逊岛人不特父母常纵女儿卖淫，即丈夫纵妻卖淫也不以为怪。有许多民族，常常叫妻去陪客同宿。算是敬客的仪式。彼此换妻的习惯是很常见的。亚各拉（Angola）黑人便是这样，交换一个时期后，仍旧交还，只算一种娱乐的事情。格林兰束岸的土人，赫德逊海峡（Hulson'Bay）的爱斯基摩人，也都有这种风俗。有些野蛮民族的换妻是一种友谊的表示，但有些是为了迷信，美国人类学家婆斯（Dr. Boas）说，上述的爱斯基摩人的换妻便是属于迷信这一类，是一种仪式。

但在另一方面，有许多下等民族，两性关系极妒忌而且严厉，奥音民族（Auin）如有男子诱惑别人的妻。常常被杀，女子则打一顿。西南亚梅朽的格拉阿人（Guarayos）如犯奸淫，男女都处死刑。富吉人（Fuegians）家内有女人，不许一切男子进去，除非未成长的男小孩才可以入内。

性道德因时代的不同也会发生各种变化，那是很明显的事情。西洋的婚姻情形，从《旧约》全书中便可以看出古代的时候，也如中国的可以因细故出妻。但到了罗马时代男女渐趋平等，婚姻渐变为自由。后来因基督教的影响，性道德观念遂又生剧变。视离婚为罪恶，结婚为不洁！这种观念直到近代，方才有失堕的趋势，主平等自由，以认为本位的新道德观念起来代替。不但如此，即在同时同地的人们，道德观念也是很纷歧的。中国今日的许多老先生们，还是主张男女应当隔别；婚姻不应自主；并且女子的节烈贞操是非常重要的。他们很神秘地以为民族的盛衰，社会的光荣都在女子贞操上。这在社会上现在虽还有着权威，许多中那班老先生的毒的人们也认为恋爱是最不名誉的事。（然他方面又以为男子被女子所爱是光荣，在女子却是耻辱）男子背弃妻子、纳妾，都可随便，而女子如和夫不合受虐待而出走时，是也不应该有容纳伊的地方的。但这样意见在许多有知识的青年看来是十分悖谬而不合理。因为他们找不见所谓礼教和家族制度及由这发生的性道德的好处在那里，而许多从那里产生的过失和悲惨，他们却是看到的。

然同在青年们中，意见也多不齐一的。去年本志征求不合意的旧妻可否离婚的意见，答者差不多是可否参半。对于结婚仪式应否废止一个问题，则男子大半主张撤废，而女子多半主张保存。再就近来所常见的已婚男子恋爱别的女子的问题而言，有的以为非和前妻已经离婚，不得和别的女子发生恋爱，或既和别的女子恋爱便当和前妻离婚；有些以为既和前妻感情不和，不妨另行组织新家庭，或者即和前妻并不伤感情只要与别人是真实的恋爱也是无妨的。各人的意见的不同如此。至于女子的意见，在已结婚的常常说已婚男子决不能再和别的女子恋爱，女子也决不可以恋爱有妇的男子；未婚的则是说如男子恋爱别的女子时，必须立刻和前妻离婚。

各地各代的道德所以不同的原因是很复杂的，但如上面所讲的个人的意见所以纷歧。原因却很了然。这不外各人的观点不同的缘故。人若以同时不得恋爱两人以上的一夫一妻的道德教条为前提，说同时恋爱两人是蔑视对方人格的，那么他们的判断遂说前妻存在而和别人恋爱是不道德的；这些人的观点从一方面认人的根本要求是正当，而妇女现时的经济地位也当顾到。因此他们以为如果既和前妻不和，如果自己不顾，男子决不能因别有所爱强伊离婚之理。所以养是男子的义务，要和别人恋爱与否却是伊的自由。至于说同时不妨恋爱决不发生道德问题（女子恋爱多人也是如此），至于有些女子的意见如上所说的，完全以主观的利害为标准，一看更是了然了。

（原载于《妇女杂志》1925 年第 11 卷第 1 期，署名建人，第 8—12 页）

性教育与性道德

前期本刊长青君已经讲过性道德这一问题的大要。但要求男女间的待遇向于平等、友好、光明等等的途径，必须有一个十分民主的社会，社会上的人们的关系是平等、友好、光明等等的。如果社会上的习惯地通行狡诈、欺骗、榨取、掠夺等等，或人对人的关系弄得好像狼对人那样，那么男女之间的关系，也难有和平、友好的希望。因为男女的关系，无非社会上人们的关系的一部分。这是就一般而言说，虽然其中也会有热烈的依恋，和同被剥削的人们中间却有平等相处的情形。但这里不是讲这一方面的问题，本篇目的是说明一点性教育的大要，如果知识能够帮助行为的话——应该是能帮助的——当然能够帮助性道德的进步。——虽然提倡性教育的本意不一定如此，大部分的原因还在于健康问题上。意思便是说性知识的灌输的主要目的，在于建立一个性卫生的基础，使人们的性生活得以健全。例如手淫能使神经衰弱，肌肉易于疲劳，结果便妨碍别的工作，必经设法防止，防止花柳病的传染，也是性卫生里重要一项。

但是性教育的内容所包含的一大部分，实在思想方面问题。虽然防止手淫的习惯，就目前的教育情形来说，重要的还是在家庭教育。这一习惯的传染，大都在年纪很小的时候传染的，这时候大都自己还没有什么主张。要避免这种恶习惯的传染，全靠管理他的人具有知识和方法，不给小孩有什么性的刺激，并有优良的娱乐和游戏，特别重要的是避免和喜欢教导这等恶习惯的人接近（有些年纪较大的小孩喜欢这样教小孩）等等。可是关于防止花柳病（梅毒及淋病等）的传染，主要的是思想问题了。除却在理想社会里，花柳病已经扑减，我想这是可能的，妓女及一切卖淫的事情已经消减。恋爱道德进步，人们已经不喜欢滥交和乱交了。这时候，自然不会有花柳病发生了。但目前的社会不是那样的社会，诱惑的势力很大，在这种情形之下，对于防止花柳病的传染的性教育，主要的方法不外乎把这等病的发生原因、传染路径、害处等等告诉青年人，使他有一种自制的坚决心，不去和不洁的异性发生关系。因而，这等毛病，除了人和人的接触外，传染的可能是很少的。

性教育中还有注重于除去对于性的神秘及秽亵的见解的目的，这也是关于思想问题的。直到现在为止，把性的关系及关于性器官的名词等等都被看得很神秘、粗俗或秽亵。平常不应该说它们，特别是上等社会的人士禁忌得更厉害。然而别一方面，这些话却常常拿作戏谑的材料。性教育的目的之一，便是要求把这些关于性器官及名词等改变态度，叫人平淡地看，科学地看，洗去一切神秘、秽亵的思想和态度。从生理学上看起来，生殖器官和身体上别种器官，只有用处不同，并没有高下、尊卑的分别的。旧习惯更扩大范围，上下的分别极严厉如称上半截身子为上身，下半截身子为下身，以腰为界。洗下身的盆不能洗上身。此等非科学的观念，必须打破。旧习惯禁忌说明于性的名词，实际上却说得很多，因戏谑的言语中是常用的，如果把附着在性名词等上面的神秘、秽亵等观念打破，变成平淡无奇以后，反而会少说了。

说到"反而少说了"，不是含有关于性的言语少说为是的意思吗？是的，多少含有这种意思。大都很平常的事情过多的讨论，不为人们所爱听，关于性的事情也是这样。这是照一般的情形而论，但还有特殊的理由。许多生理作用都是幼小时候便开始活动的，唯有性机能却不然，它要到一定年龄才渐渐活动起来。性的成熟的迟早，虽然跟人种、个人，略有不同。但环境的关系也极重要。一般地说，都市的青年比乡村的早熟，一部分的理由分明因为都市上性的刺激比在乡村里较多。通俗叫性成熟迟的人为"晚发人"，性成熟早的人为"早发人"，而且普通相信，即使晚发人不一定比早发人长寿，但常常衰老得较迟。这话不是没有理由的。这话既有理由，我们就明白了一件事情，就是性不宜促它早熟。对于幼年，少给它性的刺激实在是贤明的办法。这种意见并不成立于把性看作卑下的旧观点，却是成立于个人的健康这一观点上面的。这一观点是科学的观点，所以幼年教育的环境中。如果有人在叨叨不绝地谈论性，对于幼年（或青年）也是不大相宜的。

性教育和性道德密切相关联的地方很多，重要的还有：一点是阐明女性也有性欲，又一点是说明男女性在生育的分工上的真相，一直到现在为止，社会上多数人认男子为社会上的主角，女人（妻）只是副手。在性的方面也是这样，以为只有男人有性欲，女人却是供给男人满足性欲的工具，自己没有主动性质的。这种意见的来源是复杂的，一种原因由于性欲的真相大家不大知道，又一种原因是向着社会讲话的大都是男子，女子大抵躲在家庭里，只在和小孩子等讲话，她的话不大会传播到社会上来。还有，她对于自己有无性欲，又不便说明。还有原因，在多妻主义的社会里，必定要压抑，甚至否认女子有性欲，假使承认女子也有主动的性欲，而又认为是正当的要求时，岂不是一个男子管不住许多女人了吗？（指多妻而言）又岂不是寡妇再嫁也有理由了吗？这是和贞操道德相抵触的。所以旧观念必须否认女人有性欲。有时又觉得女人也有要求男性的样子。于是加上一连串，如轻佻、淫荡等名词以贬压之。淫荡等行动和男子的轻薄等举动相像，固然不是应该称赞的举动，不过女人和男人同样有性欲，却是科学的真理，此种真理的阐明，对于自来许多男女间错误观念的纠正颇有用处，不过此项知识，对于幼年及青年却不需要，只要年纪大的人知道就好了。他们自会向适当的读物上去找到，不用家庭中的父母劳心了。

性教育中，生殖生理（性生理之狭义者）的说明，对于性道德关系的确很重要。不但中国如此，欧洲也流行这种意见，觉得胎儿在母腹内长大起来，和种子在土地上长大起来相像，因此在生育小孩上，女人被看作土地，男子是播种者。农民要多种谷物，应当多有土地，现在既认女人为土地，那么，男人如要多生小孩，自然也不妨多娶妻子了。又土地有肥瘠的不同，于种植上，当然是肥沃的适用。中国古代女子不会生儿子可以离异，也就是从女人是栽培种子的土地这种观念出发的，土地不好，当然应该换过了。不过农人知道等很明白，植物的发育盛旺与否是和土地的肥瘠有关系的，但种子出芽不出，这是种子本身的问题。然而人身生理却比较难懂，不会生育的原因。虽然有由于男子的，可是常常归咎于女人了。不过学习过生殖生理学可以明白这道理，可以知道：在生育小孩上，男女生理学上的任务是相等的，必须一个精子和一个卵子合并，这卵子才能发育起来，变成胎儿。不过长大起来所需要的养料却从母体的血里吸收来的。此种胎生的方法，由卵生一步步地进化得来，生物学上可以找出进化的线索。母亲因为要供给胎儿滋养料，生理上负担就重大。这一重大的担负，常常妨碍到别种活动，和别方面的发展。女性可以说是牺牲者。生理学能够告诉我们生育上，在构成小孩的性质一方面，男女是平等，父亲的性质能遗传于子女，母亲的性质也一样能够遗传于子女的。所不同只是女性负担了养育方面的任务，这种差别是不能认为男女价值上有差别的理由的，性教育能叫人正确地看人生，叫人把男女平等地看，打破男尊女卑的观念。

狭义的性教育只指家庭中和学校中怎样把正确的性知识灌输给儿童

和青年。广义的性教育包括一切家庭，学校以外，关于灌输及纠正性知识及和性行为有关系的各种设施。有些对于性教育有益的作品、电影、戏剧等应当提倡，叫儿童及青年去看，有些作品等，成人看了毫不要紧，可是给正在成熟起来的青年看了会的确有害处，是不应给青年看的。我这种意见，完全不是从排持风化等旧观念出发，是着眼于青年的健康、快乐、幸福方面来说，他们应该得健全的性知识，但不要使他们有惊异、神秘的感觉，免得集中注意力去探究性的一切秘密。使他们仍然努力在学习各种学问，做各种运动等上面。所以，各种病态的描写性的东西是不宜看的，这于年龄上及各种经验上有关系，不是风化不风化的问题。

中国的风俗是在改变，思想是在进步，但在内地的有些地方，子嗣还是过分地看重。照他们想，祖宗的香火是不能断绝的，因此不能没有儿子，顶替香火。前几年某地方有一个疯子，疯狂得厉害，昼夜用铁索锁着，怕他杀人放火。他的妻子当然十分害怕，不敢进去了。但是她的婆婆每天恶毒地詈骂，说疯子还没有儿子，应该给他留下一个儿子。迫媳妇到儿子的房里去。这种出人意料的压迫和残酷的举动，主要是由于把子嗣太看重的缘故。还有不少的纳妾、重婚是由于没有子嗣发生的。这旧观念不打破，重男轻女的观念也就不容易打破。子嗣顶替香火的观念，在个人主义的社会里曾经被打破了一部分，但彻底的改革，却关联在废除私有财产制度上面，私有财产制度如果废除，老人由社会养他们，子嗣的有无自然不成问题了，于是随重视子嗣而来的纠葛也就消减了。

（原载于《健康家庭》1941 年第 3 卷第 2 期，署名克士，第 5—6 页）

性教育的几个问题

　　数年前，美国密尔根大学生物学教授格洛伟氏（T. W. Galloway）用问答的方法询问基督教公会的大学及女子大学的学生，叫他们把几岁意识到性的问题，此项知识从何处获得，及其结果的好坏等回答出来。他所举的问题属下列的六项：（1）到几岁才明白地意识到性的事情？（2）关于这事情的知识从哪里获得的？（3）从今日看起来，得到那种知识后，大概受什么影响？（4）如你们愿意，乞说明这种知识从何处得来的影响是好的，从何处得来是坏的。（5）你们觉得这种知识得自权威者及正当态度的，对于你们有益没有？（6）如果是的，那么怎样得来的？他的询问发出后，结果得到男学生七十人、女学生九十六人的回答，对于第一询问的回答如下表：

男学生

年龄	6	7	8	9	10	11	12	13	14	15	其余的
数目	4	9	8	8	8	3	11	3	7	2	不确定

女学生

年龄	6	7	8	9	10	11	12	13	14	15	16	17
数目	2	6	8	12	10	10	18	15	9	4	2	1

对于第二问及第三问的回答如下：

男学生

从谁得来的	数目	影响		
		良好	不良	无
同伴	47	1	32	4
父母	11	9	——	1
滑头医生	1	——	1	1
有名医生	2	2	——	——
学校教师	1（在班上）	——	1	——
小册子	1	1	——	——

女学生

从谁得来的	数目	影响		
		良好	不良	无
女同伴	57	8	26	16
父母或年长姊妹	27⎫6⎭	26	——	7
书籍	3	2	1	——
卖药的说明书	1	——	1	——

格洛伟的第四问，因答案不是那样简单，所以不能列表，但从各答语里可以看出，早年从同伴闻得来的知识是有害的。六人说自此对于此事引起一种病态的旨趣；十人说对此发生错误的态度；八人因此生不健全的观念；别有些人则因此"发生畏惧、沉郁、不愉快"等。但从良好的来源得来的，则觉得于他们有裨益的（此项回答以女子为多）。

关于第五问题的回答是：

性别	是	否	不确定
男生数	46	1	6
女生数	60	7	3

对于第六项问题的回答，格洛伟没有说明，但我们从以上的表里已可找到重要的观念，即男女孩在什么年龄已发生明显的性意识，又大约到什么时候已得到关于性的事情的知识，并且知道这等知识从什么来源得来的能有好的影响，又从什么来源得来则只有坏影响。①

但民族不同，则身体的发育年龄各有不同；社会情况不同，则关于性的事情的知识的来源和影响也许有差别，所以前项引用的表，只能给我们一个参考资料，而不能作为性教育上的根据。只可惜中国对于此项问题还少有人实地去研究——至少据我闻见所及的范围之内。唯我近来看到杨贤江先生的《中等教育与青年问题》上曾讲起和这问题有关的事。他在第四节上引舒新城先生就东大附中学生约一百六十人的调查，把学生的问题分作七类，第七类关于学生的性情及思想方面是：1. 性欲时常冲动；2. 喜与女性交接；3. 怕姻事不自由；4. 感受婚姻苦痛；5. 不善交际；6. 见了女子不善讲话；7. 好色；8. 不知人生究竟为什么；9. 烦恼；10. 深忧将来；11. 人生无趣。

以上十一项中，除了3到6等项之外，其余显然和性教育有关系；烦恼和人生无趣等，虽表面上一看似和性的问题无关，但分析起来，其根源往往由于得不到健全的性教育或性生活不健全所致。关于这种原因，这里不及细说，只好待下面再讲。只是前项调查的结果，不曾说明调查时系用何种方法得来的——是用询问法呢，还是用观察法的，或者别的方法。又譬如"性欲时常冲动""好色"等项，名词都是很宽泛的，标准很不确定的，例如由"性欲冷淡"（frigidity）的人看来，凡一切正常的人都是性欲时常冲动的，由禁欲的清教徒说来，凡居家的男子都是好色的，所以在我们不知道这些结论用什么方法归纳得来之先，只能得一个中等学生有此等倾向的模糊印象罢了。但杨先生又把近年来中

①　T. W. Galloway. Biology of Sex, 1913, pp.11—13.

国各地：北自黑龙江，南至琼州，东自上海，西至四川的中等学生，而且多数都是快近毕业时期的学生来询问关于生理方面的问题，分作十四项，此十四项中，来问关于性知识的居八项之多——如问遗精有什么损害，生殖器是否人体的最要部分等等①。这等问题依理说起来，中等学校将近毕业的学生应该已经知道的，然而现在竟要远道写信去问素不相识的人，这是何等不幸的事呢？我们从这些例子上观察起来，可以知道，性知识的灌输是何等重要而且急迫的事情呵！但性教育的重要，大概国内从事教育事业的人也已早经知道。我记得这个问题，在有一个时期已被旺盛地宣传过，《教育杂志》对于这个问题也曾出过一次专号，并且现在说起来，仿佛已经有些陈旧，虽然实际上和许多别的新学说一般，经过一次绍介之后，仍然不留一些痕迹地逝去，但其关系的重要，想来总已有多数人知道了。

原来性教育这件事，也和许多别的事情一样，实施起来不像理论的容易。因为它不仅是学校教育的事情，大部分的工作是在家庭里面的。据近代性教育研究者的意见，把儿童应受这项教育的时代分作三期。第一期称为儿童期；这又分篇两段：（1）前段从出生后到四岁或五岁；（2）后段从四到六或七岁。第二期为早青年期；这也分作两段：（1）从七岁到十或十一岁为前青春期；（2）从十岁或十一岁到十四或十五岁为青春期。第三期称为后青春期或后青年期，年龄从十五岁到十八或二十岁。在第一期的时代，施行性教育全在家庭里面，其责任差不多全是母亲的。到第二期，学校教师方分担一部分的责任。自此以后，学校教育的责任方才逐渐加重，而父母方面则仍然负担着重要的肩责。现在我依据格洛伟的分期，把各时期性教育上的实施方案及应解决的问题，在下面略略一讲，以便留心教育的人的参考和修正。

―――――――――――

① 《教育杂志》第 17 卷第 9 号，第 7—9 页。

（一）儿童前期，从出生到四岁或五岁。

这时候的教师当然是母亲了。所施教的方案是保护小孩的健全和注意于养成良好的习惯。这时应该注意之点，在于使儿童身体清洁。令其独卧，醒来即使他起床，衣服穿得勿太热，并不要束住身体。在队的时候，勿任其手贴近放置在生殖器近旁。但这时候最应注意的一点就是关于生殖器的各项名称，应当用科学的名词，切勿在初具知识的小孩面前任意用俗语的生殖器名称，尤其是带戏谑的态度和隐瞒的神气。这实在很重要的。

（二）儿童后期，从四岁到六岁或七岁。

这时期的教授者的大部分责任仍然在母亲，又一部分的责任则为幼儿园及初等学校的教师。应注意之点，除继续前期所应注意的各节之外，因小孩到此时知识逐渐发达，注意力逐渐浓厚，好奇心也逐渐丰富起来。所以在这时候，除却消极地保护其清洁和注意养成其良好习惯以外，更须用积极的方法去教导他们了。

所谓积极的教导的方法，便是用很自然的态度开始给予性知识的初步。据有经验的人主张，这时候可令小孩观察小动物的发生状态，如鸡卵的孵化、蝌蚪的变蛙、果实的生成等自然界的事实。在指导他们观察的时候，或遇必须加以说明的时候，教者的态度须很自然的、快利的，而避去迟疑忸怩的状态。这样，方才能使儿童对于自然物的生殖及发育觉得自然而不觉到有什么神秘。中国——其实也不止中国，别国情形也是这样——一般的因袭意见，以为小儿最宜养成他的羞涩，遇着关于生殖的事，学惯能够感应着不敢出口，最为要紧；其实这是大错的。或者有人以为这等事情如不禁阻，小孩将视为太平常，以为不妨谈讲的事情，而必将逢人便讲了。其实并不如是。小孩的要追问和讲谈都是好奇心使他如此的，如果他的求知的欲望已经满足，事情反忘记了；正如艺术家受创造冲动的驱使，觉得非写下一幅书或一篇诗不可，等到作品已成，他的情绪就完全忘记了。

小孩到这时期，求知心很是活泼的，关于性的疑问渐渐发生。其中常要发生而且常使青年母亲感到很难回答的疑问，莫如他的问："我从哪里来的"问题了——尤其在他遇见他的母亲又产生小弟小妹的时候。

这个问题，大概小孩到四岁就会发生，迟则到五或六岁间。因小孩所处的环境各有不同，又他的智慧的发达也有迟早。但愈是聪明的小孩，这等问题愈容易发生。要解决这个问题，方法只有这样：即由幼儿园教师或父亲或母亲视察小孩知识渐增，有发生此项疑问的可能的时期，可以就环境的便利上，指示他观察兔儿及鹤等等的孵育的情形，并且将幼动物的来源向他说明；说幼动物都是从一个蛋里出来的，人也是这样，当初的卵就在母亲腹内，后来养得成小孩了，乃生下来。据性教育研究者的主张，这时可以简单地查一解剖图给小孩看，告他动物幼时和人一样，都住在子宫内，后来从腔生出体外来。用很正当的态度来说明，不但全无损害，而且于小孩极有益处。普通人以为不能对小孩说者，因为以为小孩听了必定要诧异或生不良的结果的。其实不然，小孩是天真烂漫的，和在男女有别的礼教下发育起来的成人不同，他至用坦白的态度去接受一切真理的，所以告诉他这种自然的真理，乃是十分适当，并无危险的。

据斯拖泼夫人的意见，以为将这个重要真理告诉小孩的时候，便是在四岁到六岁间也已经迟了些，伊以为最好是在两三岁的时候就讲给他。伊恳切地说道：

> 关于小孩对于他的性器官的态度最初的教训，关于人类的产生的最初的说明，应该在他只有两三岁的时候给予他；伴着别的教训给予他；虽然他因为太幼稚，不能理解这一部分以上，但他长大后足够理解一部分了。在适当的时候，严肃地授

予单纯的教训，即使在小孩能够真实地记忆之先，会得印刻在他的心的组织上面。这样，小孩的倾向从一直起头就对着真理和虔诚的理解方面。①

并且伊又说，对小孩讲他要知道的真理，只一回也许是足够了！"当小孩大概到了十二岁的时候，大概还要发生成串的质问。"这时讲解倒要感到困难了。

但小孩除了以上顶重要的疑问之外，此外还有问题要发生。这问题便是男小孩和女小孩属什么不同，和父亲在生殖上所负担的职务。大概小孩到四五岁的时候，他或伊就会看得出人有两种，一种是男人，又一种是女人。因为小孩对于大人的言语及举动之间是时时注意着的，他会觉得人有这种区别；又他分明地觉得一家中的兄弟姊妹，衣服和形状也都有分别。所以小孩到知识初具的时候，早就觉得这差别了。在幼儿的性教育上，打消他对于这事情的好奇心，也是很重要的。那当然，在这时候不必就详细地讲给他知道两性的区别和在生殖上分担的职务，但要使他不致把这问疑存留在心中，就不得不随时指导他观察较高等的动物的雌雄，使他觉得自然界中各种生物都是这样的，他就不会觉得奇异了。总括一句，就是须用正当的方法使小孩对于问题的注意力疏淡，指示他常看到动物也有雌雄之分，就是谋达到这目的的手段。

最后一个问题的发生，时候较迟；这个问题虽然从不见小孩会明白出口询问，但他心中却会模糊地感觉到：男性在生育必有什么一种关系。而且家庭中养鸡的很多，街上游行的狗也不少，他们交尾的时候，小孩随时会看到。若到小孩对于这事好奇心已经起来的时候，解释就感到困难了。最好的方法，必须先有预备，即在小孩的知识未发达到对于

---

① 胡伯懇：《诞生的话》，《妇女杂志》第 11 卷第 10 号，1673 页。

此事会感到奇特的时候，先行灌输给他关于受精现象的知识。封熙卿先生译的山额夫人的《家庭性教育实施法》中，会讲起怎样把花粉受精等事情讲给小孩听的，除了这种方法以外，是没有更妥当、更简便的方法了。那自然，灌输这种知识的基础时，不必把父亲和母亲的性的关系讲给小孩听的，只要把生物学上两性关系的真理教一点给他，他到后来自然会理解，而且不至于起惊奇的心了。

（三）前青春期，七到十或十一岁。

这时期的教师仍然是父母及学校教师，在家庭中除继续前期的注意和保护之外，这时候应当注意地给予有趣味的儿童看的书画及指导他游戏。他的生活必须使他活泼，大忌静默，并且要奖励他运动，以消耗过剩能力。起床、就睡，都须规定一定的时刻；这样，小孩就床便熟睡，早晨醒来也便起身。这种条件不特在男孩为然，在女孩也当同样地应用。在学校方面，这时候应当注重自然研究。并不只照书本上，最重要的是在叫小孩培养植物及动物，指导他们观察自然的生活及发生的情形。一方面又有注意体育上的指导；大概小孩在这时期，都想望便如大人一般地长大和能干的，你们只要看小孩的脾气：如果有人说他长大和能干，无有不高兴的。所以在这时期，教师指导他们运动之外，按期地称量他们的体重，量他们的腰围及胸廓等，告诉他们比前一期长大得多少了。他们便非常喜欢，自然格外注意于自己的发达上，这不特于身体的发育上有益，在性教育上也有极大的功效。因篇引他们的注意集于这方面是可以防止他蹂躏身体的举动的。

（四）青春期，从十或十二到十四或十五岁

人生到这时期是一个极大的转变期，是蝌蚪失去尾巴，变成青蛙跳上陆地，或蛾蝶破壳出来，变成美丽的成虫的时期。人的许多良好的习惯须在这时期养成，尤其是关于性生活方面的行为。所以性教育的设施在这时期也更加复杂而且困难了。

人类到青春期中，身体虽未长足，而性的官能却渐渐活动起来；女子则有月经来潮，男子有遗精会得发生；又手淫的恶习也多起于这个时候。少女因为性的无知，受月经初次来潮时的惊恐和缺乏正当的摄卫，常足为后来歇私底里等症的根苗。男青年因不明瞭性的生理，对于遗精的自然的现象，往往疑笃重要的疾病，途致精神沮丧，如成了沉重的抑郁症的所在多有；至于因手淫的习惯而致身心两方面均受极大损害的也是很多。所以青年到过危险时期，性教育的重要是十分明了的事情。

但到这时期，因为性教育上问题的复杂，故施教的人不得不分工协作了。在学校方面，除了以上各项设施之外，应当加重生物学、人身生理等科的分量。讲人身生理，如果和动物生理解剖相衔接讲到人体的生殖器生理的大要时，青年决不会受到怎样刺激的。我以为中等生理学必须完全的，这便是说决不应该只讲运动、消化、神经等系统，而独独把生殖系统略去。并且最好把生理学教材略略倾向于生物学的态度，可以不必探病理学的和纯粹生理学的态度。所谓当取生物学的态度云者，便是应当把人体看作自然界中的一个机体讲，在适当的地方，可以参考反应、感觉等心理状况及适应、求生等道理。

讲到生殖系统的时候，可以连带地讲遗传进化及种族保存的意义等等。并且可以不必太注重于解剖上的记忆及物理化学上的说明。这样讲法，在青年趣味较为浓厚而且格外"impersonal"的时候，自然会感到所讲的是超个人的普遍的原理，而很少会得到激的。用这种态度去教给青年的，原只是两性生理的大意，而且也不必过于详细的。但青年到这时期还有各人的殊特问题，如男子的遗精与手淫之类，及女子月经等事；这些问题最好是由父母或年长的亲信的朋友去担任。

生殖器官已发长的青年很难免要遗精的，或者一月一次，或者一两个星期一次，虽各人不同，但如果没有伴着生病的现象，并不是疾病。所以做父亲的对于儿子，应当使他们知道这种自然现象。如果父亲能负担这责任最好，否则，由族中别的长辈或信托的医生也可以。我会听到某生物学教授说，青年得自医生的教训的结果很良好，因为他的学识和职业上有一种威权，足使青年听信和服从。不过这当然是指高明的医生，庸医和江湖派的医生自然不在此限。其次说到手淫，大概青年男子犯这毛病的极多，但如照上述的防范和教导，多少可以减少他的机会，不过不能说一定可以免除。所以据格洛伟博士的意见，以为对于发育起来的孩子，应当向他说明生殖器的勃起是自然的现象，令他不必注意他。这是可以减少他的好奇和玩弄的。

前面已经说过，自然的遗精是无害的，但手淫也同一出精，何以便会有害呢？这原因是如此：遗精是自然的调节，是因生殖器里面分泌的质料太多了，才排泄出来的。手淫却不然，他是并没有排出的需要而强使他出精。据有研究的医生说，在精液十分充满时偶然一度的手淫，实际上确也不见得便有怎样的害处，不过不能说全无害处而可施行者，因为一两度手淫之后，极容易变成习惯的手淫，而习惯手淫则是十分有害的；心身两方面都要受其影响，而使心身发育不良。

如果小孩已犯手淫，其实只要加意地指导和加意于有益的训练，也未始不可以纠正。不过教导他们的话必须是合科学的真理，吓唬和诓骗都极有损害。有些初成熟起来的青年犯了手淫，本来很容易改好的，只因听了手淫怎样有害，或于道德怎样亏损，他倒而不想学好了。

对于女孩的注意，当然是母亲最为适当。伊应当时时留意伊的女儿；看伊项颚胸部的发育情形，及留意伊的腋下有无毫毛出生之类。在聪明而受教育过的母亲，自然能知道伊的女儿的身体的发育程度。这时不特可以随时给伊卫生上的帮助，并且察得女子将有月经来潮的可能的时期，应预先告知伊生理上必有的过程，及月红来潮时的摄卫和处理的方法等等。我知道有的少女初见腔道出血，竟有吓得哭叫起来的，这实在是极大的不幸的事；仅仅只这一吓，原没有什么大不了的事，只是后来不良的影响常常会得从这等不幸的状况下面产生的。

（五）后青春期，从十五到十八或二十岁

到这时期，青年的男女多已入高等学校或大学，在家庭的时候少，在学校的时候多了。家庭里面遇有机会，父母仍然给予有益的指导外，大部分的教授方面的事情，则都在学校中了。这时候的性教育的方针已不重在性知识，而在使他们对于两性关系，恋爱有正确的观念和合理的行为了。所以这时候青年学生所受的教训，应当不是一般的性知识，而是广义的性伦理。不过我之所谓性伦理，并不是叫道德家立下条律，说男女交际必须怎样，结婚必须取怎样方式等等，由一个教员如从前的学校里上修身班一样，去讲给学生，一面叫学生规规矩矩危坐听着。我的意思是说学校对于年龄到这时期的青年，应当立一课程，把恋爱的意义、婚姻进化的历史，人类进化史等大要教他们，使学生能从这里自己去取得一个关于恋爱、婚姻、家庭等最进化而合理的理想，并且了解两性关系的意义。一方面再把娼妓制度的历史，和他在社会上的悲惨的影响及花柳病的病理，及在个人和种族的健康上的关系说明一个大要。最后再讲一点优生学，把他们对于婚姻的观念。从个人的出发点扩张到未来民族的健全上去。据我的私见，以为如果教育能够这样做去，将来人生的幸福一定能够增进不少的。

这种计划并不是新的，因为我前年在《晨报》副刊上做一篇讲到试验结婚的文章，有一位先生就说我的话过于新奇，所以我特地在这里再申说一句，这并不是新奇的意见。美国哈脱先生告诉我们说，美国早在三十余年前有一位名叫华尔寇（J.B.Walker）的，对大学有添设恋爱研究讲座的请求；二十余年前，著名心理学家哲姆士到威尔斯去讲演，对女子们说，教育的目的是在使伊们能够知道一个好男子。但大家对于前者是加以讥笑，对于后者也很觉得滑稽，以为他老人家是在说笑话，可是近来听说加里福尼大学已决计要实行这个理想了。——添设讲授恋爱研究的讲座。我们明知想望中国实行这种理想还差得远，但却不能不在这里说一说的。

我现在又回转来说到前面讲过的事情。前面我会说及杨贤江先生在那篇《中等教育与青年问题》上所引的就东大附中调查的十一项学生的性质，我说除3到6等项之外，其余都和性教育很有关系；这话读者见了也许要起疑问：好色及性欲时常冲动等也许和性教育相关，但烦恼、深忧将来及觉得人生无趣等等，何以也会和性教育有关系呢，这话未免欠妥当吧？固然，我不会亲自去考查过那些烦恼、忧郁的原因究竟如何发生，不能十分自信地确定，说那些都是因性教育缺乏的缘故。但事实上却是这样，照普通健全的青年讲起来，除却曾受了重大的刺激之外，普通总是快乐的，绝不会深忧将来，或甚至感到人生无趣的。这等现象只有在将近衰年的人才会有，并不是生机盛旺的青年所应有的现象。青年阅历未深，又未曾受过几多挫折，人生无趣的感情更不容易发生。我们只在有经验的医生的记录上可以看到，许多人的忧郁症都起于性生活的不和谐：如结婚生活的不和谐、过于禁欲、手淫过度等等。结婚生活的不和谐能使人陷于沉郁，这是极明显的事，可以无须再申说；禁欲从生理学说起来是无害的，但如出于禁欲主义的禁欲，却于心理学方面会发生损害，他会感受到不快和烦闷的。习惯的手淫，则很明显地能减少个人的果断、教力及陷于沉寥。所以我们虽不是直接知道青年的烦恼、深忧等等究竟起于什么原因，但可以间接推知这些现象和性教育问题不无关联的。青年如果多数都是这样的在那里烦恼深忧和觉得人生无趣，对于社会的进步上的损失是如何呢？

我觉得青年的性教育是教育上最重要的问题当中的一个，所以也就顾不得自己学问的浅薄，想在这里说一点意见。我的希望，自然还望有专门研究大家出来研究和讨论这个问题，并且能够在最近的将来便渐渐实行起来，使青年有明白的性的知识和养成健至的身体和精神，这才于社会的进步上有裨益。

（原载于《教育杂志》1926 年第 18 卷第 5 期，第 1—10 页）

性教育运动的危机

性教育运动的由来不过数十年的事，为了拥护进化说而和旧势力战斗最烈的赫胥黎氏所著的《生理学》（*Elementary Lesson of Physiology*）虽讲一点发生学，但没有性的生理；美国马丁博士（H. N. Martin）著的《人身》（*The Human Body*）是更专门的著作，有两种版本，一种是节去性生理学一部分不讲的。从这些地方看起来，可见在那些书出版时，性知识的灌输还行不通哩。

人的性器官的官能与组织如有缺陷，便为残废不完全的人，但知识上，这种不整个的生理知识教了许多年的青年。便在近年，一般人对于性知识的研求还认为少数人的特别的权利。据派美利氏的著作中说，纽约通俗图书馆便是这样，不特关于性的书，便是若干关于精神分析的名著，也都编为第六号书，关锁在别一间房间里，须认为有看这书的资格的人才得放进去看，其用意，据说是防止"好淫"。（见 *Personality and Conduct*）

但今日已明白知道，许多的悲剧和不幸都是起于性的无知，并且事实显示出来，性的无知实为实现更合理的性的生活的最大障碍。于是欧美先进国有医生、科学者及思想明白的教士相继加入性教育运动之中。

方面有许多，有的在努力灌输狭义的性知识，目的在使青年对于性器官和行为知道卫生和节制，希望花柳病的传染，及不负责任的性关系可以减少些。有的在努力广义的性的教导，泛讲性的真理和恋爱的意义等等。又有的在抨击性的神秘的、猥亵的观念和偏见等。希望对于性这件事大家能够光明洁白、自然地看待。把这等各方面的运动综合起来，称为性的光明运动也未尝不可。

中国因为缺乏专门学者和热心于为真理作战的人们，所以性的光明运动的到来，也比别的文明国迟而且缺乏声势。不过话虽如此，前几年也曾经有人提倡过，许多比较先进的杂志上有时也常有这一类的文字。记得有的杂志更出过专号，以示这问题的重要和有意义。所得的成绩虽然不能说怎样可观，但至少有一点是不能忽视的，即近来已有许多人承认性知识的灌输的重要，并且已不复当他怎样的猥亵看，知道是可以公开讨论的问题了。至于更远大的成功呢，那自然依靠从事这项工作的人的努力了。

但所谓性教育运动是极不易的工作，第一对于所讲的性知识须十分真实的，不宜遇事夸张，夸张不特容易失实，且夸张与缄默实为一事的两面，将招到同样不良的结果的。

第二讲两性关系的问题时必须十分科学的、人道的，不应含有宗教的禁欲思想和偏见，但同时也不得有导淫的色彩。关于这种问题，专家讨论得很详细，这里恕不详说了。

但不幸得很，几年来国内关于性知识的出版物中，有的是含挑拨性的，有的所讲的事情并不真实的，又有的或者竟是改头换面的淫书。这且不在话下。最甚的，若举例来说，更有自称哲学博士，洋翰林的张竞生先生的关于"性育"的种种著述。第一，他所说的不合真理：例如他说卵珠是随第三种水下来的话，就没有科学依据；这不必用近代性生理学上的道理来反驳，因为你如说出来，他横直不相信，反而好像弄错是荣耀似的会得说你太把科学"依样画壶卢"了。现任只要仍用他自己说的话来比较一下，看是否通得过去？张竞生君既承认卵珠是随第三种水齐来的，但又承认一月只排出一次。然则那一次的第三种水下来时齐来呢？假使如张君所说的某君能每晚令女子弄此种水二十次，那么不是丢五百次水中（以二十五日计算）只有一次是有卵珠同来的么？何以和其他的四百九十九次就没有直接的关系？又许多性能力极弱的人，即使女子不排出第三种水也能受孕，又如何解释？罕巴达博士（S. Herbert）言精虫即在阴户口也有进去和卵珠合并的例（见 *Physiology and Psychology of Sex*）又何以解释？据张君说是有"联珠式的证明"的，什么"卵珠成熟与排出期通常与月经有关系，而月经又是性趣的最高表象，性趣与第三种水又是同源，由一连三，以极逻辑的推论而得上的推测"。这种推论或者在自称哲学家兼艺术家的以为可以，但非哲学家也非艺术家的我却以为不。可我觉得有事实可凭的当尊崇事实，事实上如没有卵珠和第三种水齐下的明证，光是说些"关系""表象"和什么"同源"是无济于事的。又据我所知道，逻辑上所得的断案和"证明"不同的，张君说是"联珠式的证明"，我还有什么废话可说呢？

其次，性知识的说明是须十分科学的，今张君所讲的不合科学，他说性部呼吸的结果可以使阳具吸高粱酒，我们姑且不问叫他吸高粱酒的意义何在，现在只问他事实是否可能？按男子的性部，阳具之外，只有睾丸，考卑氏腺，摄获腺等几种腺和其输送管。不学科学的人大抵也会知道若要呼吸，必须有纳容气体出入的空腔，和能张缩为条件的，今男子性部只有这些腺体，并无可与肺相比的空腔，何能呼吸？或在张君以为膀胱只要加以张缩是能呼吸的，即使此种修炼可能，那么也是膀胱的呼吸，而非性部呼吸，膀胱在生理上属泌尿系，何能与性器官合而为一。

再次，张君借"性育"为名而讲道士思想的修炼，他说："丹田为居于脐下及男女阴户上的位置，我国道士和尚们最讲究修炼丹田……若从我们腹式呼吸修养之后，自能操纵欲火，以遂人愿。"（《新文化》第35页）

"……丹田呼吸因其去腹间仅一间，而且有一班道士及和尚们试验过，自然也可相信，独对于性部呼吸一项未免说得荒唐……今于下头略举例以证我说——，有熊某先生者能把他的阳具吸入若干高粱酒。由此说来性部呼吸本是常事，可惜人们无用功夫去练习。"（同上第36页）这种主张是否合理，更用不着我说明了。

因旧的贞操观念是有打破的必要的，但同时女子是供男子娱乐的器具的意见也应打破。今张君讲失贞不重要的问题时，不用更合理的话来说明，却说男子的不必追究女子的既往，是在于"交媾的快乐不在处女而在于女子的老练！"是在于新娘能"再安排新生命为新郎享用！"（《新文化》65页）岂特浅薄而已，简直谬误不堪！

前面已经说过，性教育运动的结果不无稍微的成绩，可是在别一方，阻力也很多；不是今日有地方上的权威者在禁止性知识的书籍，便是明日又见方士的不人道的思想驱使堕落的人们行什么"采补"了。诸如此类，不一而定。但幸而这等反对势力的来源是很明了的，禁止性书籍的，我们知道出于顽固的官厅，行采补的我们知道是出于方士的行为，此外把性视为猥亵、下作的人，我们知道他们是未经教育或已退化的人们。唯有张君作这种性的反光明运动，却很容易使一般人眩惑、盲从，因为他说这种不合理的话的时候，是挂起"新文化"的招牌，戴上洋翰林，哲学博士的头衔，套上"常识家""哲学家""艺术家"的面具的，有时更"科学科学"地叫着，如果你揭破他的错误，他立刻会得这样说，正因为不合近代科学，所以更超人一等，以夸张他的了不得。就普通社会而论，自然有独立判断的人少，盲从的人多，张君利用这种弱点，假了新文化等等好名词去灌输他的好科学，"道士试验过有效的丹田呼吸"最坏的性部呼吸，以及认女子为娱乐器的这种落后的思想。这种势力才真正是性教育运动的危机，性的光明运动的厄运！

（原载于《新女性》1927 年第 2 卷第 2 期，第 6—10 页）

第五辑

家庭教育

离婚问题释疑

前清末年，自由平等之说，从欧洲流注到中国，于是有许多老前辈都大惊小怪，诧为奇闻。他们以为自由是教人不安本分，平等是教儿子打爹骂娘，他们的根本观念，大概以为人若去掉束缚必流于放纵，不知道亲子之间可以互相不打骂，只知道如果父母不打骂儿子，便要被儿子打骂了。到了近年，他们对于这类名词，已稍稍听惯，也渐渐觉得无害了；不料现在又发生一个离婚自由的名目，于是又引起许多人们的惊愕。他们的根本观念，正如上面所说，肯定人性是坏的，如果婚姻说是可以自由解散，则道德必定要堕落，风化必定要败坏，男女必定要芬乱；要是夫妇有怄气、争斗、背弃、私通以及谋害的事，这也是没法；男子宿娼纳妾，则更不算什么重要，只是夫妻说可以自由离异，总觉得有些不可。

但是我们应该知道，离婚这事是自古有的；社会上一旦有了结婚的仪式，便种下离婚的根苗了。婚姻只许结而不许离，就是从神的意义来范围尚且不可能，别的更不消说了。而且中国记载上，尽有些"圣贤"的离婚事情，常人离婚的当然也有，不过轮不到有记载的价值罢了。但到后来——唐朝以后——一班宋儒鼓吹妇女的贞节，痛恨妇女的失节再嫁，于是弄成社会上没有地位的女子，一被离异之后，生活愈难，出妻的惩罚，因此也就觉得重大，不便以细故出妻了。

所以离婚在历史上是从来有的，不是到了 20 世纪刚才发生的问题。不过古今有一个很不同的地方：古代的离婚，只有男子可以出妻，只有家族可以出媳妇，女子却不便自绝于夫，不便向家族自行求去；只有法律上认为义绝的须强制离婚；只有两造离异之后，男子可以再娶，女子只能归宗守节，不能再嫁！现在的离婚观念是说不但男子可以提出离婚，女子也一样可以提出离婚，男子离婚之后可以再娶，女子离婚之后也一样可以再嫁；只要两造没有恋爱，或恋爱失亡，也可离婚，更何必待谋害、通奸等事实现之后，始成为离婚的理由呢？这就是古今离婚观不同的地方，然这一个不同点却非同小可；这实是由家族主义而转为个人主义的一个大运动。

因此今日的离婚问题，也可以说不是婚姻可不可离的问题，是应该不应该平等而且自由的问题；在今日的中国尤其是要怎样离婚才能使两造，如有小孩则兼小孩，都不陷于困苦的问题。若问离婚应该不应该如前节所说，只要问人类应该不应该自由平等和谋个人的幸福。近代的思想，往往使人有这样存想：我们此刻已不是讨论应该不应该自由平等的时代，我们现在是应该讨论我们应该怎样享用这自由，我们如何可以得到平等的问题。如果这种思想是有理的，那么，应该不应该离婚，离婚应该不应该自由平等都可以不必讨论，所要讨论的只是要怎样离婚才能顾全双方或并小孩的幸福，不背于新的道德。

这个问题，我们以为极其重要，譬如讲自由，只要我们应该、怎样享用这自由的问题得到正确的说明，自由的真义便愈加明白了。但是这次论者对于离婚问题所发表的意见，所论的多是前部，是婚姻应该不应该离异，或可不可以自由的问题。这不过因为还有许多人在那里反对离婚的缘故。

　　说应该离婚的意见，大约有两种：一种以为不是由恋爱的结婚，或结婚之后不发生恋爱，那自然应该自由离异，一种则以为便是由恋爱而结婚的，到了恋爱破裂的时候，也应该离异。但是主张后一种意见的话，就比较的少，因为说恋爱也有破裂的时候，是多数人所不喜欢说的。

　　反对离婚的意见，就思想较有系统的而言，至少也有两派：一派是绝对信从旧道德的，他们根本上承认人类只有动物的肉欲，不承认人类有什么精神上的契合；他们以为恋爱与肉欲不过名词上的不同，内容实在相似。人既只有肉欲，又不可教诲的，那自然非被治不可，如果拿开旧道德的范围，人的行为就要放荡不成样子了。至于宿娼纳妾，在旧道德上不算什么一回事，通奸等事则还因为约束的不严。一派是借口生物学的原理为反对离婚的理由的；这一派的意见，重视生物繁殖，种族，而蔑视人的心理学上的原则。因为家庭在生物学上的意义，是养育幼子的机关，所以生物学的保守派以为解散一个家庭是不可以的事。这派的论调所偏的地方，单看得人与动物的同点太清楚，把人与动物的不同点却忽略了。而一方面又认一切家庭都是好的，忽视不幸福的家庭的苦痛和平常也有堕胎、弃婴等事应如何补救，但说婚姻总不可解散，否则这类事情必要增多。人原是生物界的一分子，人的生活法则也就是全生物界的生活法则的一部分；但全生物界的生活法则本有多相，人有理性的要求，尤其是与人类以下的动物的不同处。动物的婚姻，有杂婚的，有一雌一雄偕老的，形式原不一律。人类应该怎样，还须凭人类的理性的审判。古代把鸳鸯的配偶来做人类配偶的理想，这是把动物的模范来教训人类的一个旧例。但存自然界中这种配偶的可嘉，也就在那自由无拘束的自然中，能长保其爱好。若用什么约束强制这种形式，那就失掉本义了。

　　总之，中国近年来就离婚观念的改变而言，是一种极大的变迁，是家族主义渐次破裂而趋向个人主义的一个运动。这是随思想的潮流而来的一定的趋势，势所必至，阻遏无效的。要使这种潮流无流弊，也就不应阻遏它，或用牵强不圆满的道理对抗它，只能在个人方面引导人们对于离婚这事有正确的伦理观念。婚姻既因为不幸福而离异，不可因此而使他（她）更陷于苦痛，而一方面不违背自由与平等。紫瑚及沈雁冰两先生的论文，就都是由这观点上出发的。但就这些观点上讨论起来，便牵连社会问题的全部，这是何等繁复重要的问题啊！

（原载于《妇女杂志》1922 年第 8 卷第 4 期）

旧家庭制度的破裂

　　中国向来的家庭是合居的大家庭制度，祖先崇拜和家长专制，是其特色。但这种制度，不适于现代生活，已渐将破裂；有许多事实显示我们，旧家庭实已在破裂的途上。

　　一种事实是近来青年反抗亲权代办婚姻的增多，稍自觉的青年，近来渐渐认识了婚姻的真义，觉得如牛羊一般的任牧人牵拢来配合是不合理的办法；为了尊重自己和配偶的人格，当然必须待自己知识经验成熟以后，等遇到可以协同建设家庭的对手随后再来建设。虽然有些青年从亲权底下逃将出来，因挡不住四面的压迫，依然中途折回，到旧家庭中过中世纪的生活去，但旧家庭制度的根本，究已动摇，不能永久维持了。

　　又在女子方面也有与上同样的事实，但女子的谋生活的能力，差不多尽被旧制度所剥夺，所以敢和家庭反抗的比较少些。有些好容易逃出家庭势力之外，只是伊们没有入贵族式的或营业式的学校的经济能力，无处做工以养活自己。经几次波折，从前勇气遂全然消灭，除却忍辱回家，再也没有别法子了。这种实例，恐怕常有得见到的。但伊们虽然依旧回去作旧家庭的牺牲，然许多青年女子都已憎恶这旧制度，确已成为很明显的事实了。

有一种可以认为是旧制度动摇的症状的，是近来女子独身呼声之高。作者觉得有些女子的高唱独身，都是反抗旧家庭生活的呼声。伊们多数并不是从事社会运动或专心于学术者，此外也没有更大的目的物能够镇压伊们建设家庭的本能，伊们所以觉得非独身不可，只因想解脱家庭的黑暗压迫的生活罢了。

"二十年媳妇二十年婆，再过二十年做太婆"，这是旧式家庭中的媳妇，安慰自己的话。伊们纵使目前生活不良，希望将来有出头的日子，于是安静等待"做婆""做太婆"的日子到了。但这些安慰的话，新女子的脑中已失其效力，非将旧制度加一番改造，实不足满足伊们的要求。这当然是合理的要求，我们应当承认是好的，而且也是必然的趋势。只是有些旧道德家，见了新女子这种反抗旧家庭的态度，非常恐惧，屡次想仍然用"做贤良的妻母是妇女的天职"的话来范围伊们的行动。这种办法，不但无益，而且实在是很有害的。我相信凡是一种制度既要崩坏，绝不能再照原样来维持的了。如果不顺着这潮流，使这旧的快点破灭，新的快点建设起来，却只愿在那里设法维持，结果无非使这过渡的时期延长，增加许多牺牲者罢了。这话说起来很简单，可是做起来却很不易；因为真是合理的家庭，非对于两性的概念有正确见解，和妇女的地位增高以后是不能建设的，所以要改造家庭，仍非从大处下手，——改造因袭的男尊女卑观念，妇女经济等等地位不可；其中最重的必须先与多数人认识这改造的价值，随后方才能够大家合起来协作。

（原载于《民国日报·妇女周报》1923 年第 1 期，署名高山，第 1 页）

今日的家庭

一个家庭在或种意义上说来，只是人居住的一所房屋。但就根本上说起来，却是由一对成年的配偶所准备下的藏爱情和幼子的场所。我现在就从这根本意义上加以讨论。

如家是一个给成人精神的慰安和革新，给小孩平安和幸福之地，那么它才算尽其功用，不然就失其标的了。如文明不能给世界的家庭尽这功用——如大人在家不能得到休息，小孩也不能得到幸福——那便是只有文明之名而不能副其实了。如各人中心都有着一个癌症，如果在家族的里面并没有一点幸福，则荣华、王国、机械、科学，有什么益处呢？各人都在心中知道，没有爱情是不能幸福的。没有爱情，小孩不能长大，没有小孩，荣光将随种族俱去了。所以家庭是妇女主义上第一要分析的。

无数的家庭，都是贫苦人之家。人绝不忘记这，妇女主义者说起妇女，她们系指一切妇女，她们要求一种改造程序，系为全体妇女而要求，并不只为某一阶级而设的。

英国的贫苦的家庭，全然不能尽上面所说的功能的。屋宇或房间都简陋地建造着，摄卫法是不良，浴所大抵没有的，火炉烹调的布置都极原始的，因这等缺点，清洁大抵是不可能的了。在那个国里，水道更缺乏，在城中，各家装一个龙头的很少，最贫苦的人家，睡眠、吃饭、洗濯、烧煮，以及生产、死亡，都在这几间房中。结果所至，逼得最贫苦的人如动物一般地生活着，行事上也受其惩罚。但并不极端贫苦的人，境况也不见得十分好。他们的居所中，污浊、噪扰而且拥挤。英国的婴儿死亡率很高，在最高的地方（兰马格更）妇女都不在家庭以外做事的，然而她们的家况却特别不良。

城中贫苦的人家，竟无力给他们的儿童读书。英国做工阶级的妇女到三十岁相貌已经衰老；她们在中古式的家庭状况之下，从事长时间的操作，洗涤管领小孩，养育小孩，但她们没有自己的钱，除却那新保险条例认定的三十仙令的母亲利益金，并且她们不是法定的儿童保护者。她们不能为儿童抉择居住和决定教育及宗教上的训练——那些都是父亲的事——但儿童如不清洁和忽略了，却是她们的罪，常常因此受罚，至于父亲，差不多不会受着谴责的。蹴打其妻，在英国是极平常的事，虽长官对于这种殴打行为得许可两造别居，但极迁缓，即使能够办到，而关于她们的生活赡养费，也极难顾到的。离婚在贫苦阶级，则为经济上所做不到，男子饮酒，异常的普通，多数对妻的殴打行为，都是因饮酒而起的。

这都是英国人民家庭生活资力的缺乏，只除却少数之外一眼可以看出，经济、法律及道德三者的迫压妇女，也重于男子，如别各种事情一样。

英国人家物质上的不利益，是因工资低廉和自利的地主制度的结果。只要妇女有团体组织和选举权，以上的弊病一部分可以缓和的。冒着家庭的困难的人，自然是整日在家庭中的妇女。在家庭以外工作的人，不甚受着的。改良住宅状况，根本是妇女的业务，但她们必须有选举权才行。又因为男子工资低廉，妇女遂须赚工资以维持家庭，辅男子收入的不足。妇女做工赚工资的权利，是妇女主义的又一教义，唯现在从事于这方面活动的人已增多了。

英国家庭的妇女在法律上的不利益，可以由公意经过投票手续来救济。妇女虽能够帮助造成公意，但没有力量使它成为法律。

英国家庭下面的妇女的道德上的不利益，如她们的有一个饮酒的凶暴的，或不忠实的丈夫时，她们遂不能从他们去得慰藉了，这只能赖教育和立法慢慢地来救济。男孩的教育受自家庭和学校的。如上面所说的情形，家庭实在不是受道德教育的好地方；他的母亲既屈伏在父亲的主权之下，做一个无报偿的劳工，小孩少有学得尊敬女性的机会了。在学校里，男孩与女儿隔离着，因此女儿的灵敏的心没有机会可以博得男儿的敬重，他只知道她是不及他的有强力的人。他在学校中只教亚当和夏娃的故事，他却并不受着性的美和神秘的教科。这是他绝不学习的。两性的事情，如家里不使他注意，他便从心地最不清洁的伴当处去拾得邪污的教训来，他到了十四岁出去工作他见他的工资比做相同的事情的女子差不多要多了一倍。他知道地方上只保管他的父亲的疾病，对于他的母亲则不然，并且他学知女子到十六岁便可结婚。他学知英国是男子的国，他的法律、宗教、工业和家庭都由男人主宰，只有男子是公民，全社会的组织不是为妇女而设，也不是为小孩而设，是男人为男人而设的。他的四周给他无数妇女是劣等的暗示，无论在家庭、学校、游戏场、礼拜堂、投票所、工厂，或事务所中都可得到这种教训，说他对于她所有行为都是合式的。这是真实的，法兰西和美利坚人民的妇女地位，却要比英国好些。

妇女主义要求英国妇女在家中的地位改变。唯这改变非一日或十年所能成功；必须男女共同教育，施以性教育，承认男女为平等的公民，法律平等侵犯一造者予以适当公平的罪，母亲充分地加以保护，和此外百数个别的地方法，随后男子对于女性的性质乃能渐渐改造。

英国上等和中等阶级人家妇女所遭受的不利，有些简直与贫苦的姊妹们相同，并且她又别有自己特有的难处。男子凶暴和酒后的残暴举动，她们自然是没有受到的，但是男女关系的法律，如台摩克尔斯（Damocles）的剑一般地在她们的头上悬挂着，无论哪一个阶级的妇女，结婚如果不幸，解救的希望很少，上等阶级英国女子的态度，所以认结婚是一件很不合理的事。在法兰西的女子是重在嫁奁的，她们的婚姻则由父亲代她们安排。在美国常有财产，或高价值的教育给予她们，并且她们又能和年龄相当的男子有相当的社交。但在英国，她们适落在两者之间。她们少有受到实际教育，使她们能够自立，财产则大部分在传受长子，留给女儿的只是些少的一点。她们照例父母从不给钱，常以"这班小孩太靡费"为口实的。女子常以结婚的期望来作慰藉，然而她们的婚姻却并没有妥当的布置和充足的机会，她们的成就婚姻，是极重形式，而且和男子交往极受限制的。今日有数千家英国家庭中的女子，既不能自己安排她们的生活，也不能与男子交友，她们只能在家给母亲安插瓶中的花罢了。这宗情形当然是渐渐改变了，中等阶级尤其极快的改变，然而女子的家庭生活中对于她们最大的利益，依旧还是全然没有利益。

英国小孩因职业上不适当的训练和谋职业的过于拥挤，合着他们所治理事情的须继续长时间的学习，遂使上等阶级青年男子的结婚年龄逐渐增高。并且在结婚以前男女多隔离，遂使英国青年遇有未婚女子更关心而且意识到。至于少女，要将她们的幸福和命运去依靠这班青年男子，自然必须冒着极大的试验。唯中等阶级的女子容易自赚生活；她们愈能自立，也愈能得到健全而自由的交谊。因此青年男子也不致十分受妇女依靠她们的困苦；但在上等阶级关于这一点还是不然。

结婚年龄的继续延迟，家庭间道德的不利益自然也增加。当男女在性欲最盛旺的时候，性本能当然要感到不足。其结果使女子因精神的兴奋不宁，不能从事最高尚的功业，男子则因不能避却倾向妇女的性本能之锋，遂往往发生不规则的男女关系。但到他们的理想已达到了最高点的时候，却不能拔除这理想生活中的浩劫了。

英国青年男子，从母亲和姊妹们的个人服役里，发育他的自我，英国大规模的学校中的劳役制，是奖励小孩希望有他的附属者的。姊妹们伺候尊贵的在学的兄弟们是常见的事；我曾经看见一个美妇人在堂屋里拿去她的儿子掷下在那里的泥泞的鞋子，毫不觉得她这样做是无利于他的。这样训练的结果，遂使英国青年男子常常养成坏脾气。

这宗情形虽然已在改良了，但英国家庭中的妇女的地位，仍然足以贬抑她自己的身份，和男子的仪容，然对于这事，每年总有数千人加在参议运动上以求改善了。

英国结婚妇女的地位全是悖理的。立法是不良的，法律条文及其意义，利益都在男子。二重标准的离婚法使她们即嫁了极不忠实的丈夫，难得解脱，并且对于小孩的保护权，法律与判事也都偏袒父一方面。

至于说到经济，英国结婚妇女的地位大概也是坏的。结婚时定下与妻的遗产的办法，在上等阶级里虽还有，但妇女管家事与装饰的职务，在英国也比在美国为重。

但是社交，英国结婚妇女却胜于美国妇女。英国妇女在结婚前，男女交往虽受限制，结婚后却不然，英国女子社交不自由，而英国妇人却很自由。又她在丈夫的事业当中，也常常参与，这是胜于美国处，虽然比之于法国则不及。

这自有许多原因存在。英国有土地的上流阶级的人们，因其等级，地位及地主身份的关系，遂自有其身份。在这宗情形之下，其妻于夫的事业上有很重要的关系；当他履行许多社会、宗教和慈善事业的时候，她常为他的分享者。又英国男子，无论是否有土地的人，都癖爱游戏，英国妇女因而也得分享其乐了。属于这一种阶级的男子，政治上大概很活动，他的妻子因而也得希望随同他集会、应酬、运动、或至演说。又英国男子的职业做工时间比美国少，他回家也早，土曜日①又得休息，所以他得有更多的时间对付家事。

至于闲散阶级的人们，则又根本不同了。社会生活是男女一律的了。一个伦敦旅馆中招待男主人的客室中，到饮茶的时候，充满着男女，男子与妇女一样多。男女都是社交的参加者，一个伶俐的妇女，用了适当的交际手段，实能使她的丈夫得到实际的利益的。交际是妇女的资产的一部分，男子乃从这种活动中去找她们的职业价值，而绅士的气概，也足使这种价值格外增高。身是进到更高的阶级去的一种希望，财务是引到最高爵位去的代价，许多新富人家的英国妇女，外亲系和夫合力经营事业，有不下公共职务者，别一班在社会及经济上更有巧妙的手腕者；但无论是哪一种，结婚至少都有益于夫妇两造的。

这等社会习惯的不幸，即全在她们加意培养个人的及间接的交际方法，这实为我们女性的瑕疵。英国妇女无论在实际上或法律上绝对没有直接的能力，然间接的却大有影响，这种手段是她们习练得太熟了的。这实是旧过恶，原因只在阶级，并不在于性别。但这种间接的影响，却比民治主义的美国的妇女的力量要大得多。以这种阴谋者的社会职业给予妇女，是完全违反妇女主义的精神的。至在别一方面，英国男子的闲散和他们的加入政治活动及游戏，却对于其妻实有利益和妇女主义所指向的进行线，完全相调和。

美国妇女结婚之后，男女便相隔离，实为社会生活的不幸罢。但游戏和俱乐部未蔓延以前，这种习俗已渐打破，这种旧习惯在小镇中尚有一部分遗留着，在城中则差不多完全打破了。

美国的男子，就物质上说，是世界最良好的丈夫了，然他自身和其

---

① 指星期六。

妻却特别另有一种错误处。他的结婚概念是这样，以为男子是给予者，妇女是收受者。他将一切尽力的给予其妻——只是自身却并不给予她。所以上等阶级的美国妇人尽有"良辰"，但她却不能得到丈夫的亲谊。如果完全的人生是合男女造成的，那么合众国中这样的人生寥寥罢。美国的模范商人，蜜月以后，尽他们的能力，很丰富地供给其妻。大陆人的思想，以为美国男子乃最爱金钱者，据我所见，其实不确。他并不爱钱，只是他不知道怎样买法。欧洲普通的绅士们，对于物价比他有识别力，美国人怂恿他的妻爱钱，他自己则置身于这竞技中。他是世界最敏捷的猎人，但他所猎的并不是狐而是分配金；他是世界的最善战者，然他所接战的却是竞争的团体，不是竞争的军队；他的生活比别人紧张，然生活上的知识却很缺乏。他的生活范围，犹如一个兵丁，终日只从事操练；或者像一个猎户，一生只是追着猎物走。直到近年，这种商业男子，终日经营，没有假日，到五十岁已觉很衰老。只是没有妻，也没有小孩的人才是丰美的。

这种生活方法的结果，家庭情形也可想而知了。我相信本耐脱（Arnold Bennett）所说并不是夸张之词。他说美国的男子早晨进家庭似的事务所中去，到晚上则离开那家庭，回到他的住房里。商人的家庭，是他极生疏的屋子，他晚上到那里去睡的，这屋里数年来有一二个不熟识的小孩和一个为他所爱的美丽的夫人。这美妇人是十分忠实地待他的，而他呢，我相信，对于她也是这般，或者更甚；因为他不爱别人，只是很爱她。他对她的时间还不多，更没有多时间对付别的妇女了。这种人的商业之后第一便是他的妻了。

这种情况现在已很快地改良了。现代的男子不欲学从前的情形，以自动车或在打球场消遣他们的琢磨的假日。到夏间则要求居住乡间。因此他们的妻也得随同享打球和栽种园地之乐了。

旧日的情况的能够鼓起妇女主义，也从而可以知道了。旧式男子的妻，自见她们的生活的不完全，她们中的智慧者有要根究：如果结婚是妇女的全部生活，那么生活为什么这样狭小的呢？她们知道这不是她们生活的全部，于是更寻求别的部分的生活去了，俱乐部和各种别的组织于是起来了，这是我在前已经说过了的。

现在有多数美国妇女都要求小家族，不欲多生小孩，人遂用种族自杀的话责备她。不欲求小孩的人未尝没有，但只在过于富有的家族就大体说起来，我相信这种责备是过分的。这论题确难说明，但于妇女缺乏运动、懈息、养护不良和气候上的各种结果，知道的愈多，使我们的判断也愈能精确。又若对于男子的原因也知道，这种责备自然也会得改变的。据我的经验，所见的妇女实在没有一个不愿有小孩的。

一部分原因，也许因男子专心商业，爱情因此减退了；家族的缩小，这应当是一个很大的原因。小孩是爱情的永久的产物，照正则地说起来，凡是夫妇间爱情愈浓，他们希望小孩的心也愈切。许多妇女——虽然不是全数——爱情与母性的关系很密切，如一造爱情不浓厚，他造也便放弃了。大多数妇女的不希望有小孩，只因男子与她没有了爱情的缘故；如果一个商人的妻，她的爱情之花因缺乏看护而枯萎了，能够将如何憔悴的谴责加于她的么？

美国妇女是高傲的，并且所抱的结婚标准也很高。她虽然不能完全免掉凄凉，但在青年时总不会有的。并且她又是新土地的女儿。她对于结婚有很多的要求，如果失败，她便弃了，因此离婚率也就高了。她的性情是不容易妥协的——这也是新种族的性质罢。她大概是极自信的，即在困难之中，也要攫取其最好的生活。然则要攫取最优的，结果怎样呢？美国结婚的地位怎样呢？我毫不踟蹰地说，没有别的地方，结婚比美国更高等优美的了。美国中等阶级的结婚，都是同等阶级的青年，常同在一校受教育的，有可贵的抱负在前，专门学校教育继之在后，我相信这在今日世上，实在算是最优良的了。

我曾到过这样的家庭许多家，我见他们两人都精神契合，都有优美健全的爱情。那里并没有种族自杀的情形，却特别设有给子女居住的房屋，并且在结婚前，贮蓄金钱以供产时之用。妻也常用一部分的时间去赚工资，所以小孩们得有更好的环境。

在这种广大的友谊，和分担责任的家庭里，我常见两造都是妇女主义者。丈夫常教他的妻子要爱社会上的运动，她们要得到更广大的责任，便是想趋于更完全的更高级的公民的途上。

美国贫苦人家的家庭自然也如英国的，或其他各民族中的苦人一样缺陷。满眼污秽和穷窭，为母的妇人出去操辛苦的贱役。但是美国人法律保护母和子的条件大概比英国良好，只除却特别的几条例外。在美国，殴妻不是常见的习惯；若在美国产的人中，简直可以说没有这种事情。最后美国产的工人，饮酒的也比英国少。

一般地评估起来，美国妇女的受男子的待遇，地位比英国为优。这是毫无疑问的。不特妇女各种工作上如此，即在家庭中亦然。女子的价值也比较高，所以她们的生命中，得有更优美的启示。美国的女孩出世，父母并不因她是女性而加以憎恶。自从她生出时第一次呼吸起直到后来，进取的机运，较之于英国，可说与兄弟没有什么上下。

英美妇女地位之所以不同，我以为有这三种原因。第一，美国的重女的习惯，追迹到我们先驱者到美国的情形可以知道。当时妇女来得少，就觉得可贵，并且她们与男子并肩操作，曾经过许多患难而不懈，足以证她们的能力。

其次，因为国内没有阶级差别，各人的心境也自平等。平民政治，我曾经试想说明，不只是在各阶级都平等有主权，其实是包括男女的平等有权。所谓均等一语，绝不是只指民族中一半的男子的。因此美洲西部，奥国和纽约兰各个先驱的国家，女子参政将先告成功，而在古帝国制的欧洲，却是很迟钝，就是这原因了。

最后，我想男女同校教育的普及，于改良妇女地位上很有力量。男女儿童有友谊和相互了解，实为妇女主义的理想中的基础。在幼年和青年时期，男女隔离是最不自然而且足以促起人为的妇女观的原因，欧洲便是如此的。男女同校教育，至少在幼年时期，必须认为自明的真理。

总括说起来，今日之下虽然去完全的法律还远，并且男女间的责任也太专化，但优良阶级的妇女，在家庭中实不失她们的幸运。她们能实现这希望，愿将从社会里得出来的利益，仍然去报偿那社会，居家妇女的加入妇女主义者有数十万人。她们是快乐的，但别的却受着困苦；她们的房屋是清洁，但她们的城镇却污秽；她们的小孩是强健的，但苦人的小孩却多病；她们是安逸的，但她们的男人负担太重。她们服务不是为报酬而来的。她们精神上没有苦痛，如许多英国姊妹那样，且有快乐的自信力，她们正与世界妇女联合着共向日光进趋。

（节选自哈尔女士《妇女的需要》）

（原载于《妇女杂志》1923 年第 9 卷第 9 期，署高山译，第 39—46 页）

读《青年进步》的"家庭问题"号下

《青年进步》在杂志中算是很好的；近因时势的要求，出了"家庭问题"专号，现在下册已经出版了。全书有著论两篇，评论五篇，此外是译论\小说及诗录。第一篇著论是任夫先生的《理想的家庭》，持论很公平而且稳健。文中郑重申说，谓真的恋爱当以对手的幸福为前提，不肯因身有所缺陷而使所恋的感受苦痛。对于亲子关系，则说明父母的教育虽辛苦劳碌当丝毫没有求报之心，否则人生至高尚之事，而以市道之心行之，似乎太亵渎家庭云云，我以这种说明，很能纠正自来错误的伦理观念，正在建设家庭的青年，与为亲的人们，都不可把这种意思忽略了。

第二篇是应元道先生的《基督教与家庭问题》，所讲的是耶稣的结婚，离婚及妇女观等。基督教传入中国已很久远，他的伦理观念与中国青年渐生密切的关系，要知道近代许多青年的思想行为的出发点，这篇论文是很重要的。

译论的原著者差不多都是国外名人，他们的著作，早有定评，现在没有介绍的必要，诗与小说，现在也可不说。主张鲜明的，自然是评论。第一篇是谢扶雅先生的《结婚离婚的我见》。持论很公允，很有可采的地方。例如他说结婚，如果郑重于结婚之初时，谨慎于同居之平日，又何致会演离婚的话，我们不能不认他有至理存在。近年来所发生的离婚事件当中，有些确是不慎重的恋爱结婚的结果。青年男女每有因异性的吸引，"一见倾心"，并不加以精密的考虑，彼此的了解，便而结婚。结婚既快，破裂也快，只要交往稍久，也许早会发现性情的不同的，等到结婚之后，方才暴露出来，于是宣告离婚，两造已受了极大的牺牲了。若能当初郑重，平居又能谨慎，虽然离婚的悲剧不能因此都免除，至少发生于所谓"盲目的恋爱结婚"之下的离婚总可以减少些罢，谢扶雅先生更对于中国奢侈的结婚习惯，竭力抨击，这尤其是切中时弊"痛下针砭了"。

其次有丽诲先生的《家庭的要求有过于良妻贤母否?》《父子问题是这样解决的吗?》及《儒家不幸的家庭观》评论三篇，丽诲先生旧学极渊博，文章很好，所以愈加使人爱读。论父子间的伦理，立意与任夫先生的意见很相同，力辟以市道的交易待其子女与幸福主义的无当，使康南海先生见了，恐亦没有话说了，论儒家累世出妻的不存仁厚，很是痛快，虽似古人的缺点，在现在没有指摘的必要，但这种儒家思想还保守在现代的许多人的心中，一说也正不可少。

只是我对于丽诲先生说良妻贤母的一段主张，却有点不敢赞同，因而想起许多别的话，想在这里说明几句。丽诲先生说"妾妻以顺为正""出嫁从夫，夫死从子"的良妻贤母主张，固当为近人所吐弃，但"同志同功，助成乃夫志业""教育子女，使成伟大人物"的良妻贤母主义毕竟是妇女美德，应该遵从，并且对于主张"独身生活"及"母性避免"的加以责备，说这两种主张是晚近文明的罪恶。用"同志同功，助成乃夫志业"及"教育子女，使成伟大人物"的话来解释良妻贤母，比从前的三从四德的良妻贤母主义固然宽容得多了，而且近代许多人的反对良妻贤母主义，正是三从四德的良妻贤母主义，对于这解释的多数或者并不反对，但我却以为便是用这类良妻贤母主义去做妇女的典型叫她们勉力去做，还是太苛，结果还是有害，至于说妇女都应为妻为母，则尤为事实所不能。

我的意思，以为为妻为母是女子的自由，与为夫为父为男子的自由一样，男子如不愿娶妻，不愿生子，女子不能出来干涉，那么在女子也是一样，男子不能用应当为妻为母的话去范围她们。至于为妻的能帮丈夫，为母的能尽力教育子女，固然是好，但不能把这种负担都放在女子肩上去，而强有力的男子却可以放任。如果说在男子即没有良夫贤父的倡导，也自能尽这责任的，那么在妇女方面为什么要特别来范围的呢？

成就志业是难事，成伟大人物更不容易，若本人不自努力，子女非天生才能，绝不是容易做到的事，如果把这种难题去托付妇女，叫妇女的以内助之力，去成就丈夫的志业，叫教育子女成伟大人物，我以为决难做到，即使将这良妻贤母的声价抬到十分高，结果大多数妇女还是博不到良贤的美名。以这样难题去责望妇女，结果自然"世界妇女果真克尽良妻贤母之职的能有多少"了。

妻能帮助夫，母能教育子女，固然是好，但这与夫能帮助妻子，父能教育子女一样，不能两者有所偏重，不能于妇女方面特别加以条件，如果再加以"助成乃夫志业""教育子女使成伟大人物"的一方面的力量难做到的题目，奉为妇女的最高的道德条件，结果反使许多无辜的妇女，无端加上了不能尽良妻贤母的过失，这不是极大的压迫吗？凡是道德教条我觉得应该宽容，不宜严密，这层道理，杜威博士到中国时也曾约略讲起过，譬如从"爱"，譬如从"真诚"出发的行为的确是道德的，而且这种道德律随在可以应用，没有弊病。欲每一伦理关系，皆予以道德条件，实反容易无端地坐人过失，所以我以为片面的良妻贤母主义可以不要，即相对的良夫贤父主义也可以不设。夫妻相处能爱，能真诚自然互助；对于子女能爱，能真诚，自然会好好教养他，用不着专条来提倡。

再进一步说，不特"助成乃夫志业""教育子女使成伟大人物"的良妻贤母主义使妇女难能，便是叫天下妇女都去为妻为母也万难做到，使我说出这话有以下三种论据：

一种是科学上得来的结论，人各有个性，不能尽同，各种本能也各人不能一样。就为母亲本能而论，有的强，有的很弱，从大群里研究为母本能的强弱，可以依照盖然律画成曲线，母性适中的最多，最强最弱居其两极。为母本能天生弱的不能强责她为母，不然说妨害她的人格也可以。近代医学上更查得有些妇女，体格上有不适于为母的，不能不母性避免，为保存生命，即说要得"晚近的罪恶"的罪名也无可如何了。

一种是历史上的根据，妇女能帮助丈夫的成功的固然也有，如法国大科学家巴斯德的夫人便是以此为世称扬的一人。同国化学家居里的功绩，人人说居里夫人的助力不少。但不尽妻母之道的妇女也极多，如英国的爱里奥脱，法国的乔治散——虽然她曾结过婚教育过子女但后半是放浪的生涯——然她们对于社会别有极大贡献，绝不可以因为她们不"低头努力去做"良妻贤母的功夫，遂加以非责，至在近代，美国和平运动的领袖亚旦斯女士，闻亦系独身者，丽诲先生所尊奉的著母权论的爱伦凯女士也是一个独身者。

一种是事实告诉我们说——妇女人人为妻为母的不可能，英国最近人口统计，妇女之数超出男子有二百万人之多，中国虽没有统计，无从测度，但别国调查，大概女多于男，男子多者很少。为何男子会少的原因，兹姑且不说。但实际上如此，无可如何，现在多妻主义既认为不道德，如换入妇女都应为妻为母之说，主张独身是"晚近文明的罪恶"，那么过剩的妇女倘都来向丽诲先生讨一解决法，恐怕倒是很难对付的问题呢。

我写到这里夜已深了，并且又想到中国妇女向来禁止发言，直到现在，敢出来发言的还是很少，什么良妻不良妻，贤母不贤母，我们的讨论，都是越俎代谋，她们很少出来说话，她们的事只好待她们自己来说，我们讨论的都是废话，想到这里，也就不敢写下去了。但我终于这般相信，为妻为母是女子的事，应该有她们的自由，良妻贤母是女子的事，应该有她们的自由，良妻贤母无论怎样说法，出于男子口的终究是片面的道德律，不应该存在。

（原载于《现代妇女》1923 年第 20 期，署名开时，第 1 页）

家庭制度的变迁

　　父系家族制度的由来已经很长久了，我们可以从最低级的人类中窥见到他的痕迹。伟斯德马克说："不事种植和畜牧，专恃猎取自然生产的物品而生的最低级的野蛮人的家族，系和父母子女而成为一个社会的单位，以父为家族的首领而兼保护者。"这种以父为首领而兼保护者的家族，按实说，不特见于原始的人类，即在高等动物中，已早具这样的雏形了。巨大的猿猴类中的大猩猩的家族，便是一个最显著的例，他们常和父母子女群居一处，那强壮的父统率妻子，遇有外侮的时候，保护便是他的职务。在进化的人类里，父系家族在历史上著名的，有古代希伯来，希腊及罗马的家族，以上三种家族，都以祖先崇拜为宗教，家长不特是一族的首领，保护者，又兼是教主和执法者。他有无上的威权，子女财产尽是他的所有物。在那种家族制度之下，子为父权下的被支配者，而女子则被支配于父亲，长兄之外，又为丈夫之下的服从者，这些情形，凡在父系家族制度下，都是一样的。

　　这种制度还有共通的事，即一方面崇拜祖先，一方面重视嗣续，以多子为荣；一方面视父权夫权非常之大，同时被支配者的人格也便非常渺小，只要于家族有利，牺牲个人是所不惜的。因为重视嗣续和多子为荣，所以常通行多妻，通行早婚，也是当然的事。在希伯来，如妻有恶疾，或不能生育，公认为离异的理由，至于妻犯奸淫，则更不必说，因为这是损害主人的所有权和混乱宗族，自然更被认为不赦的大罪了。

不消说，希伯来的婚姻主权是全在父母，结婚的目的是在繁衍宗族了。妻完全附属于夫权之下，即不犯罪前项罪恶，休妻也是很容易的事。但子女被夫离异后，身体却反得自由，不复受父或夫的拘束，如为婚女子或妻那样：她被休弃，回到父家居住，但在法律上，她已不是父族的一员了。

古代希腊和罗马的家族，情形很相像，他们也是父系的家族制度和崇拜祖先的，父是一家的主人，结婚的意义即在繁衍其族。妻的地位不消说是很低的了。历史家告诉我们说，希腊在荷马时代以后，雅典女子携带到夫家去的嫁资，也为夫财产的一部分，贫苦人家的妻受雇佣所得的工资也属于丈夫所有的。妻的地位的卑下，正如亚里士多德在《政治》里所说："男子是天然适于号令女子的，正如年长者的胜于少年和未成丁的人一样。"

在这样的家族制度之下，女子的缺乏社会交际，也是当然的事，古代希腊女子便是这样。她们的地位只在家庭中，羞涩被认为妇女最可称颂的美德的，遇见陌生的男子，照例须当躲避，面上常是羞得通红。然她们虽怕羞到这样地步，性行为却并不十分纯洁。哥伦比亚大学教授古特税尔说，埃阿尼妇女的奸通事情并不少见，便和奴隶相奸通也是常有的事。这并不是因禁止不严的缘故，在那时对于妻限制极严，无子且可离异，更不必说和人奸通了，然而禁止和惩罚不能提高道德行为，历史已明白地告诉我们了。

罗马的家族制度大致情形也是这样。父权、夫权的尊严，子和妻的屈服，这些都是父系家族制度下的本色，在罗马的父系家族中当然不会在例外。那时夫权的暴戾，看了古罗马检察官凯多（Cato）在残缺的

De date 上写的话便可知道。他说："夫是妻的裁判官。如她犯了过失，他责罚她；如她饮酒，他惩治她；如她犯了奸淫，他杀死她。"别一段里又说："如你捉着您的妻犯了奸淫，将她杀死，完全无罪；但如她捉着你时，她不能弹你一指，因她没有这权力。"

然这种制度的命运却不能长久，除却中国远大部保留着这种旧式样，在欧美的近代家族则已完全和从前的不同，从前的父系家族制度已成了历史上的陈迹了。欧洲在中古代，家族还极专制，17 世纪的格兰维尔（Glanvill）说："夫与妻只是一人，但那人却是夫。"又说，"当她在他的权力之下，她丝毫不能违抗他的意志的，所以她决不能反对他的意志以伸张自己的权力"。但他们家族能够成为今日的式样，不能不说 18 世纪法国及美国的政治革命有很大的影响。那时因民治精神的长发，人权思想的进步，是其重要元素。男子首先得到解放，妇女继起在后，于是家族情形更变，夫妇渐趋平等，她们在社会上渐占得地位，保护她们的法也渐设立了。今日欧美几个文明进步的国家，家族中已没有统治一切的家长，父亲不复为家族或宗教的首领，丈夫在法律上也不能代表妻和子的人格了。便是已趋向着尊崇个人与服从理性的方向进步，不复从前以威权为统治一切的工具了。今日的家庭是以结婚的夫妻为家族的建设者，结婚以自己的意志，个人的关系，不是从前的以家族为本位，为家族生子而结婚了。不特妻的地位渐与夫对立，子女的地位也已升高，不复像古代的被当作动产看了。此外离婚法律的渐趋于平等，妇和女社会生活的改进，不特是近代家庭的特色，并且还正在不绝的改进之中，但关于这类情形，在本志中常有专文论及，现在可以不必再论。

只是近代家族制度虽然比从前已大大地进步，然近来更发现许多缺陷和不自然。离婚的增多差不多是近年来几个大国一致的倾向，而独身主张的近来也日有所闻。离婚显然是家族破坏的一种征兆，而放弃其建设家庭的本能而宁愿独身，也是因家庭生活的不健全而起的恶果。

近代的家族制和现代生活既又发生冲突，为个人的安善和民族的前途计，不能不有改良的方策。其中使家族生活不和谐的原因自有许多，但据美国古特税尔教授说，妻的经济不独立和婚姻意义的不明实为其重大原因，其他如今日娼妓盛行，和花柳病的传布，也足为毁灭家族的一个要素。

妇女也如男子一样，各人有各人的志向，各人的嗜好，愿望也有不同，各人的才能也是互异，这是只要对人生稍有考察的人，都能见到这一点的。然在妇女经济不能独立的社会中，妇女不能自赚生活费以图自立，那么不能不找寻一个男子以为抚养者，向他取得一切生活上的必需。她为了谋生活而求结婚，手段已经错了，至于结婚的任务呢，不用说，结婚妇女的重要任务是在做人的妻和母，及管理家事。这大抵各国的情形都是这样，不过没有像中国的旧家族制度下的"良妻贤母"的色彩严重罢了。妇女既和男子一样有嗜好愿望和才能的不同，强不同的各人，使其作有一定形势下的狭范围的生活，那得不发生不和谐的现象呢？爱伦凯女士说"叫女子去做男子的工作，其愚也和使皮托文或华格纳管理机构"。然而如果将趣味不同的妇女，强使她们作固定的狭范围的生活，其愚也和使皮托文或华格纳管理机械一般的。所以古特税尔教授说："一个结婚妇女，如果能够自立，她如发现对于家事一门少趣味又少才能，她不善于烹调，不善于买办，不善于指挥仆役，她的心早晚会得转向到家庭以外的事业界去的，这不能不说她是合理，也许会得到成功的。"

以上是说强使兴趣不同的妇女，作一定范围的生活的不可，以下是说即使妇女固然安于作这项生活，结果也能使家族间发生不和谐的事情。女子既不负担经济的，即经济不独立而依赖着男子，其结果是足使妇女不明了经济的来源，而只知供养她的是男子的职任，她可以无穷地取资于他；一方面男子既握经济的重权，视凡是仰给于他的人，都是他的属员，合应听他的指挥和命令的。夫妇同生活在一家庭中，而心境既各不相同，思想和观念又相互异，这正是使失却和谐的一大原因，据我们的耳闻目见，因经济上的不同而使夫妇间失却和谐的实也不在少数罢。

因不明结婚的意义，同是一种使家庭生活不宁的大原因；这可分为二方面：一是恋爱上的错误，又一是缺乏性的知识。前种原因，即恋爱的错误的根本，常和妇女经济不能独立有极大的关系。妇女不自谋职业，而以结婚为获得职业和取得经济生活的手段，其结果，遂有"便宜结婚"的成立。这项婚姻并不是真建设基础于恋爱之上，却以利益为前提。他们既没有人格上的恋爱和了解，只以利益为其中心，那么，结婚后如见有不利益，或利益不如先前的预想的时候，遂发生痛苦了。今日许多结婚的重要出发点，在男子因了性的吸引，和觉得做人非有结婚这一回事不可，遂去结婚；在女子则更加一层想从结婚上去取得社会的地位，经济和将来幸福的生活，并不是真是有何等深的恋爱为其基础的。前种结婚情形，在今日的欧美是常见的事，后种情形在中国尤其常见。他们的结婚既开始已陷于错误，将来的破裂也是意中事了。

又自来习惯，人们对于日常生活的知识技能，教育上照例加以指导，对于人生必须经过的性生活的真理，大家却秘而不言。不受教育的人必说，即在受高等教育，知识很高的人们中，有性生活方面的知识和了解结婚的意义的实在少数。这一点小小的忽略，损害却非常之大。性的知识和结婚意义不明，其损害的不仅在卫生方面，尤其是使恋爱的真相不明，使性行为一任盲目的本能的牵引。因此有许多人所谓恋爱，只是一些皮相的感情作用，并不真是藏有着深的恋爱的。这种家族的不能不早晚之间发生破裂，也是当然的事了。又研究离婚的起因的人常告诉我们说，在离婚案中，实有多起是因为性行为的不同意而发生的。我们试想，如果彼此真能知道性生活的真相，这层便也不会发生了。

近代的家族的建设，既因以上种种缺点而发生动摇了，因此有许多先见的人，为了同情于人类的苦痛，和谋人类前途的幸福，遂想方设法根本加以改造，使人类的家族的建设，设立在正当、稳固的基础之上。于是有一派人计划从事妇女的经济独立运动，别一派则倡导结婚当以恋爱为中心，又一派则想希图普及性的知识于青年的人们。这三派人们的努力、运动和宣传的方向虽然不同，然都是因见了近代生活的缺陷而出发，和有益于将来的家族生活却是一样的。

以上三派的运动方向和其学说，不时在报章或杂志上有的论及，说起来话也很长，现在不及详说，如有机会，只得待日后再论。但我们从以上所述的简略的大要里，家族的历史告诉我们，家族制度是不绝地变迁的，他是逐渐向上向前改进的，由古代蔑视个性的父系家族制度渐变而成较平等自由的小家族，以成今日诸文明国通行的家庭形式。今后则更将其劣点加以研究和修改，大约不须几何年，将更改为更合理、更自由而减少苦痛的新形式。这只要到妇女经济独立，恋爱的真义得多数人认识，和性生活的道理得多数人知道之后就能实现。

现在我们回转来说到中国，她真是一个很好玩的，同时也很可供人研究的古国。不特古今数千年的各种思想形式，同时在现代都有，便是数千年前后的家族形式，也同时横陈在眼前。就后者说，中国此刻极古的父系家长制度还保存着，一方面则较平等的小家族和没有结婚形式是家庭也有了。但多数人们是守旧的人，还保守着数千年前的思想形式，对于家族婚姻，以为非用旧的形式不可，竭力想伸张他们的父权和夫权。而急进的一派则已加入前项几种运动中，对于旧制度抨击不遗余力了。假使中国永久和欧美高文明的诸国相隔离，她的固有的各种旧族制也许还有较长的寿命，家族制度也许还不致急变。可是现在已不然了，家族制度也随别的各种旧制一同崩坏。在古代父权夫权之下，我们不知道牺牲了多少人，但在思想懵懂的时候，牺牲者只如过了天灾，只能付之天命，在今日青年已经觉醒的时候，所受苦痛自然更大了。所以到这时期，我们不能不警告老派的人们，促起他们的猛省，使他们知道中国古代的家族制度的形式在西洋古代希腊罗马等国都曾有过的，只是因不适于生存，已如恐龙、麟木般的成为地层中的遗骸，绝迹于生命世界了。代表子女和妻的人格的父权和夫权，今日也已不适于生存；多子为福，五世同堂等迷梦可以觉醒了。世上绝没有制度能够常在，正如没有生命能够永存，世间最常在的东西，只有"变"罢了。

（原载于《妇女杂志》1924 年第 10 卷第 7 期，署名高山，第 1071—1076 页）

家族主义的子嗣观念

在造成道德律的时候常常把亲子间的生物学的关系忘记了，这关系在道德律中是非常重要的。忽略这事在有些结婚的人不免发生困难。在这场合，最好使他们知道，做人没有一定要做父母的必要，而且在这个世界已经有方法避免不做父母了。世界是不会因缺少几个父母而灭亡的。反而只有他们太多——无知识的父母，不愿意的父母，不适当的父母——他们都在庄重地创造未来民族，最好让他们少生，随他们便——并且照现在看起来还是愈少生愈好——不可放弃这职任，辛苦也就是快乐。

这是哈夫洛克爱理斯说的话。他说明产儿制限的重要，和应当认他道德的正当。然而这种近代思想和我国"不孝有三无后为大"的教训是何等相反，换一句话，"不孝有三"的教训何等不合于现代思想呵！他（指这教训）只要鼓励生产得多，不论质优或质劣，不问溺婴、弃婴的惨剧（有许多地方将无力养育的小孩弃在"育婴堂"一类的地方。在山乡地方，贫苦人家往往只留长女，将后生的女孩溺毙，所以有时女孩有"溺杀坯"的诨号），也不问婴儿死亡率的增高，更不问无限制的加，其结果人口压迫生活需要品，遂发生生活困苦、贫穷、失业，各种病征。母亲一生劳顿于过多的生育的劳苦，子女夭亡的悲悼；男子则在失业，工资低少，和生活困难里挣扎，其结果必阻滞文明的进步，民族到了不能创造新文明，那是衰老的征候，离灭亡或并吞的时期不远了。中国既无力殖民和用新法增加物产，非打破盲目的繁生不可。所以我们对于子嗣，应当求量少而质优，宁可减少产生而好好地培养他们，不要盲目地生殖而如野草般的任其自生自灭。因此我们先得打破"不孝有三无后为大"这盲目的鼓励繁生的教训。

但要打破这观念，必须把一切态度都更变线行：我们凡事必须注意未来，不要只怀念过去。我们做人应当努力向前，改造合意的社会，不要只梦想"三代"以前或远在还做猿猴的时候。我们生小孩就应当为小孩的将来和未来民族打算，不要以为是为了祖先的缘故。总括一句话，便是如要打破这种旧观念，须把一切的生活态度不执着过去，而望前面和图发展。

但这样的改变态度是何等困难阿！有人要这样说：必有许多人反对你，以为执着过去和恋想古代是对的，望未来发展的态度是不对的。当然的，有许多号称老顽固的人必定要执着这种意见的。

然而我并不悲观，因为我知道中国真是顽固的人非常少，许多被称为顽固的人并不真顽固，只是无知。所以很容易将他们的意见变换过来的。因为他们反对"不孝有三无后为大"的理论，反对产儿制度，以及反对恋爱自由等等，他们并不审查这些学说存有何种理由，只是一味地闭着眼睛，反对。

所以真正顽固的人中国倒是很少的罢？西洋是有，德国的福税脱博士便是一个。他执着相信基督教伦理，反对离婚，反对性教育；但他有他的理由，有一贯的思想。他不瞎说，他对于反对派如爱伦凯等的学说都细细地研究过，他提出来的责难，有时足使主张者也承认是很有讨论的价值的问题。所以他虽然顽固却值得佩服。若不知其所以然而便加以反对，是毫无力量的，我前面说可以乐观便是为此——虽然从别一方面说，如果社会上这样的人过多也是足以使人悲观的。

（原载于《妇女杂志》1925 年第 11 卷第 5 期，署名建人，第 726—727 页）

第六辑

文字改革

文字改革随笔

方块字的难写、难记，古文言的不易懂，人们早已觉到。早在清朝末年，鲁迅从日本寄给我二期《教育今语杂识》，是章太炎等人编的。陶焕卿可能亦在内，他是历史学家，又是光复会骨干之一。"今语"就是白话。文字不依照《康熙字典》，却依照汉朝许慎的《说文》上的字。第一，编者是革命者，反对清朝的；第二，《康熙字典》上的字内容有错误。这早已有人知道。江苏人阮元来浙江当巡抚时，看出这问题，但书名上写有皇帝的年号，不敢批，就设立了一个阮元读书处，另撰一部词典，名叫《经籍纂诂》，我买到的一部有十二册。

还是在清朝，当过会稽县学堂校长的王子余先生，办过《绍兴白话报》。听说他自己编，自己校，有若干家订户，清早他自己向订户分送，工作十分勤劳，对推广白话文十分热心。

1920年以后，拼音字渐渐地提到思想上来，我在上海时常看到一种用拼音字印的小报。

解放后不久，我看到一本关于语文的杂志，刊登有当时新任教育部长马叙伦的《中国文字改革研究委员会成立会开会辞》。文中有一段的大意是，奉主席面谕，中国文字也应像国际上用拼音字。可见毛主席早就提倡过用拼音字。后来开过文字改革会议。国务院颁发的《汉语拼音方案草案》，我至今如珍宝似的放在手边。

有一次听到周总理说：汉字真不方便。往外国去开会时，拼音文字国家打电报向国内请示，很快就得到回电。中国的汉字一个字须翻成四个数字打出去，收到后又须从四个数字翻成汉字。回电时也须这么做，很费时间。周总理的这段话至今深深地印在我的脑中。

数年前日本仙台市访华代表团来中国，要我去谈谈。来宾名单上有数十人，虽名字印的是汉字；但旁边却都有罗马拼音字。我问为什么？熟悉日本情况的同志告诉我，日本的国际电报都用罗马拼音字，商品广告上也往往注有这样的拼音字。可见，他们在有些场合实际上已经使用罗马拼音字了。

（本文写于 1979 年 5 月，选自《周建人文选》，中国文史出版社 1988 年版）

文字改革续笔

在我上次的随笔中，曾说起中央开过文字改革的会。那时候我在高教部工作。杨秀峰部长派我去参加会议。我兴高采烈地去了。听到十年可以做成这件工作，十分高兴。会后不久，小学里就开始教学生汉语拼音，我和熟知的小学生曾用汉语拼音通过几次信。后来小学生升到中学里，不学汉语拼音了，不久也忘记了。我脑子里老是这样想：应该学下去，应该出用汉语拼音印的小型报纸让他们看，并陆续出汉语拼音的书，如简单的中国历史书、故事书，逐渐使全部教科书都用汉语拼音。到一定时期后，全国的报纸和书都用拼音字印刷。文字是思想的交通工具。现代化的陆地交通工具每小时能行二百里。中国的汉字好像手推的板车，怎么行呢？我不研究文学，还是二十多岁时看到一本英国文学史，随便翻翻，看到中古时代的英文很像德文，与今日的英文不同。我后来想到，中国应全用拼音的现代汉语。高等院校还可设汉文科，招收要看中国古书和汉文书的学生。我想，十七八岁的学生，三年大约就可以学会看汉文的历史古文、诗歌等书了。不做这方面工作的，如搞科技工作的人，就不需要学汉文了，可以多学点外国文。

但要全国通用拼音字，必须大家懂普通话。其实，如愿实行也不

·279

难。鲁迅有一个学武的朋友名叫陈仪。陈仪毕业于日本陆军大学，回国后，带一支队伍，不多日扫清了山东张宗昌的武力，以会用兵出名，后到福建省做了几年头子，推行普通话，成效极显著。后来为了计划在浙江起义，而被蒋介石枪杀了。可见，推行普通话不是难事，推行和普及汉语拼音也不难，只要用力去做。去年，教育部发出关于加强学校普通话和汉语拼音教学的通知，今年，国务院又批准召开第五次全国普通话教学成绩观摩会。这将会推动文字改革工作。

我还想到中国兄弟民族的文字，也可以用拼音字，把口语拼写下来，容易学。教科书也都可用拼音字。还有一个便利：他们学会拼音字，要学汉语（当然，也应是拼音字的）比较容易。汉族人民要学他们的言语也会容易得多。他们相互间也如此。同时这将有利于民族间的互相了解和团结。

5月22日，人民大学来了二位同志，叫我去参加他们的文改讨论会。大家又注意到这一问题，多么令人高兴啊！但我只有这么一点意见，说不出很多的话，且已年老，终于抱着歉意谢绝了。

（本文写于1979年6月，选自《周建人文选》，中国文史出版社1988年版）

文字改革随笔再续

文字改革随笔发表后，我收到若干封读者来信。意见不外两种，一种希望文字改革从速进行，这是多数。只有一个人说汉文为最好的文字，不宜改动。

拼音文字进行之所以缓慢，原因是多方面的。首先，必须用普通话。各地的方言不同，给文字拼音化带来了困难。长江以北，"尉"字常念"于"，以南就念"委"，等等，不胜举。但在文学作品中并不一定完全排除土语或俗语，例如：鲁迅的《故事新编》里，有一段讲禹之妻抱了一个孩子去找禹，走到门口，卫士把她拦住，说正在开会，不能进去。禹妻骂道："这杀千刀的！奔什么丧！"这种骂法常出于中年妇女之口，并非恶骂，带有几分玩笑的意思。解放前夕，一位北方人对我说：如到天津，遇见少女，应叫她"闺女"，不要叫"姑娘"，否则她要生气的。语言有不同，可编一本字典。

须用普通话，并须吸收外来语，言语才能丰富起来。我年轻时候到上海工人们叫汽车为"模得卡"，叫电话为"得力风"，等等，我认为外来语是应该可以采用的。日本人在这方面比中国人少保守一点，他们就有厚厚的外来语字典。如国际上叫这东西为什么，我们也叫它什么，有何不可呢？有一个实习生对我讲过，他在工厂里实习，工人所叫的名称与他教科书上所写的不同。是的，有一次我偶然翻开有机化学书一看，里面有许许多多新造的汉字，比国际通用的术语更难认、难记。

与此相应的，如旧学者译书，常常改得古雅一点，就使人难懂，例如"逻辑学"，很好懂，旧名译称为"名学"，就较难懂；达尔文书中有"生存竞争""自然选择"，并不难懂，旧名家译为"物竞天择"，就难懂些。

有时候竟有人把外国人的话改为中国话。例如，列宁著作中有一句俄国俗语"林神冢鬼"。英文等译本也照译，陈晓时同志的译本也照译，但中国有的汉文把它改为"牛鬼蛇神"了。

话拉开去了，说到书名，马克思与恩格斯最初出版《共产主义宣言》是称《共产党宣言》的。积了二十多年的经验，1872年再版时，改为《共产主义宣言》了。这是很有道理的。共产主义只有一个，党派有称共产主义联盟的，有称共产党的，或劳动党的，名称不一，但称共产主义则都包括在内了。

恩格斯驳斥杜林的书，恩格斯定的名称叫《欧根·杜林先生的科学的变革》。列宁研究这本书时，因笔记上写这书名太长，简写为《反杜林论》。我觉得译本用恩格斯所定的名称比较好。

我觉得要丰富本国的语汇，就要吸收外来语，但同时须"名从主人"。有一次我听一位高山族的朋友讲，这名是汉人代起的，他们自己另有名称。而且他们并不都住在山上，许多人住在平地上。应当称他们自己所定的名称。如此等等，不多说了。

汉字打字很麻烦，大家都知道，不用多说。现在略说几句拼音文字便利之处。

如果耳朵真能认识字，那么盲人读书便不成问题了，但可惜这是近乎古代魔术一类的骗人术。不是神经病十足，不会相信的。拼音文字却真正能使盲人读书识字。盲人读物是用拼音字母做成凹凸版，只要用手指摸过去，就能懂这些文字是什么意思。外国有的盲人能写作，爱罗先珂就是一个。有的还能写科学故事之类，印成册子，运到国外，别国人也能阅读。拼音文字好处很多，这里只讲了一点点。只要头脑里有一点儿辩证逻辑的规律："变""生成"，认识到世间凡物都在变，都要生成新的，对于文字改革也就容易理解了。

（本文写于 1979 年 8 月，选自《周建人文选》，中国文史出版社 1988 年版）

周建人著述年表

1.《说竞业旬报力量输入村镇之可喜》,《竞业旬报》第 34 期,署名嵩生。

2.《人之遗传》,《绍兴县教育会月刊》第 1 期。

3.《天物调查》,《绍兴县教育会月刊》第 1 期,署名高山。

4.《民种改良说》,《绍兴县教育会月刊》第 2 期。

5.《微生物与人生》,《绍兴县教育会月刊》第 4 期。

6.《人文与地形之关系》,《绍兴教育杂志》第 3 期。

7.《博物小识》(续),《绍兴教育杂志》第 4 期。

8.《博物小识》(续),《绍兴教育杂志》第 6 期。

9.《博物小识》(再续),《绍兴教育杂志》第 7 期。

10.《达尔文游记》(续一),《绍兴教育杂志》第 8 期,署建人译。

11.《遗传进化说之应用于农艺》,《东方杂志》第 12 卷第 8 期,署名高山。

12.《达尔文游记》(续二),《绍兴教育杂志》第 9 期,署建人译。

1916 年

13.《植物自然史》,《绍兴教育杂志》第 11 期,(德)开尔纳氏著,署周建人译。

14.《食肉植物》(续),《绍兴教育杂志》第 12 期,署名建人。

15.《植物之采集及检查法》,《叒社丛刊》第 3 期,署名高山。

16.《译生物学例言》,《京师教育报》第 32 期。

17.《生物学要略》,《京师教育报》第 33 期,(美)乔治亨达著,署周建人译。

1917 年

18.《动物学史略》,《叒社丛刊》第 4 期。

19.《释异二则》,《叒社丛刊》第 4 期。

1919 年

20.《人种起源说》,《东方杂志》第 16 卷第 11 期,署名乔峰。

1920 年

21.《善种学与其建立者》,《东方杂志》第 17 卷第 18 期。

22.《生存竞争与互助》,《新青年》第 8 卷第 2 期。

1921 年

23.《善种学的理论与实施》,《东方杂志》第 18 卷第 2 期。

24.《色觉的进化》,《东方杂志》第 18 卷第 5 期。

25.《家庭生活的进化》,《妇女杂志》第 7 卷第 5 期。

26.《石炭的性质与成因》,《东方杂志》第 18 卷第 10 期。

27.《中国旧家庭制度的变动》,《妇女杂志》第 7 卷第 6 期。

28.《夜光木》，《妇女杂志》第 7 卷第 6 期，署名建人。

29.《木出血》，《妇女杂志》第 7 卷第 6 期，署名建人。

30.《天雨粟》，《妇女杂志》第 7 卷第 6 期，署名建人。

31.《曼兑尔与其遗传律》，《东方杂志》第 18 卷第 13 期。

32.《妇女与社会》，《妇女杂志》第 7 卷第 9 期。

33.《自然与人生》，《东方杂志》第 18 卷第 21 期。

34.《白母亲》，《小说月报》第 12 卷号外，（俄）梭罗古勃著，署周建人译。

35.《两性伦理的基础》，《东方杂志》第 18 卷第 22 期，（英）罕巴达（S. Herbert）著，署建人译。

36.《延长寿命的生活质》，《妇女杂志》第 7 卷第 12 期，（美）蒙忒（Harry A. Mount）著，署乔峰译。

37.《火浣布》，《妇女杂志》第 7 卷第 12 期，署名建人。

38.《甘露》，《妇女杂志》第 7 卷第 12 期，署名建人。

39.《美容的运动法》，《妇女杂志》第 7 卷第 12 期，署名高山。

40.《新思想与新文艺——洛奇的自杀论》，《东方杂志》第 18 卷第 14 期，署名乔峰。

1922 年

41.《报复的妇女主义》，《妇女杂志》第 8 卷第 1 期，署名高山。

42.《中国现代的女子》，《妇女杂志》第 8 卷第 1 期，署名高山。

43.《近世的太阳崇拜》，《东方杂志》第 19 卷第 1 期，署名高山。

44.《电气生理学与生殖》，《东方杂志》第 19 卷第 1 期，署名建人。

45.《地面水分减少的恐慌》，《东方杂志》第 19 卷第 1 期，署名建人。

46.《兑佛黎斯的骤变说》，《东方杂志》第 19 卷第 2 期，署名建人。

47.《欧洲探险队荒地检查》,《东方杂志》第 19 卷第 2 期,署名高山。

48.《别的星球上究竟有生命没有?》,《东方杂志》第 19 卷第 2 期,署名建人。

49.《恋爱的意义与价值》,《妇女杂志》第 8 卷第 2 期。

50.《一对少年情人的自杀》,《妇女杂志》第 8 卷第 2 期,署名高山。

51.《达尔文百十三年纪念感言》,《东方杂志》第 19 卷第 3 期。

52.《科学与迷信的冲突》,《东方杂志》第 19 卷第 3 期,署名高山。

53.《对于物类生死起源的迷信》,《东方杂志》第 19 卷第 3 期,署名建人。

54.《家庭的迷信》,《东方杂志》第 19 卷第 3 期,署名高山。

55.《俄国科学家的现况》,《东方杂志》第 19 卷第 4 期,署名高山。

56.《新俄国的教育》,《东方杂志》第 19 卷第 4 期,署名建人。

57.《恋爱结婚与将来的人种问题》,《妇女杂志》第 8 卷第 3 期。

58.《妇女前途的曙光》,《妇女杂志》第 8 卷第 3 期,署名高山。

59.《广义的买卖婚》,《妇女杂志》第 8 卷第 3 期,署名克士。

60.《李宁夫人》,《妇女杂志》第 8 卷第 3 期,署名高山。

61.《世界妇女的过剩》,《妇女杂志》第 8 卷第 3 期,署名建人。

62.《战争与妇女》,《妇女杂志》第 8 卷第 3 期,署名高山。

63.《牛羊为什么要反刍》,《东方杂志》第 19 卷第 5 期,署名建人。

64.《力的世界》,《东方杂志》第 19 卷第 6 期,署名乔峰。

65.《离婚问题释疑》,《妇女杂志》第 8 卷第 4 期。

66.《中国的离婚法》,《妇女杂志》第 8 卷第 4 期,署名乔峰。

67.《中国离婚法上的三绝》,《妇女杂志》第 8 卷第 4 期。

68.《欧洲各国的离婚法》,《妇女杂志》第 8 卷第 4 期,署名高山、紫瑚。

69.《美国近年离婚的增加》,《妇女杂志》第 8 卷第 4 期,署名高山。

70.《死的进化》,《民铎杂志》第 3 卷第 4 期。

71.《产儿制限概说》,《东方杂志》第 19 卷第 7 期。

72.《返老还童法的批评》,《东方杂志》第 19 卷第 7 期,署名高山。

73.《鱼龙的生活情形》,《东方杂志》第 19 卷第 7 期,署名高山。

74.《性格之生物学的基础》,《东方杂志》第 19 卷第 8 期,署名高山。

75.《查考儿童生理年龄的必要》,《东方杂志》第 19 卷第 8 期,署名高山。

76.《妇女主义与贤妻良母说》,《妇女杂志》第 8 卷第 5 期,署名高山。

77.《美国妇女的公民教育》,《妇女杂志》第 8 卷第 5 期,署名高山。

78.《美国劳动妇女的夏季学校》,《妇女杂志》第 8 卷第 5 期,署名高山。

79.《遗传的物质的基础》,《东方杂志》第 19 卷第 9 期,署名高山。

80.《个体与种族的衰老》,《东方杂志》第 19 卷第 10 期。

81.《甘地给孟买人民的两封信》,《东方杂志》第 19 卷第 10 期,署名高山。

82.《产儿制限论》,《妇女杂志》第 8 卷第 6 期,(英)爱里斯著,署乔峰译。

83.《应奇氏产儿制限的道德观》,《妇女杂志》第 8 卷第 6 期,署名高山。

84.《产儿制限与新种族》,《妇女杂志》第 8 卷第 6 期,署名克士。

85.《产儿制限运动的由来》,《妇女杂志》第 8 卷第 6 期,署名高山。

86.《美国产儿制限会的宣言和计画》,《妇女杂志》第 8 卷第 6 期,署高山译。

87.《无线电应用的推广》,《东方杂志》第 19 卷第 11 期,署名高山。

88.《无线电器的幼年发明家》,《东方杂志》第 19 卷第 11 期,署名高山。

89.《两个遗传学家的百年纪念》,《东方杂志》第 19 卷第 12 期,署名高山。

90.《遗传研究的应用》,《东方杂志》第 19 卷第 12 期,署名克士。

91.《原子的构造》,《东方杂志》第 19 卷第 12 期,署名高山。

92.《兽的先导》,《东方杂志》第 19 卷第 12 期,(俄)梭罗古勃著,署周建人译。

93.《妇女运动的发展》,《妇女杂志》第 8 卷第 7 期,署名高山。

94.《不结婚的母亲》,《妇女杂志》第 8 卷第 7 期,署名乔峰。

95.《记英国女议员的谈话》,《妇女杂志》第 8 卷第 7 期,署名高山。

96.《美国断发女子的装束》,《妇女杂志》第 8 卷第 7 期,署名高山。

97.《金鱼的历史》,《妇女杂志》第 8 卷第 7 期,署名高山。

98.《蜘蛛的生活》,《儿童世界》第 3 卷第 1 期。

99.《横笛》,《小说月报》第 13 卷第 7 期,(捷克)符耳赫列支奇著,署周建人译。

100.《妇女在进化中的任务》,《妇女杂志》第 8 卷第 8 期,署名克士。

101.《旧妇女的任务是什么》,《妇女杂志》第 8 卷第 8 期,署名乔峰。

102.《蚂蚁》,《儿童世界》第 3 卷第 5 期。

103.《性教育的理论与实际》,《教育杂志》第 14 卷第 8 期。

104.《蜻蜓和蜉蝣》,《儿童世界》第 3 卷第 8 期。

105.《性教育与家庭关系的重要》,《妇女杂志》第 8 卷第 9 期。

106.《教育与性教育》,《妇女杂志》第 8 卷第 9 期,署名克士。

107.《女子教育的倾向》,《妇女杂志》第 8 卷第 9 期,署名乔峰。

108.《妇女的服从》,《妇女杂志》第 8 卷第 9 期,署名高山。

109.《善种学的先驱戈尔登》,《妇女杂志》第 8 卷第 9 期,署名建人。

110.《德国青年运动的两面观》,《东方杂志》第 19 卷第 17 期,署名高山。

110.《德国青年的道德改造》,《东方杂志》第 19 卷第 17 期,署名乔峰。

111.《德国青年对于老派的反叛》,《东方杂志》第 19 卷第 17 期,署名克士。

112.《对于女权运动的希望》,《东方杂志》第 19 卷第 18 期,署名乔峰。

113.《中国的女权运动》,《东方杂志》第 19 卷第 18 期,署名高山。

114.《妇女参政运动的重要》,《现代妇女》第 3 期,署名高山。

115.《中国女子的觉醒与独身》,《妇女杂志》第 8 卷第 10 期。

116.《女子参政会与女子劝进团》,《妇女杂志》第 8 卷第 10 期,署名克士。

117.《"恶风"》,《妇女杂志》第 8 卷第 10 期,署名乔峰。

118.《印度的妇女生活》,《妇女杂志》第 8 卷第 10 期,署名克士。

119.《甲虫的故事》,《儿童世界》第 4 卷第 1 期。

120.《甲虫的故事第二》,《儿童世界》第 4 卷第 2 期。

121.《人类多源说》,《东方杂志》第 19 卷第 20 期。

122.《妇女运动与民族的进步》,《妇女杂志》第 8 卷第 11 期,署名克士。

123.《妇女才力低浅的原因》,《妇女杂志》第 8 卷第 11 期,署名高山。

124.《妇女喜欢多言的原因》,《妇女杂志》第 8 卷第 11 期,署名高山。

125.《贞操观念的改造》,《妇女杂志》第 8 卷第 12 期,署名高山。

126.《妇女主义者的贞操观》,《妇女杂志》第 8 卷第 12 期,署名克士。

127.《妇女与工作》,《妇女杂志》第 8 卷第 12 期,署名克士。

128.《旧道德为什么急须打破》,《妇女杂志》第 8 卷第 12 期,署名高山。

129.《第五次国际产儿制限会》,《妇女杂志》第 8 卷第 12 期,署名高山。

130.《美国七十一岁的女学生》,《妇女杂志》第 8 卷第 12 期,署名克士。

131.《妇女运动的究竟目的何在?》,《现代妇女》第 10 期,署名高山。

132.《巴斯德的生平及事业》,《东方杂志》第 19 卷第 23 期。

133.《伏尔斯东克垃夫脱略传》,《现代妇女》第 11 期,署名克士。

1923 年

134.《近代妇女运动的先导——几个重要的妇女主义者的意见》,《妇女杂志》第 9 卷第 1 期,署名克士。

135.《埃及妇女的自由运动》,《妇女杂志》第 9 卷第 1 期,署名高山。

136.《法国自由思想的先进斯台耳及乔治散》,《妇女杂志》第9卷第1期,署名克士。

137.《妇女的智能果低于男子么》,《妇女杂志》第9卷第1期,署名高山。

138.《生命界的两大问题:饥与爱》,《学生杂志》第10卷第1期。

139.《说猪》,《儿童世界》第5卷第1期。

140.《达尔文怎样研究自然》,《儿童世界》第5卷第1期。

141.《藤壶是什么》,《儿童世界》第5卷第1期。

142.《黑蚁所畏的是什么》,《东方杂志》第20卷第1期,署名高山。

144.《华莱斯的达尔文主义》,《东方杂志》第20卷第1期。

145.《救治暴死的原理》,《东方杂志》第20卷第1期,署名高山。

146.《鸟类的过冬》,《儿童世界》第5卷第3期。

147.《女流艺术家》,《东方杂志》第20卷第2期,署名高山。

148.《告宣传产儿制限的团体》,《妇女杂志》第9卷第2期,署名高山。

149.《英国女哲学家的逝世》,《妇女杂志》第9卷第2期,署名高山。

150.《美国女参议员的选出》,《妇女杂志》第9卷第2期,署名克士。

151.《社评》,《现代妇女》第16期,署名高山。

152.《近代两性研究之盛》,《东方杂志》第20卷第3期,署名乔峰。

153.《遗传与环境》,《东方杂志》第20卷第4期。

154.《日本的妇女运动》,《现代妇女》第17期,(日)山川菊荣著,署高山译。

155.《废娼的根本问题》,《妇女杂志》第9卷第3期,署名乔峰。

156.《结婚的制限》,《妇女杂志》第9卷第3期,署名乔峰。

157.《婚姻的应当审慎》,《妇女杂志》第9卷第3期,署名克士。

158.《美国的妇女俱乐部总联盟》,《妇女杂志》第9卷第3期,署名高山。

159.《美国妇女的和平运动》,《妇女杂志》第9卷第3期,署名高山。

160.《美国女工状况》,《妇女杂志》第9卷第3期,署名高山。

161.《植物的心理》,《东方杂志》第20卷第5期。

162.《俄国革命家苏维亚女士略传》,《现代妇女》第19期,署名克士。

163.《读〈青年进步〉的"家庭问题"号下》,《现代妇女》第20期,署名开时。

164.《告中国女权运动者》,《妇女杂志》第9卷第4期,署名高山。

165.《废除婢女的希望》,《妇女杂志》第9卷第4期,署名开时。

166.《我们应当怎样救济小孩》,《妇女杂志》第9卷第4期,署名高山。

167.《爱情的表现与结婚生活——对于郑振坶君婚姻史的批评》,《妇女杂志》第9卷第4期,署名克士。

168.《烹调食物的原理》,《妇女杂志》第9卷第4期,署名高山。

169.《妇女主义之科学的基础》,《妇女杂志》第9卷第4期。

170.《爱的起源》,《民铎杂志》第4卷第2期。

171.《青年的性的卫生》,《学生杂志》第10卷第4期。

172.《生机主义》,《东方杂志》第20卷第8期,署名乔峰。

173.《大学妇女同盟的希望》,《妇女杂志》第9卷第5期,署名克士。

174.《大美洲协会在巴尔的摩开会的追记》，《妇女杂志》第 9 卷第 5 期，署名克士。

175.《谭仲达的婚姻问题》，《现代妇女》第 26 期，署名嵩山。

176.《今日女子教育的缺陷》，《妇女杂志》第 9 卷第 6 期，署名克士。

177.《婚姻选择的目标》，《妇女杂志》第 9 卷第 6 期，署名高山。

178.《美国妇女国民党的企图》，《妇女杂志》第 9 卷第 6 期，（美）哈德伟著，署克士译。

179.《朝鲜的新妇女》，《妇女杂志》第 9 卷第 6 期，署名克士。

180.《生物学是什么和怎样学习》，《学生杂志》第 10 卷第 6 期。

181.《论薛吴的解约问题》，《现代妇女》第 27 期，署名嵩山。

182.《近代生物学的倾向与人生》，《东方杂志》第 20 卷第 11 期。

183.《数目字的起源》，《东方杂志》第 20 卷第 12 期，署名建人。

184.《空中的微尘》，《东方杂志》第 20 卷第 12 期，署名建人。

185.《道德的保守本能》，《妇女杂志》第 9 卷第 7 期，署名克士。

186.《劳动妇女与闲散妇女的装束》，《妇女杂志》第 9 卷第 7 期，署名高山。

187.《美国妇女在法律上的地位》，《妇女杂志》第 9 卷第 7 期，署名克士。

188.《"纳妾限制"》，《现代妇女》第 31 期，署名嵩山。

189.《农人和绅士》，《共进》第 42 期，署名嵩山。

190.《权利是要自己争来的》，《妇女杂志》第 9 卷第 8 期，署名克士。

191.《婚姻问题的解决难》，《妇女杂志》第 9 卷第 8 期，署名高山。

192.《德国妇女主义者的要求》，《妇女杂志》第 9 卷第 8 期，（美）福罗本尼依格尔著，署克士译。

193.《美国女工的趋势》,《妇女杂志》第9卷第8期,署名高山。

194.《性教育的几条原理》,《教育杂志》第15卷第8期。

195.《旧家庭制度的破裂》,《民国日报·妇女周报》第1期,署名高山。

196.《美国有组织女国会的消息》,《民国日报·妇女周报》第1期,署名高山。

197.《德国妇女的进步》,《民国日报·妇女周报》第2期,署名高山。

198.《今日的家庭》,《妇女杂志》第9卷第9期,署高山译。

199.《社评(一)》,《民国日报·妇女周报》第4期,署名高山。

200.《社评(一)》,《民国日报·妇女周报》第5期,署名高山。

201.《新加入国际妇女参政会的团体》,《民国日报·妇女周报》第5期,署名高山。

202.《新人的产生》,《妇女杂志》第9卷第10期,署名高山。

203.《妇女发展的两个途径》,《妇女杂志》第9卷第10期,署名克士。

204.《生命的三方面》,《妇女杂志》第9卷第10期,署名建人。

205.《新土耳其妇女的进步》,《妇女杂志》第9卷第10期,(美)爱德华平著,署克士译。

206.《着高跟鞋的害处》,《妇女杂志》第9卷第10期,署名高山。

207.《女权运动与参政运动》,《民国日报·妇女周报》第8期,署名高山。

208.《两个相对的谬误》,《民国日报·妇女周报》国庆日增刊,署名克士。

209.《社评》,《民国日报·妇女周报》第10期,署名高山。

210.《两极端的妇女生活》,《民国日报·妇女周报》第10期,署名克士。

211.《配偶选择的进化》,《妇女杂志》第 9 卷第 11 期。

212.《谁可以结婚》,《妇女杂志》第 9 卷第 11 期,署名高山。

213.《杂感(廿六)》,《民国日报·妇女周报》第 14 期,署名高山。

214.《谁是公民——妇女地位的一个考察》,《妇女杂志》第 9 卷第 12 期,署名高山。

215.《将来的女权运动》,《妇女杂志》第 9 卷第 12 期,署名高山。

216.《闲散阶级妇女的责任》,《妇女杂志》第 9 卷第 12 期,署名高山。

217.《斯干狄那维亚妇女的进步》,《妇女杂志》第 9 卷第 12 期,署名高山。

218.《社评(二)》,《民国日报·妇女周报》第 18 期,署名高山。

219.《杂感(三十一)》,《民国日报·妇女周报》第 18 期,署名高山。

220.《社评(一)》,《民国日报·妇女周报》第 19 期,署名高山。

1924 年

221.《妇女运动的过去及将来应取的方针》,《妇女杂志》第 10 卷第 1 期,署名乔峰。

222.《男女的差别》《妇女杂志》第 10 卷第 1 期。

223.《生物学上的恋爱观》,《学生杂志》第 11 卷第 1 期。

224.《求婚漫评》,《妇女杂志》第 10 卷第 2 期,署名高山。

225.《美国妇女的改革》,《妇女杂志》第 10 卷第 2 期,署名克士。

226.《尼塞兰的妇女》,《妇女杂志》第 10 卷第 3 期,署名高山。

227.《新曼兑尔主义和习得性遗传说的复兴》,《东方杂志》第 21 卷第 5 期。

228.《说本能》,《民铎杂志》第 5 卷第 2 期。

229.《社会主义与性》,《妇女杂志》第 10 卷第 5 期。

230.《生命与灵魂》,《学生杂志》第 11 卷第 5 期。

231.《妇女职业和母性》,《妇女杂志》第 10 卷第 6 期,署名克士。

232.《日本妇女的自由职业》,《妇女杂志》第 10 卷第 6 期,署名高山。

234.《日本妇女职业生活概况》,《妇女杂志》第 10 卷第 6 期,署名高山。

235.《性率和性的分配问题》,《东方杂志》第 21 卷第 11 期。

236.《家庭制度的变迁》,《妇女杂志》第 10 卷第 7 期,署名高山。

237.《试验胚胎学的成功》,《东方杂志》第 21 卷第 15 期。

238.《恋爱的三条原则》,《民国日报·妇女周报》第 51 期,署名嵩山。

239.《离婚自由与中国女子》,《妇女杂志》第 10 卷第 9 期,署名高山。

240.《幼儿的教育》,《妇女杂志》第 10 卷第 9 期,署名高山。

241.《死的心理》,《东方杂志》第 21 卷第 18 期,署名乔峰。

242.《汉译〈结婚的爱〉序》,《民国日报·妇女周报》第 62 期。

1925 年

243.《性道德之科学的标准》,《妇女杂志》第 11 卷第 1 期,署名建人。

244.《现代性道德的倾向》,《妇女杂志》第 11 卷第 1 期,署名乔峰。

245.《吴自芳究竟是家族主义的女性型不是?》,《民国时报·妇女周报》第 66 期,署名建人。

246.《进化说》,《学生杂志》第 12 卷第 1 期。

247.《吴自芳究竟是家族主义的女性型不是（续）》，《民国时报·妇女周报》第 68 期，署名建人。

248.《人格的个人主义》，《妇女杂志》第 11 卷第 2 期，署名开时。

249.《理想的女性》，《妇女杂志》第 11 卷第 2 期。

250.《性道德的变迁》，《民铎杂志》第 6 卷第 2 期。

251.《关于回家以后的最后的几句话》，《民国日报·妇女周报》第 72 期，署名建人。

252.《唯物史观与恋爱》，《民国时报·妇女周报》第 73 期，署名建人。

253.《性道德之科学的标准》，《民国日报·妇女周报》第 73 期，署名建人。

254.《婚姻制度和优生问题》，《妇女杂志》第 11 卷第 3 期，署名开时。

255.《离婚与恋爱》，《妇女杂志》第 11 卷第 3 期，署名开时。

256.《评刘欧退婚问题》，《妇女杂志》第 11 卷第 3 期，署名高山。

257.《节烈的解剖》，《妇女杂志》第 11 卷第 3 期。

258.《性的升华》，《妇女杂志》第 11 卷第 3 期，署名高山。

259.《女性天才在那里》，《妇女杂志》第 11 卷第 3 期，署名高山。

260.《进化说（续）》，《学生杂志》第 12 卷第 3 期。

261.《贵族式的新女子》，《妇女杂志》第 11 卷第 4 期，署名高山。

262.《文明与自由》，《妇女杂志》第 11 卷第 4 期，署名建人。

263.《恋爱选择与优生学》，《妇女杂志》第 11 卷第 4 期。

264.《男女的性生活与创造力：男子是创造者》，《妇女杂志》第 11 卷第 4 期，署名高山。

265.《生命界的相互关系》，《东方杂志》第 22 卷第 7 期，署名乔峰。

266.《再讲产儿制限与性道德》,《晨报副刊》1925 年 4 月 11 日。

267.《读中国之优生问题》,《东方杂志》第 22 卷第 8 期。

268.《言论:性的感觉》,《民国日报·妇女周报》第 84 期,署名高山。

269.《人生观的改造》,《妇女杂志》第 11 卷第 5 期,署名高山。

270.《家族主义的子嗣观念》,《妇女杂志》第 11 卷第 5 期,署名建人。

271.《习惯思想》,《妇女杂志》第 11 卷第 5 期,署名高山。

272.《哈夫洛克爱理斯》,《妇女杂志》第 11 卷第 5 期。

273.《性的感觉(二续)》,《民国日报·妇女周报》第 85 期,署名高山。

274.《答"一夫多妻的新护符"》,《莽原》第 4 期。

275.《再论性道德答刘以祥先生》,《晨报副刊》5 月 28 日。

276.《女子教育与女学生》,《妇女杂志》第 11 卷第 6 期。

277.《再答陈百年先生论一夫多妻》,《莽原》第 7 期。

278.《性的感觉(续)》,《民国日报·妇女周报》第 90 期,署名高山。

279.《性的感觉(续)》,《民国日报·妇女周报》第 92 期,署名高山。

280.《赫胥黎与达尔文进化说》,《东方杂志》第 22 卷第 12 期。

281.《恋爱论与恋爱行为》,《民国日报·妇女周报》第 93 期,署名高山。

282.《亲子关系的了解》,《妇女杂志》第 11 卷第 7 期,署名建人。

283.《论思想自由》,《妇女杂志》第 11 卷第 7 期,署名建人。

284.《科学信仰与迷信》,《妇女杂志》第 11 卷第 7 期,署名慨士。

285.《性与文明》,《妇女杂志》第 11 卷第 7 期,署名高山。

286.《娼妓制度的根本问题》,《妇女杂志》第 11 卷第 7 期,署名高山。

287.《原始民族的婚姻制度》,《妇女杂志》第 11 卷第 7 期。

288.《苏俄的家族关系》,《妇女杂志》第 11 卷第 7 期,署名高山。

289.《我们两人回答陈先生的一封短信》,《莽原》第 11 期,署名章锡琛、周建人。

290.《女学生的"校友"》,《民国日报·妇女周报》第 95 期,署名高山。

291.《性的感觉》,《民国日报·妇女周报》第 96 期,署名高山。

292.《女学生的"校友"(续)》,《民国日报·妇女周报》第 96 期,署名高山。

293.《女学生的"校友"(二)》,《民国日报·妇女周报》第 97 期,署名高山。

294.《性与社会》,《妇女杂志》第 11 卷第 8 期,署名高山。

295.《生命的性质及起源》,《学生杂志》第 12 卷第 8 期。

296.《国民与母性》,《民国日报·妇女周报》第 99 期,署名高山。

297.《蛮性的遗留》,《鉴赏周刊》第 15 期,署名高山。

298.《介绍"人口问题"》,《鉴赏周刊》第 19 期,署名高山。

299.《社会的反优生趋势》,《莽原》第 27 期,署名乔峰。

300.《校中提倡国文》,《南阳周刊》第 7 卷第 5 期,署名建人。

301.《本校与乐群比赛足球记》,《南阳周刊》第 7 卷第 6 期。

302.《无脊椎动物与文明》,《东方杂志》第 22 卷第 24 期。

303.《国语罗马字》,《语丝》第 59 期,署名嵩山。

1926 年

304.《二重道德》,《新女性》第 1 卷第 1 期。

305.《〈自然界〉发刊旨趣》,《自然界》第 1 卷第 1 期。

306.《说怪胎》，《自然界》第 1 卷第 1 期，署名周乔峰。

307.《中国北部的杨柳》，《自然界》第 1 卷第 2 期，署名乔峰。

308.《龙和龙骨》，《自然界》第 1 卷第 2 期。

309.《鸟的移徙和它的航路》，《自然界》第 1 卷第 2 期，署名乔峰。

310.《自然界征文告白》，《自然界》第 1 卷第 3 期。

311.《性的比例和两性关系》，《新女性》第 1 卷第 3 期。

312.《上海的乞丐》，《京报副刊》第 428 期，署名嵩山。

313.《麻黄的性质》，《自然界》第 1 卷第 3 期，署名乔峰。

314.《柞蚕和府绸》，《自然界》第 1 卷第 3 期，署名乔峰。

315.《禁欲主义和恋爱自由》，《新女性》第 1 卷第 4 期，署名高山。

316.《中国北方的松柏》，《自然界》第 1 卷第 4 期，署名乔峰。

317.《白蚁是什么》，《自然界》第 1 卷第 4 期，署名乔峰。

318.《〈植物名实图考〉在植物学史上的位置》，《自然界》第 1 卷第 4 期。

319.《性教育的几个问题》，《教育杂志》第 18 卷第 5 期。

320.《番薯和马铃薯》，《自然界》第 1 卷第 5 期，署名周乔峰。

321.《关于几种化石人类的话》，《自然界》第 1 卷第 5 期。

322.《狐祟和自然》，《自然界》第 1 卷第 5 期，署名乔峰。

323.《关于中国树木植物的书籍》，《自然界》第 1 卷第 5 期。

324.《自然研究在实用上的利益》，《励志》第 2 期，署名乔峰。

325.《关于鸡的几种生活现象和它的性的倒转》，《自然界》第 1 卷第 6 期。

326.《鸬鹚》，《自然界》第 1 卷第 6 期，署名开时。

327.《鹰和隼及猎用时的训练》，《自然界》第 1 卷第 6 期，署名周乔峰。

328.《拉马克的习得性遗传问题》，《东方杂志》第 23 卷第 16 期。

329.《白蜡的说明》,《自然界》第 1 卷第 7 期,署名乔峰。

330.《内分泌和鸟类的移徙》,《自然界》第 1 卷第 7 期,署名周乔峰。

331.《关于性史的几句话》,《一般》第 1 卷第 1 期。

332.《人体构造和生活状况的适应》,《自然界》第 1 卷第 8 期,署名乔峰。

333.《遗传和人种改良》,《自然界》第 1 卷第 9 期,署名乔峰。

334.《上海常见的几种洋花》,《自然界》第 1 卷第 9 期,署名乔峰。

335.《答张竞生先生》,《一般》第 1 卷第 3 期。

336.《进化论的历史和应用》,《东方杂志》第 23 卷第 21 期。

337.《"婚姻指导"和"性欲与性爱"》,《新女性》第 1 卷第 12 期。

338.《性的第二官能》,《新女性》第 1 卷第 12 期。

339.《生物学与公民教育》,《自然界》第 1 卷第 10 期,署名周乔峰。

340.《中国北部的熊》,《自然界》第 1 卷第 10 期,署名周乔峰。

1927 年

341.《读〈新淫义与真科学〉并答张竞生先生》,《一般》第 2 卷第 1 期。

342.《几种普通的工业植物》,《自然界》第 2 卷第 1 期。

343.《性教育运动的危机》,《新女性》第 2 卷第 2 期。

344.《张竞生博士最近的工作》,《一般》第 2 卷第 3 期。

345.《动物陆栖后的适应方法》,《东方杂志》第 24 卷第 5 期。

346.《中国医学上及畜养上重要的吸血的节足动物》,《自然界》第 2 卷第 4 期,署名乔峰。

347.《清帝打猎地方的自然史》,《东方杂志》第 24 卷第 9 期。

348.《昆虫和人的关系》,《自然界》第 2 卷第 5 期,署名建人。

349.《中国医学上及畜养上重要的吸血的节足动物（续）》《自然界》第 2 卷第 5 期,署名乔峰。

350.《植物的营养》,《自然界》第 2 卷第 5 期,署名周乔峰。

351.《性与遗传》,《新女性》第 2 卷第 6 期,署名开时。

352.《爱之本质》,《新女性》第 2 卷第 7 期,署名建人。

353.《中国北部及中部的疟蚊的主要繁殖场所》,《自然界》第 2 卷第 6 期,署名乔峰。

354.《植物的性别》,《自然界》第 2 卷第 6 期。

355.《俗名与学名》,《自然界》第 2 卷第 6 期,署名建人。

356.《植物因地位固定使性别上所发生的效果》,《新女性》第 2 卷第 9 期,署名建人。

357.《动物的生殖过程——几条普通原则》,《新女性》第 2 卷第 10 期,署名建人。

358.《欲望与职业及婚姻》,《新女性》第 2 卷第 11 期,署名建人。

359.《恋爱的灵的方面和肉的方面》,《新女性》第 2 卷第 11 期,署名高山。

360.《人类果起源于中亚么》,《自然界》第 2 卷第 9 期,署名乔峰。

361.《离婚问题的两方面》,《新女性》第 2 卷第 12 期,署名建人。

362.《养成"科学的心"》,《贡献》第 1 期。

363.《给人服役的动物》,《贡献》第 3 期。

364.《随感录：什么主义能祸中国呢?》,《语丝》第 4 卷第 3 期。

365.《中国海滨杂记》,《自然界》第 2 卷第 10 期,署名乔峰。

366.《花的生态》,《自然界》第 2 卷第 10 期。

1928 年

367. 周建人著:《性教育》,北京:商务印书馆。

368.《论求婚》,《语丝》第 4 卷第 6 期。

369.《麻痹和刺激》,《语丝》第 4 卷第 7 期。

370.《我们的食品》,《北新》第 2 卷第 6 期。

371.《助猎的动作》,《贡献》第 6 期。

372.《民族的衰颓》,《语丝》第 4 卷第 11 期。

373.《自然研究和人生》,《自然界》第 3 卷第 1 期。

374.《害虫的防御》,《自然界》第 3 卷第 1 期。

375.《满洲的自然学者》,《自然界》第 3 卷第 1 期,署名乔峰。

376.《阻滞进步的旧习惯堆积之为害》,《语丝》第 4 卷第 13 期。

377.《文明和生存竞争》,《自然界》第 3 卷第 2 期。

378.《金鱼的遗传》,《自然界》第 3 卷第 2 期,署名乔峰。

379.《中国的天然染料》,《自然界》第 3 卷第 2 期,署名嵩山。

380.《关于本草中的几种昆虫》,《自然界》第 3 卷第 2 期,署名乔峰。

381.《自然和自由》,《自然界》第 3 卷第 3 期。

382.《适应杂谈》,《自然界》第 3 卷第 3 期,署名乔峰。

383.《关于本草中的几种昆虫》(续),《自然界》第 3 卷第 3 期,署名乔峰。

384.《中国的木本植物和北美的比较》,《自然界》第 3 卷第 3 期,署名乔峰。

385.《我们为什么要出昆虫专号?》,《自然界》第 3 卷第 4 期,署名建人。

386.《昆虫的寄生》,《自然界》第 3 卷第 4 期,署名乔峰。

387.《昆虫的变态》,《自然界》第 3 卷第 4 期,署名乔峰。

388.《环境和民族性》,《自然界》第 3 卷第 5 期,署名乔峰。

389.《中国普通的鱼类》,《自然界》第 3 卷第 5 期,署名乔峰。

390.《贝类生活杂谈》，《自然界》第 3 卷第 5 期，署名乔峰。

391.《中国的木本植物和北美的比较》(续一)，《自然界》第 3 卷第 5 期，署名乔峰。

392.《扬子江下游常见的鸟类》，《自然界》第 3 卷第 6 期，署名开时。

393.《中国的木本植物和北美的比较》(续二)，《自然界》第 3 卷第 6 期，署名乔峰。

394.《关于人的起源及古人的近代发见》，《自然界》第 3 卷第 7 期，署名乔峰。

395.《扬子江下游常见的鸟类》(续一)，《自然界》第 3 卷第 7 期，署名开时。

396.《中国普通的软体动物》，《自然界》第 3 卷第 7 期，署名乔峰。

397.《神经系统的起源和发达》，《自然界》第 3 卷第 8 期。

398.《扬子江下游常见的鸟类》(续二)，《自然界》第 3 卷第 8 期，署名开时。

399.《中国普通的软体动物》(续一)，《自然界》第 3 卷第 8 期，署名乔峰。

400.《中国普通的软体动物》(续二)，《自然界》第 3 卷第 9 期，署名乔峰。

401.《随感录：什么主义能祸中国呢?》，《语丝》第 4 卷第 4 期，署名建人。

402.《达尔文的人种由来的学说在今日的地位》，《自然界》第 3 卷第 10 期。

403.《扬子江下游常见的鸟类》(续三)，《自然界》第 3 卷第 10 期，署名开时。

1929 年

404. 古特立区著，周建人译：《生物进化论》，上海：大江书铺。

405. 周建人著：《性教育》，上海：商务印书馆。

406. 《卷头言》，《自然界》第 4 卷第 1 期。

407. 《扬子江下游常见的鸟类》（续四），《自然界》第 4 卷第 1 期，署名开时。

408. 《人体的自卫》，《自然界》第 4 卷第 1 期，署名乔峰。

409. 《人种的进化》，《自然界》第 4 卷第 1 期，署名建人。

410. 《帝国主义者的偏见和中国人的恭顺》，《语丝》第 5 卷第 1 期，署名建人。

411. 《我们今日所需要的是什么》，《语丝》第 5 卷第 2 期，署名建人。

412. 《随便讲讲卖为娼妓及死刑之类》，《语丝》第 5 卷第 3 期，署名建人。

413. 《园中常见的甲虫》，《自然界》第 4 卷第 2 期，署名乔峰。

414. 《编辑后记》（《自然界》4 卷 2 期），《自然界》第 4 卷第 2 期。

415. 《遗传和环境——关于优生学的一个讨论》，《东方杂志》第 26 卷第 9 期。

416. 《谋生存是颇不容易的工作》，《语丝》第 5 卷第 10 期，署名建人。

417. 《反日会的改组》，《大夏月刊》第 1 期，署名建人。

418. 《宋美龄来去匆匆》，《上海画报》第 476 期，署名高山。

419. 《英兵殴毙张学良事件》，《大夏月刊》第 2 期，署名建人。

420. 《扬子江下游常见的鸟类》（续五），《自然界》第 4 卷第 4 期，署名开时。

421.《编辑后记》,《自然界》第 4 卷第 4 期。

422.《扬子江下游常见的鸟类》(续六),《自然界》第 4 卷第 5 期,署名开时。

423.《性的问题》,《新女性》第 4 卷第 8 期,署名周建人、胡鸿均。

424.《扬子江下游常见的鸟类》(续七),《自然界》第 4 卷第 6 期,署名开时。

425.《动物的进化》,《自然界》第 4 卷第 7 期,署名建人。

426.《扬子江下游常见的鸟类》(续八),《自然界》第 4 卷第 7 期,署名开时。

427.《小学自然科学教学法研究:水族器及水族的培养和观察》,《自然界》第 4 卷第 7 期,署名克士。

428.《海参与豆蟹》,《自然界》第 4 卷第 8 期,署名乔峰。

429.《小学自然科教学法研究:Ⅰ 植物标本的制作》,《自然界》第 4 卷第 8 期,署名克士。

430.《动物的进化》(续),《自然界》第 4 卷第 8 期,署名建人。

431.《编辑后记》,《自然界》第 4 卷第 8 期。

432.《动物的进化》(续二),《自然界》第 4 卷第 9 期,署名建人。

433.《小学自然科教学法研究:种子的旅行》,《自然界》第 4 卷第 10 期,署名克士。

1930 年

434.周建人辑译:《进化和退化》,上海:光华书局。

435.《生物进化的事实和理论》,《学生杂志》第 17 卷第 1 期。

436.《中国人的荣养问题》,《自然界》第 5 卷第 1 期,署名克士。

437.《编辑后记》,《自然界》第 5 卷第 1 期。

438.《供人役使的动物》,《自然界》第 5 卷第 2 期,署名克士。

439.《扬子江下游常见的鸟类》(续九),《自然界》第5卷第2期,署名开时。

440.《中国绅士们意见的一斑》,《萌芽月刊》第1卷第3期,署名开时。

441.《近代显微镜及其用法》,《学生杂志》第17卷第3期,署名周乔峰。

442.《昆虫和我们》,《自然界》第5卷第3期,署名克士。

443.《散沙》,《中学生》第4期,署名高山。

444.《普通的香港羊齿》,《自然界》第5卷第4期,署名克士。

445.《蜜蜂的生活》,《自然界》第5卷第4期,署名克士。

446.《我所看到的社会的一幕》,《萌芽月刊》第1卷第5期,署名开时。

447.《散沙》(续),《中学生》第5期,署名高山。

448.《什么是西方文明》,《东方杂志》第27卷第9期。

449.《田野植物学大要》,《自然界》第5卷第5期,署名克士。

450.《宜昌的植物》,《自然界》第5卷第5期。

451.《植物的适应和进化》,《学生杂志》第17卷第6期。

452.《习得性果能遗传么》,《东方杂志》第27卷第12期。

453.《散沙》(续),《中学生》第6期,署名高山。

454.《亚细亚和人类的进化》,《自然界》第5卷第7期,署名乔峰。

455.《湖北植物采访记》,《自然界》第5卷第7期,署名克士。

456.《昆虫的社会生活》,《自然界》第5卷第8期,署名克士。

457.《华商之火柴事业》,《时事新报》国庆图画增刊,署名建人。

458.《关于性的几个问题》,《自然界》第5卷第9期,署名乔峰。

459.《食物与牙齿》,《自然界》第5卷第9期,署名克士。

1931 年

460.《妇女问题的复杂性》,《妇女杂志》第 17 卷第 1 期,署名建人。

461.《植物的内分泌》,《自然界》第 6 卷第 1 期,署名乔峰。

462.《常见的显花植物》,《自然界》第 6 卷第 1 期,署名乔峰。

463.《近代的生物科学及其研究者》,《自然界》第 6 卷第 1 期,署名克士。

464.《何谓自然科》,《自然界》第 6 卷第 1 期,署名克士。

465.《昆虫和别种生物的关系》,《自然界》第 6 卷第 2 期,署名克士。

466.《新近去世的二植物学家》,《自然界》第 6 卷第 2 期,署名乔峰。

467.《兰花和菌类》,《自然界》第 6 卷第 2 期,署名克士。

468.《常见的显花植物（双子叶类)》(续),《自然界》第 6 卷第 3 期,署名乔峰。

469.《中国的野猪》,《自然界》第 6 卷第 4 期,署名克士。

470.《法布尔及其工作》,《自然界》第 6 卷第 4 期,署名克士。

471.《抗结核病凡克兴的发见》第 6 卷第 4 期,署名克士。

472.《普通的笼鸟》,《自然界》第 6 卷第 4 期,署名克士。

473.《生物学和我们》,《中学生》第 14 期。

474.《近代科学对于寿命的研究》,《东方杂志》第 28 卷第 9 期,署名建人。

475.《蝗虫习性的新观察》,《自然界》第 6 卷第 5 期,署名乔峰。

476.《中国的食肉鸟类》,《自然界》第 6 卷第 5 期,署名克士。

477.《幼年感兴味的几种植物》,《自然界》第 6 卷第 5 期,署名乔峰。

478.《常见的显花植物（双子叶类）》(续)，《自然界》第6卷第5期，署名乔峰。

479.《哺乳动物的生育季候》，《自然界》第6卷第5期，署名克士。

480.《上海的蚊子》，《自然界》第6卷第5期，署名克士。

481.《怀怨的蔷薇》，《交大月刊》第3卷第1期，署名克士。

482.《莫来吹牛皮》，《奋斗》第1期，署名建人。

483.《万宝山屯的奴才兽性》，《奋斗》第4期，署名建人。

484.《渣华轮上的荷人吃华侨》，《奋斗》第4期，署名建人。

485.《审！审!! 审!!》，《奋斗》第5期，署名建人。

486.《日本人口中的直观》，《奋斗》第5期，署名建人。

487.《蒙兵扣机与韩民排华》，《奋斗》第6期，署名建人。

488.《二十小时前后的石友三》，《奋斗》第6期，署名建人。

489.《北野丸上的两美男子》，《奋斗》第6期，署名建人。

490.《凄风苦雨中的阔人避暑热》，《奋斗》第6期，署名建人。

491.《陆地植物的起源》，《自然界》第6卷第6期，（美）Douglas H. Campbell 著，署乔峰译。

492.《关于人的由来及其产地》，《自然界》第6卷第6期，署名克士。

493.《蝗虫灾害谈》，《自然界》第6卷第6期，署名克士。

494.《天然的食物制造厂》，《学生杂志》第18卷第8期。

495.《杭游杂记（续）》，《市政月刊》第4卷第8期，署名克士。

496.《王外长辞职》，《奋斗》第7期，署名建人。

497.《经济绝交要有永久性》，《奋斗》第7期，署名建人。

498.《识相些罢，倭奴》，《奋斗》第7期，署名建人。

499.《关于集居独立的可能性》，《东方杂志》第28卷第17期。

500.《论赈债八千万》，《奋斗》第11期，署名建人。

501.《代老百姓求求粤中诸公》,《奋斗》第11期,署名建人。

502.《我为孙科流泪》,《奋斗》第11期,署名建人。

503.《朋友!提防着日本吧!》,《奋斗》第11期,署名建人。

504.《杭游杂记(再续)》,《市政月刊》第4卷第9期,署名克士。

505.《夺回东三省》,《奋斗》第12期,署名建人。

506.《新细胞学》,《自然界》第6卷第8期,(美)凯莱尔著,署克士译。

507.《"蒙古人斑"是什么》,《自然界》第6卷第8期,署名建人。

508.《蛛丝马迹》,《奋斗》第14期,署名建人。

509.《东北三主席之亡省观》,《奋斗》第15期,署名建人。

510.《芳泽之口供》,《奋斗》第15期,署名建人。

511.《谁在扯完我们的标语!?》,《奋斗》第15期,署名建人。

512.《杭游杂记(三续)》,《市政月刊》第4卷第10期,署名克士。

513.《社会现象一瞥》,《北斗》第1卷第2期,署名开时。

514.《路旁的草地》,《北斗》第1卷第2期,署名开时。

515.《金鱼的由来和兰花的奇种》,《东方杂志》第28卷第20期。

516.《王一亭为国难祈祷!》,《奋斗》第16期,署名建人。

517.《本草中的昆虫》,《自然界》第6卷第9期,署名克士。

518.《麻黄的种类》,《自然界》第6卷第9期,署名克士。

519.《动物进化说》,《学生杂志》第18卷第11期。

520.《溥仪拒绝土肥原》,《奋斗》第18期,署名建人。

521.《义务职与车马费及其他》,《奋斗》第18期,署名建人。

522.《解救国难的方针》,《奋斗》第18期,署名建人。

523.《杭游杂记(四续)》,《市政月刊》第4卷第11期,署名克士。

524.《王树常与日人商洽津善后》,《奋斗》第20期,署名建人。

525.《舆论是社会的重心》,《奋斗》第20期,署名建人。

526.《马占山实授黑主席》,《奋斗》第20期,署名建人。

527.《芳泽讲不来外国语之故》,《奋斗》第20期,署名建人。

528.《关于鸡生蛋蛋生鸡的问题》,《自然界》第6卷第10期,署名克士。

529.《杭游杂记(五续)》,《市政月刊》第4卷第12期,署名克士。

530.《劳资协调》,《北斗》第1卷第4期,署名开时。

531.《空虚的偶像》,《交大年刊》,署名克士。

532.《在记忆里》,《交大年刊》,署名克士。

1932 年

533.《道德的生物学观察》,《东方杂志》第29卷第1期。

534.《中国的农产物》,《自然界》第7卷第1期,署名克士。

535.《茶油的调查》,《自然界》第7卷第1期,署名克士。

536.《杭游杂记(六续)》,《市政月刊》第5卷第1期,署名克士。

537.《停滞的政局》,《人民周报》第2期,署名建人。

538.《马占山将降日乎》,《人民周报》第2期,署名建人。

539.《日本政局的变动与对俄缔结不侵犯条约》,《全力》第1卷第4期,署名建人。

540.《一星期后的国联理事会议》,《全力》第1卷第4期,署名建人。

541.《政友会组阁后的对华政策》,《人民周报》第3期,署名建人。

542.《从卵讲到蛋生鸡还是鸡生蛋》,《中学生》第22期。

543.《速起!抗日救亡!》,《人民周报》第4期,署名建人。

544.《沪案的试金石》，《人民周报》第 5 期，署名建人。

545.《铁丝网与沙包》，《人民周报》第 5 期，署名建人。

546.《公共租界对沪案责任之重大性》，《人民周报》第 6 期，署名建人。

547.《献给日本皇帝陛下》，《人民周报》第 6 期，署名建人。

548.《杭游杂记（七续)》，《市政月刊》第 5 卷第 2 期，署名克士。

549.《国联特别会开幕》，《人民周报》第 7 期，署名建人。

550.《抗日中为言论界进一言》，《人民周报》第 8 期，署名建人。

551.《圆桌会议的奴隶性》，《人民周报》第 9 期，署名建人。

552.《杭游杂记（八续）》，《市政月刊》第 5 卷第 3 期，署名克士。

553.《世界的悲哀》，《人民周报》第 12 期，署名建人。

554.《充实我们的国力》，《人民周报》第 15 期，署名建人。

555.《对日战事重心之研讨》，《人民周报》第 16 期，署名建人。

556.《杭游杂记（九续)》，《市政月刊》第 5 卷第 4 期，署名克士。

557.《虹口公园炸案面面观》，《人民周报》第 17 期，署名建人。

558.《幕后的商人外交》，《人民周报》第 18 期，署名建人。

559.《杭游杂记（十续)》，《市政月刊》第 5 卷第 5 期，署名克士。

560.《日本法西斯蒂运动的暴发》，《怒潮周报》第 7、8 期合刊，署名建人。

561.《日本的老人内阁》，《怒潮周报》第 7、8 期合刊，署名建人。

562.《德国法西斯蒂的独裁运动及其影响》，《怒潮周报》第 7、8 期合刊，署名建人。

563.《但泽自由城问题》，《怒潮周报》第 7、8 期合刊，署名建人。

564.《大可注意的斋藤的外交方针》，《怒潮周报》第 9 期，署名建人。

565.《行将召集的洛桑会议》，《怒潮周报》第 9 期，署名建人。

566.《德国内阁的改组》,《怒潮周报》第9期,署名建人。

567.《杭游杂记（十一续）》,《市政月刊》第5卷第6期,署名克士。

568.《日本承认伪国之荒谬》,《人民周报》第25期,署名建人。

569.《鸦片公卖是科学的吗?》,《人民周报》第25期,署名建人。

570.《蝉和几种它的近族》,《中学生》第26期,署名周建人。

571.《教育的过失》,《人民周报》第26期,署名建人。

572.《废两为元之商榷》,《人民周报》第27期,署名建人。

573.《如此政府》,《现代批评》,创刊号,署名建人。

574.《国际两大会议的鸟瞰——洛桑会议与军缩会议》,《人民周报》第28期,署名建人。

575.《越界筑路之认识》,《人民周报》第29期,署名建人。

576.《整理平大师大之阴谋》,《现代批评》第1卷第2期,署名建人。

577.《杭游杂记（十二续）》,《市政月刊》第5卷第7期,署名克士。

578.《币制论丛》,《人民周报》第31期,署名建人。

579.《可忽视西沙群岛吗?》,《现代批评》第1卷第3期,署名建人。

580.《币制论丛（续完）》,《人民周报》第32期,署名建人。

581.《热河又告急》,《人民周报》第33期,署名建人。

582.《杭游杂记（十三续）》,《市政月刊》第5卷第8期,署名克士。

583.《登玉皇山短歌以当纪游》,《市政月刊》第5卷第8期,署名克士。

584.《白堤闲步偶成》,《市政月刊》第5卷第8期,署名克士。

585.《月夜偕朋彦鸣之傲秋孟愫诸子游三潭印月即夕有感》,《市政月刊》第 5 卷第 8 期,署名克士。

586.《杭游杂记（十四续）》,《市政月刊》第 5 卷第 9 期,署名克士。

587.《韬光修竹翳天秋日薄暮独游经过,感而赋此》,《市政月刊》第 5 卷第 9 期,署名克士。

588.《上柏纪游——武康继武武陵源》,《旅行杂志》第 6 卷第 9 期,署名克士。

589.《科学的由来和它在中国不发达的原因》,《中学生》第 28 期,署名乔峰。

590.《满洲能为日本人的生命线吗》,《评论之评论》第 1 卷第 3 期,署名高山。

591.《国联之前瞻》,《人民周报》第 39 期,署名建人。

592.《满洲能为日本人的生命线吗（续)》,《评论之评论》第 1 卷第 4 期,署名高山。

593.《昨游笕桥与陈君白云共乘土车往农学院重劳潘君凤子为摄影一幅书以贻之》,《晨光》第 1 卷第 21 期,署名克士。

594.《杭游杂记（十五续）》,《市政月刊》第 5 卷第 10 期,署名克士。

595.《追记火线下三十五小时的生活》,《现代》第 1 卷第 6 期,署名克士。

596.《文化城与文化国》,《评论之评论》第 1 卷第 5 期,署名高山。

597.《质的道德与量的道德》,《东方杂志》第 29 卷第 6 期。

1933 年

598. 张诚译；周建人,徐应昶校:《儿童的卫生》,《小学生文库（第一集·生理卫生类）》,上海:商务印书馆。

599. 周建人著:《微生物》,《小学生文库(第一集·生物类)》,上海:商务印书馆。

600. 周建人著:《生物的繁殖》,《小学生文库(第一集·生物类)》,上海:商务印书馆。

601. 周建人著:《人类的祖先》,《小学生文库(第一集·生物类)》,上海:商务印书馆。

602. 周建人著:《农作物害虫驱除法》,《小学生文库(第一集·农业类)》,上海:商务印书馆。

603. 周建人著:《漆树与桐油树》,《小学生文库(第一集·植物类)》,上海:商务印书馆。

604. 王云五主编;周建人,尤其伟编译:《吸血节足动物》,《万有文库(第一集)》,北京:商务印书馆。

605.《航空机》,《儿童世界》第30卷第1期。

606.《来来的道德》,《东方杂志》第30卷第1期。

607.《杭游杂记(十六续)》,《杭州市政季刊》第1卷第1期,署名克士。

608.《从男女的争斗说到生育节制》,《东方杂志》第30卷第5期,署名建人。

609.《关于植物的生活》,《申报月刊》第2卷第3期。

610.《关于战争》,《生活》第8卷第14期,署名克士。

611.《恋爱和贞操》,《生活》第8卷第15期,署名克士。

612.《种族的变迁》,《新中华》第1卷第8期,署名乔峰。

613.《我的几句说明》,《生活》第8卷第17期,署名克士。

614.《杭游杂记(十七续)》,《杭州市政季刊》第1卷第2期,署名克士。

615.《黑暗的今昔》,《生活》第 8 卷第 18 期,署名克士。

616.《再画几只蛇足》,《生活》第 8 卷第 19 期,署名克士。

617.《答丁先生和钱女士》,《生活》第 8 卷第 20 期,署名克士。

618.《危局中的反省》,《人民周报》第 72 期,署名建人。

619.《附加在〈我也谈谈恋爱和贞操〉之后》,《生活》第 8 卷第 22 期,署名克士。

620.《论天才》,《生活》第 8 卷第 23 期,署名克士。

621.《附在〈展开恋爱与贞操的本质〉之后》,《生活》第 8 卷第 23 期,署名克士。

622.《国际否认伪组织与中日现势》,《人民周报》第 74 期,署名建人。

623.《昆虫是什么》,《儿童世界》第 30 卷第 12 期。

624.《答蔡黄两女士》,《生活》第 8 卷第 24 期,署名克士。

625.《附在杨芷庭先生的信后》,《生活》第 8 卷第 25 期,署名克士。

626.《附在冯觉非先生的信后》,《生活》第 8 卷第 26 期,署名克士。

627.《附在冯觉非先生的第二信后》,《生活》第 8 卷第 26 期,署名克士。

628.《答詹詹女士和蔡女士》,《生活》第 8 卷第 27 期,署名克士。

629.《中东路问题的面面观》,《人民周报》第 78 期,署名建人。

630.《答胡实声先生》,《生活》第 8 卷第 28 期,署名克士。

631.《附在恒容先生的信后》,《生活》第 8 卷第 28 期,署名克士。

632.《附在潘育三先生的信后面》,《生活》第 8 卷第 28 期,署名克士。

633.《我先有几个质问》,《生活》第 8 卷第 29 期,署名克士。

634.《附在吴卓杰先生的信后》,《生活》第 8 卷第 29 期,署名克士。

635.《附在丁先生的信后》,《生活》第 8 卷第 30 期,署名克士。

636.《杭游杂记（十八续)》,《杭州市政季刊》第 1 卷第 3 期,署名克士。

637.《艺兰家》,《现代》第 3 卷第 3 期,署名克士。

638.《还有疑问》,《生活》第 8 卷第 31 期,署名克士。

639.《附在景超先生的信后》,《生活》第 8 卷第 31 期,署名克士。

640.《黄河水涨与长浙亢旱——闲话之四》,《人民周报》第 83 期,署名建人。

641.《立法委员曷不云归——闲话之五》,《人民周报》第 83 期,署名建人。

642.《"如是我"见》,《生活》第 8 卷第 33 期,署名克士。

643.《论恋爱的本质和持续——答泽民先生》,《生活》第 8 卷第 34 期,署名克士。

644.《附在心病女士的信后》,《生活》第 8 卷第 35 期,署名克士。

645.《答"看客"》,《生活》第 8 卷第 35 期,署名克士。

646.《实行统制经济的检讨》,《人民周报》第 87 期,署名建人。

647.《关于基督教》,《生活》第 8 卷第 38 期,署名克士。

648.《杭游杂记（十九续)》,《杭州市政季刊》第 1 卷第 4 期,署名克士。

649.《蕉石鸣琴》,《杭州市政季刊》第 1 卷第 4 期,署名克士。

650.《西泠印社》,《杭州市政季刊》第 1 卷第 4 期,署名克士。

651.《紫云洞》,《杭州市政季刊》第 1 卷第 4 期,署名克士。

652.《苏小小墓》,《杭州市政季刊》第 1 卷第 4 期,署名克士。

653.《忆友》,《暨中周刊》第 1 卷第 6 期,署名高山。

654.《晨》，《暨中周刊》第 1 卷第 8 期，署名高山。

655.《附加在赵季芬先生的信后》，《恋爱与贞操》，上海：生活书店，署名克士。

1934 年

656. 周建人编：《颜料》，《小学生文库（第一集·工业类)》，上海：商务印书馆。

657. 周建人编：《燃烧》，《小学生文库（第一集·物理类)》，上海：商务印书馆。

658. 周建人编：《新标准初中教本：动物学（上册)》，上海：开明书店。

659.《说竹》，《儿童世界》第 32 卷第 1 期。

660.《湖山春景》，《杭州市政季刊》第 2 卷第 1 期，署名克士。

661.《第六公园》，《杭州市政季刊》第 2 卷第 1 期，署名克士。

662.《理安寺楠木岭》，《杭州市政季刊》第 2 卷第 1 期，署名克士。

663.《水乐洞》，《杭州市政季刊》第 2 卷第 1 期，署名克士。

664.《杭徽公路车中速写》，《杭州市政季刊》第 2 卷第 1 期，署名克士。

665.《关于生育节制》，《东方杂志》第 32 卷第 5 期，署名克士。

666.《与胡汉民先生论均权制度》，《人民周报》第 116 期，署名建人。

667.《谈"骂人的艺术"》，《读书顾问》第 1 期，署名高山。

668.《鸡脚子》，《人间世》第 5 期，署名克士。

669.《留下一段空白：冒牌幽默文学为之厉阶》，《读书顾问》第 2 期，署名高山。

670.《从花纸讲到妇女的地位》，《东方杂志》第 31 卷第 15 期，署名克士。

671.《特权者的哲学和科学》,《新语林》第 3 期,署名克士。

672.《鸟的生活》,《儿童世界》第 33 卷第 5 期。

673.《兽类生活》,《儿童世界》第 33 卷第 6 期。

674.《白果树》,《太白》第 1 卷第 1 期,署名克士。

675.《关于妇女的装束》,《东方杂志》第 31 卷第 19 期,署名克士。

676.《科学的新生》,《新生周刊》第 1 卷第 36 期,署名克士。

677.《记湖州人卖蛟》,《太白》第 1 卷第 3 期,署名克士。

678.《梅兰芳的观众》,《读书顾问》第 3 期,署名高山。

679.《生育节制打胎和儿童公育》,《东方杂志》第 31 卷第 21 期,署名克士。

680.《讲狗》,《太白》第 1 卷第 4 期,署名克士。

681.《乌米饭》,《太白》第 1 卷第 5 期,署名克士。

682.《母鸡化雄的问题》,《新生周刊》第 1 卷第 42 期,署名克士。

683.《青黄不接期间王人美加入电通之原因:联华乐得省掉几月干薪,加入电通只拍一片》,《影画》第 1 卷第 18 期,署名克士。

684.《桂花树和树上的生物》,《太白》第 1 卷第 6 期,署名克士。

685.《个人主义和没我的个人主义》,《读书生活》第 1 卷第 3 期,署名克士。

686.《关于蜈蚣》,《太白》第 1 卷第 7 期,署名克士。

1935 年

687. 周建人著:《植物标本的采集和制作》,《小学生文库(第一集·劳作类)》,上海:商务印书馆。

688. 周建人编:《简易师范学校教科书:植物学(上册)》,上海:商务印书馆。

689. 周建人编著:《复兴初级中学教科书:动物学》,上海:商务印书馆。

690.《生物的过冬》,《中学生》第51期,署名克士。

691.《谈谈头发》,《太白》第1卷第8期,署名克士。

692.《从发生学观点说儿童发育》,《教育杂志》第25卷第1期。

693.《达尔文的〈种的起源〉》,《太白》第1卷第9期,署名克士。

684.《竖子成名》,《读书顾问》第4期,署名高山。

695.《评梁实秋的〈偏见集〉》,《读书顾问》第4期,署名高山。

696.《妇女生理》,《东方杂志》第32卷第3期,署名克士。

697.《头发论》,《新生周刊》第2卷第4期,署名克士。

698.《蚤的生活》,《太白》第1卷第11期,署名克士。

699.《兰花》,《中学生》第53期,署名克士。

700.《研究自然不用书》,《太白》第1卷第12期,署名克士。

701.《水螅的故事》,《太白》第2卷第1期,署名克士。

702.《日本飞船定期航空计划》,《交通职工月报》第3卷第1期,署克士译。

703.《醒的卧着》,《太白》第2卷第2期,署名克士。

704.《食物中的生活素问题》,《新生周刊》第2卷第12期,署名克士。

705.《航空事业的国际性及其问题》,《交通职工月报》第3卷第2期,(日)冈崎诚一著,署克士译。

706.《蜘蛛》,《中学生》第55期,署名克士。

707.《关于羞耻心》,《东方杂志》第32卷第9期,署名克士。

708.《睡》,《太白》第2卷第4期,署名克士。

709.《花和虫》,《读书生活》第2卷第1期,署名克士。

710.《论自然的平衡》,《太白》第2卷第5期,署名克士。

711.《列国的邮局贮金》,《交通职工月报》第3卷第3期,署名克士。

712.《列国的造船数》,《交通职工月报》第 3 卷第 3 期,署名克士。

713.《高尔基号的真相》,《交通职工月报》第 3 卷第 3 期,署名克士。

714.《日本高速货物船的雄飞》,《交通职工月报》第 3 卷第 3 期,署名克士。

715.《一产五胎四胎三胎双胎》,《教育杂志》第 25 卷第 6 期。

716.《燕子》,《太白》第 2 卷第 7 期,署名克士。

717.《列国的船舶》,《交通职工月报》第 3 卷第 4 期,署名克士。

718.《列国的民用航空》,《交通职工月报》第 3 卷第 4 期,署名克士。

719.《列国的汽车》,《交通职工月报》第 3 卷第 4 期,署名克士。

720.《金鱼》,《太白》第 2 卷第 9 期,署名克士。

721.《遗传和变异》,《太白》第 2 卷第 10 期,署名克士。

722.《延藤的植物三种》,《太白》第 2 卷第 11 期,署名克士。

723.《根据材料学上之原则研究制造飞机之材料》,《航空杂志》第 5 卷第 8 期,署名建人。

724.《世界电信局的密度》,《交通职工月报》第 3 卷第 6 期,署名克士。

725.《世界电信局的经营形态》,《交通职工月报》第 3 卷第 6 期,署名克士。

726.《巨船摩列达尼亚号的解体》,《交通职工月报》第 3 卷第 6 期,署名克士。

727.《英皇银冠式与英国通信事业》,《交通职工月报》第 3 卷第 6 期,署名克士。

728.《屋子里的小虫》,《太白》第 2 卷第 12 期,署名克士。

729.《关于优生学》,《中学生》第 58 期,署名克士。

730.《法国民用航空之概观》,《航空杂志》第 5 卷第 10 期,署名建人。

731.《海上都市诺曼梯》,《交通职工月报》第 3 卷第 8 期,署名克士。

732.《德国的新汽车道》,《交通职工月报》第 3 卷第 8 期,署名克士。

733.《伦敦巴黎间路费一块半钱》,《交通职工月报》第 3 卷第 8 期,署名克士。

734.《莫斯科的地下铁道》,《交通职工月报》第 3 卷第 8 期,署名克士。

735.《英国的印刷电信机（Printer gram）》,《交通职工月报》第 3 卷第 8 期,署名克士。

736.《列国电话增设数》,《交通职工月报》第 3 卷第 8 期,署名克士。

737.《植物的天然状态和颜色保存法》,《教育杂志》第 25 卷第 11 期。

738.《恋爱英国妙龄女星　克拉克盖布尔将离婚　每星期赠养费二千元》,《娱乐》第 1 卷第 25 期,署名克士。

739.《新语林》,《交通职工月报》第 3 卷第 10 期,署名克士。

1936 年

740.《四极漫谭：炮手周七》,《民生》第 1 期,署名克士。

741.《论放屁》,《山城》第 1 卷第 3 期,署名高山。

742.《四极漫谈：红豆》,《民生》第 2 期,署名克士。

743.《嫣儿》,《民生》第 2 期,署名克士。

744.《徘徊在歧路上的动物：眼虫和变形虫的生活史》,《新少年》第 1 卷第 1 期,署名克士。

745.《世界珍闻》,《交通职工月报》第 3 卷第 11 期,署名克士。

746.《世界定期航空送输统计表》,《交通职工月报》第 3 卷第 11 期,署名克士。

747.《科学和伪科学》,《申报每周增刊》第 1 卷第 5 期,署名克士。

748.《眼睛看不见的植物:细菌》,《新少年》第 1 卷第 3 期,署名克士。

749.《礼教与妇女》,《妇女生活》第 2 卷第 2 期,署名克士。

750.《生育节制的理论和实施》,《永生》,创刊号,署名克士。

751.《科学和民众生活》,《永生》第 1 卷第 3 期,署名克士。

752.《节育与堕胎杀婴》,《永生》第 1 卷第 3 期,署名克士。

753.《国难危机不在人口问题》,《永生》第 1 卷第 7 期,署名克士。

754.《四极漫谭:记鲍观澄之丑史》,《民生》第 20 期,署名克士。

755.《美国轻巡洋舰设计之研究(续)》,《海事》第 9 卷第 12 期,署建人译。

756.《四极漫谭:记海陆丰之吃人惨剧》,《民生》第 22 期,署名克士。

757.《我国古代之荒政与今日之农业仓库》,《浙江合作》第 4 卷第 4 期。

758.《四极漫谭:张敬尧是党员》,《民生》第 35 期,署名克士。

759.《现代各国空军军备之真象》,《航空杂志》第 6 卷第 10 期,署名建人。

760.《奖金一千万法郎的世界一周飞行竞赛》,《交通职工月报》第 4 卷第 7、8 期合刊,署名克士。

761.《写在"一二·九"周年纪念日》,《清华副刊》第 45 卷第 8、9 期合刊,署名李正。

1937 年

762. 周建人编著：《复兴初级中学教科书：动物学》，上海：商务印书馆。

763. 《子冈论》，《中学生》第 71 期，署名高山。

764. 《为了建筑崭新的文化》，《语文》第 1 卷第 1 期，署名克士。

765. 《特产合作声中应该注意的几点》，《浙江合作》第 4 卷第 13、14、15 期合刊。

766. 《真科学和伪科学》，《自修大学》第 1 卷第 4 期，署名克士。

767. 《今后中国卫生教育之展望》，《医事公论》第 4 卷第 11 期，署名嵩山。

768. 《生命的话》，《国民》第 1 卷第 2 期，署名乔峰。

769. 《路旁的野花》，《科学大众》第 1 卷第 1 期，署名克士。

770. 《怎样选择社员》，《浙江合作》第 4 卷第 23、24 期合刊，署名建人。

771. 《归家》，《前进半月刊》第 2 卷第 2 期，署名克士。

772. 《怎样选举理事》，《浙江合作》第 5 卷第 1 期。

773. 《谈保障人权》，《文汇丛刊》第 2 期。

774. 《日本的侵掠论调》，《半月》第 2 期，署名克士。

1938 年

775. 《血腥的风吹遍了西班牙》，《青年之友》第 1 卷第 3 期，（美）N. R. Sender 著，署名高山。

776. 《论民族自信力》，《译报周刊》第 1 卷第 1 期，署名李正。

777. 《人类怎样进化来的》，《译报周刊》第 1 卷第 3 期，署名克士。

778. 《谈法西斯蒂》，《译报周刊》第 1 卷第 5 期，署名李正。

779. 《论富翁出钱救国》，《译报周刊》第 1 卷第 6 期，署名李正。

780.《关于民族性》,《译报周刊》第 1 卷第 7 期,署名李正。

781.《为什么应该赞成新文字》,《译报周刊》第 1 卷第 8 期,署名李正。

782.《调查工作实施方法》,《库务月报》第 1 卷第 5 期,署名建人。

783.《关于排犹》,《译报周刊》第 1 卷第 9 期,署名李正。

784.《生物和它的起源》,《译报周刊》第 1 卷第 10 期,署名克士。

785.《论烟馆赌场的毒害》,《译报周刊》第 1 卷第 11 期,署名李正。

1939 年

786.《列宁和民族革命》,《译报周刊》第 1 卷第 15 期,署名克士。

787.《谈没我的个人主义》,《译报周刊》第 1 卷第 15 期,署名李正。

788.《"一·二八"断片的回忆》,《译报周刊》第 1 卷第 16 期,署名李正。

789.《昆明——后方冒险家的乐园》,《改进》第 2 卷第 5 期,署名高山。

790.《先有鸡呢还是先有蛋?》,《译报周刊》第 1 卷第 19 期,署名克士。

791.《科学漫谈》,《每日译报》,春季增刊第 1 期,署名克士。

792.《闲话"功臣"》,《译报周刊》第 1 卷第 22 期,署名李正。

793.《什么叫做"进化"》,《译报周刊》第 1 卷第 23 期,署名克士。

794.《什么叫做习得性?》,《译报周刊》第 1 卷第 25 期,署名克士。

795.《论中华人民的神圣职务》,《译报周刊》第 2 卷第 1 期,署名李正。

796.《和不正确论调斗争的重要》,《译报周刊》第 2 卷第 2 期,署名李正。

797.《婆与媳》,《健康家庭》第 2 期,署名建人。

798.《我也谈谈怎样教管你的孩子》,《健康家庭》第 7 期,署名建人。

1940 年

799.《动物界一览》,《文心》第 2 卷第 3 期,署名克士。

800.《由摇篮走向社会》,《福建生活》第 1 卷第 2 期,署名高山。

801.《写作问题语录》,《新青年》第 3 卷第 4 期,署名克士。

802.《书籍是良友》,《新青年》第 3 卷第 5、6 期合刊,署名克士。

803.《达尔文学说的由来——为达尔文"种的起源"出版八十周年纪念而作》,《哲学杂志》创刊号,署名克士。

804.《昆明青年的新气象》,《上海周报》第 2 卷第 7 期,署名高山。

805.《从生物学上来看进步与退步》,《哲学杂志》第 2 期,署名克士。

806.《达尔文和马克斯》,《哲学杂志》第 2 期,署名克士。

807.《略讲关于鲁迅的事情》,《学习》第 2 卷第 9 期,署名克士。

808.《辞职》,《原野》第 1 卷第 9、10 期合刊,署名高山。

1941 年

809.《改善士兵生活刍议》,《中央周刊》第 4 卷第 15 期,署名高山。

810.《性爱的起源和进步》,《健康家庭》第 2 卷第 10 期,署名克士。

811.《谈恋爱》,《健康家庭》第 2 卷第 11 期,署名克士。

812.《难童列车》,《福建青年》第 1 卷第 6 期,署名高山。

813.《略谈婚姻》,《文心》第 3 卷第 3 期, 署名克士。

814.《滇缅路的新姿》,《精忠导报》第 4 卷第 6 期, 署名高山。

815.《远东新形势下的滇缅路》,《上海周报》第 3 卷第 16 期, 署名高山。

816.《论社会进步的方向》,《学习》第 4 卷第 4 期, 署名孙鲤。

817.《性教育与性道德》,《健康家庭》第 3 卷第 2 期, 署名克士。

818.《特约通讯:云南边境的走私线 (上)》,《上海周报》第 3 卷第 23 期, 署名高山。

819.《特约通讯:云南边境的走私线 (下)》,《上海周报》第 3 卷第 24 期, 署名高山。

1942 年

820.《悟》,《电信建设》第 1 卷第 3 期, 署名建人。

821.《新镜花缘》,《电信建设》第 1 卷第 5 期, 署名建人。

822.《红了樱桃·外四章》,《电信建设》第 1 卷第 6 期, 署名建人。

823.《速成白塔油》,《每月科学》第 2 卷第 11 期, 署名嵩山。

1943 年

824.《清慈禧后寿膳房略记》,《立言画刊》第 236 期, 署名建人。

825.《清慈禧后寿膳房略记 (续一)》,《立言画刊》第 237 期, 署名建人。

826.《清慈禧后寿膳房略记 (续二)》,《立言画刊》第 238 期, 署名建人。

827.《清慈禧后寿膳房略记 (续三)》,《立言画刊》第 241 期, 署名建人。

828.《清慈禧后寿膳房略记 (续四)》,《立言画刊》第 243 期, 署名建人。

829.《时代的唯一代步工具：北京的人力车，大栅栏曾为比试技术唯一处所，最近交通管理进步已臻安全》，《立言画刊》第250期，署名建人。

830.《时代的唯一代步工具：北京的人力车，行为善良者殊堪嘉奖，恶劣者令人恨入骨髓》，《立言画刊》第251期，署名建人。

831.《北京四十年前澡堂业：简陋腐败已极为下等人享乐之所》，《立言画刊》第253期，署名建人。

832.《北京四十年前澡堂业："搬蹭"是最腐败的怪剧场》，《立言画刊》第254期，署名建人。

1944 年

833.《冻不死的鱼》，《常识》第4期，署名高山。

834.《受训散记：当一名新兵》，《国是》创刊号，署名建人。

835.《受训散记："行"》，《国是》创刊号，署名建人。

836.《受训散记：革命掌故》，《国是》第2期，署名建人。

837.《受训散记：复兴关下》，《国是》第2期，署名建人。

838.《受训散记：民族健康的象征》，《国是》第2期，署名建人。

839.《受训散记：总理行谊》，《国是》第2期，署名建人。

840.《第二战场的开辟》，《国是》第3期，署名建人。

841.《培植人才与保护人才》，《国是》第4期，署名建人。

842.《受训散记：一战成功世始知》，《国是》第4期，署名建人。

843.《受训散记：旧名词与新内容》，《国是》第4期，署名建人。

844.《对本届参政大会的一个希望》，《国是》第5期，署名建人。

845.《东北沦陷十三年了》，《国是》第5期，署名建人。

1945 年

846.《热冰》，《常识》第7、8期合刊，署名高山。

847.《去国行（一）》，《中央周刊》第 7 卷第 15、16 期合刊，署名建人。

848.《去国行（二）》，《中央周刊》第 7 卷第 19、20 期合刊，署名建人。

849.《去国行（三）》，《中央周刊》第 7 卷第 25 期，署名建人。

850.《去国行（四）》，《中央周刊》第 7 卷第 26 期，署名建人。

851.《去国行（五）》，《中央周刊》第 7 卷第 28 期，署名建人。

852.《"我们要生活得好"论》，《周报》第 2 期。

853.《战争·科学与民主》，《周报》第 4 期。

854.《论民族气节》，《周报》第 5 期。

855.《略谈这回大战的性质与法西斯的歪曲事实》，《民主》创刊号。

856.《昆虫记》，《新文化》第 1 卷第 1 期，(法)法布尔著，署克士译。

857.《关于鲁迅先生的有些性格》，《民主》第 2 期，署名克士。

858.《鲁迅先生口中的抗日英雄》，《周报》第 7 期，署名克士。

859.《论人民应该多说话》，《民主》第 3 期。

860.《论感情》，《新文化》第 1 卷第 2 期。

861.《穷有罪》，《新文化》第 1 卷第 2 期，署名孙鲠。

862.《中国的实用主义害》，《民主》第 4 期。

863.《享受自由的条件》，《民主》第 5 期。

864.《论管制日本》，《新文化》第 1 卷第 3 期，署名孙鲠。

865.《人民需要和平反对内战》《民主》第 6 期。

866.《论中国的澈底个人主义》，《民主》第 7 期。

867.《谈谈美国妇女》，《中央周刊》第 7 卷第 46、47 期合刊，署名建人。

868.《怎样能停止内战》，《新文化》第 1 卷第 4 期，署名孙鲠。

869.《论历史行进的方向》，《民主》第 8 期，署名克士。

870.《从残废士兵说起》，《民主》第 9 期，署名克士。

871.《试问小薪水阶级如何生活?》，《民主》第 10 期。

872.《人力车赛跑记》，《新文化》第 1 卷第 5 期，署名孙鲠。

873.《关于自然科学》，《时代学生》第 1 卷第 4、5 期合刊。

874.《关于新年的希望》，《民主》第 12 期。

875.《漫谈一党专政》，《民主》第 12 期，署名克士。

876.《欢迎新年声中的几句话》，《周报》第 17 期。

1946 年

877.《我们需要科学与民主》，《中国建设》第 4 号，署名乔峰。

878.《中国急需一种新文字》，《新文化》第 1 卷第 6 期。

879.《检查制度析疑》，《周报》第 19 期，署名克士。

880.《关于民主与统一》，《民主》第 14 期。

881.《兵士不应当看戏吗》，《新文化》第 1 卷第 7 期，署名孙鲠。

882.《结束一党专政与改选代表》，《民主》第 16 期。

883.《假中杂写》，《民主》第 16 期，署名克士。

884.《民主与生活》，《新文化》第 1 卷第 8 期。

885.《从"无法无天"说起》，《民主》第 17 期，署名克士。

886.《惩办暴徒与防止日本法西斯"卷土重来"》，《民主》第 18 期。

887.《论反民主派的蜚语之类》，《新文化》第 1 卷第 9 期。

888.《从袁项城说起》，《民主》第 19 期，署名克士。

889.《迂回曲折的民主之路》，《新文化》第 1 卷第 10 期。

890.《论争主权之类》，《民主》第 20 期。

891.《假民主必然失败》，《民主》第 21、22 期合刊。

892.《关于要求主权》，《新文化》第 1 卷第 11 期。

893.《人民好像仍然生活在侵略者的铁蹄下》,《民主》第 23 期。

894.《发表谈话》,《风光》第 3 期,署名嵩山。

895.《不要包办的市参议会》,《民主》第 24 期。

896.《关于此次参政会》,《新文化》第 1 卷第 12 期。

897.《脱离了大众的人们》,《民主》第 25 期。

898.《"户口编完了,又挂姓名牌"》,《民主》第 26 期。

899.《几句关于南通惨案的话》,《民主》第 27 期。

900.《言论的力量》,《消息》第 5 期,署名孙鲠。

901.《论内战应即停止》,《民主》第 30 期,署名乔峰。

902.《论反民主逆流急须遏止》,《民主》第 31 期。

903.《中国须力学民主》,《新文化》第 2 卷第 2、3 期合刊,署名孙鲠。

904.《反民主作风有助于民主势力的作用》,《民主》第 32 期,署名克士。

905.《反内战救中国》,《民主》第 33 期,署名乔峰。

906.《无根萍》,《昌言》第 6 月号,署名乔峰。

907.《饥荒与内战》,《民主》第 34 期。

908.《十五天后能和平吗?》,《周报》第 41 期。

909.《一个浅近的道理》,《民主》第 35 期。

910.《抗议暴徒殴打我们的代表》,《民主》第 37 期。

911.《论半殖民地法西斯的特质》,《民主》第 38 期。

912.《论法西斯分子罪行》,《民主》第 40 期。

913.《关于抗战夫人》,《书报精华》第 19 期。

914.《纪念韬奋先生》,《民主》第 41 期。

915.《论中美"传统睦谊"》,《民主》第 42 期。

916.《两种判罪的比较》,《新文化》第 2 卷第 4 期,署名孙鲠。

917.《熊猫是怎样一种动物?》,《新文化》第 2 卷第 4 期,署名乔风。

918.《胜利周年以后人们获得了些甚么》,《民主》第 44 期。

919.《梁逆鸿志书画遗臭》,《上海滩》第 12 期,署名克士。

920.《再论内战必须立即停止》,《民主》第 47 期。

921.《论美国干涉中国内政》,《新文化》第 2 卷第 6 期。

922.《关于科学方法》,《新文化》第 2 卷第 6 期。

923.《路旁的短剧》,《新文化》第 2 卷第 6 期,署名孙鲠。

924.《看羊鹰记》,《新文化》第 2 卷第 6 期,署名开时。

925.《中国须急谋进步才得安全》,《民主》第 50 期,署名建人。

926.《学者·报人·导师:李秋生教授印象记》,《上海法学院二十周年纪念特刊》,署名高山。

927.《校庆前夕孙怀仁教授访问记》,《上海法学院二十周年纪念特刊》,署名高山。

928.《双十节感言》,《新文化》第 2 卷第 7 期。

929.《生物界里的联系》,《新文化》第 2 卷第 7 期。

930.《秋叶》,《新文化》第 2 卷第 7 期,署名乔风。

931.《〈民主〉也停刊了》,《民主》第 53、54 期合刊。

932.《略论是非》,《新文化》第 2 卷第 8 期,署名嵩山。

933.《生物的发展:自然科学讲话》,《新文化》第 2 卷第 8 期。

934.《略谈自由》,《新文化》第 2 卷第 9 期,署名嵩山。

935.《生物的变化:自然科学讲话》,《新文化》第 2 卷第 9 期。

936.《生物变化的原因:自然科学讲话》,《新文化》第 2 卷第 10 期。

937.《发展富农生产》,《皖商周报》12 月 24 日,署名嵩山。

1947 年

938.周建人编：《鱼类生活（五年级自然科)》，北京：商务印书馆。

939.（英）达尔文著；周建人译：《种的起源》，上海：生活书店。

940.《学习科学同时也学习思想》，《新文化》第 3 卷第 1、2 期合刊。

941.《科学与自由》，《书报精华》第 25 期。

942.《论官僚资本》，《原声》第 1 期，署名高山。

943.《谈灵芝草》，《新文化》第 3 卷第 4 期，署名乔峰。

944.《论生物进化——附论民族进化》，《中国建设》第 4 卷第 2 期，署名乔峰。

945.《学潮的起落》，《京沪旬刊》6 月 1 日，署名建人。

946.《党员与路政》，《京沪旬刊》6 月 11 日，署名建人。

947.《与张东荪先生论"示人以不广"问题》，《时与文》第 17 期。

948.《谈谈宇宙》，《读书与出版》复 2 第 7 期，署名建人。

949.《学习科学就是练习思想》，《读书与出版》复 2 第 8 期，署名建人。

950.《妇女地位的低落》，《读书与出版》复 2 第 8 期，署名建人。

951.《答傅雷先生的"关于亲帝反苏"》，《时与文》第 24 期。

952.《谣言何多》，《读书与出版》复 2 第 9 期，署名建人。

953.《关于忍受的限度》，《文汇丛刊》第 2 期。

954.《住在乾坤袋里还是当文化小兵?》，《读书与出版》复 2 第 10 期，署名建人。

955.《大众科学丛书介绍》，《读书与出版》复 2 第 10 期，署名建人。

956.《拿新的眼光来认识"孝顺"》,《京沪旬刊》12 月 1 日,署名建人。

957.《科学上怎样考查事实真相》,《读书与出版》复 2 第 12 期,署名建人。

1948 年

958.《苏州半月散记》,《京沪旬刊》1 月 1 日,署名建人。

959.《愚昧主义必须反对》,《时与文》第 2 卷第 22 期。

960.《传染病和表》,《京沪旬刊》6 月 1 日,署名建人。

961.《论科学的政治性和现行优生学的荒谬》,《读书与出版》复 3 第 6 期,署名建人。

962.《回忆"七七"》,《时与文》第 3 卷第 13 期。

963.《论人口论中的欺骗作用》,《读书与出版》复 3 第 8 期,署名建人。

964.《幕僚人员及其职责(续完)》,《运输校刊》第 9 期,署名高山。

965.《汽车肇事之研究》,《运输校刊》第 10 期,署高山译。

1949 年

966.周建人著:《田野的杂草》,北京:生活·读书·新知三联书店。

967.《谈谈种树造林的重要》,《中国青年》第 2 期。

968.《达尔文与生物进化论》,《中国青年》第 5 期。

969.《米邱林的遗传学说》,《中国青年》第 9 期。

970.《关于自然科学与迷信的几个问题》,周建人讲演记录,中共北平市委干部训练班印。

971.《鲁迅为青年服务一斑》,《中国青年》第 23 期。

972.《李森科对于生物科学贡献的一斑》,《新华月报》第 1 卷第 1 期。

973.周建人著:《论优生学与种族歧视》,北京:生活·读书·新知三联书店。

974.周建人编:《无脊椎动物图说》,上海:商务印书馆。

975.《自然科学与马列主义、毛泽东思想》,《中国青年》第 31 期。

976.《再批判几种生物学中的错误论点》,《中国青年》第 39 期。

977.《略谈生物科学的教材及教法》,《人民教育》第 3 期。

978.《纪念"七七"》,《世界知识》第 1 期。

979.《一年来自然科学的进步》,《中国青年》第 48 期。

980.《关于生物学中的目的论等》,《中国青年》第 49 期。

981.周建人编:《初级中学动物学课本》,北京:人民教育出版社。

982.《生物科学与爱国主义》,《人民日报》1951 年 2 月 18 日。

983.《漫谈观察植物》,《进步青年》第 232 期。

984.《读了张宗炳教授的评"达尔文主义基本原理上册"后的一点意见》,《生物学通报》第 10 期。

985.《谈谈"学以致用"、"学习兴趣"的问题》,《中国青年》第 20 期。

986.《略讲关于鲁迅的事情》,北京:人民文学出版社,署名乔峰著。

987.《达尔文主义》,《中国青年》第 7 期。

988.《略谈鲁迅的观察力和读书方法》,《文艺学习》第 7 期。

989.《纪念鲁迅逝世十八周年的讲话》,《北京日报》1954 年 11 月 25 日。

1956 年

990.《"百家争鸣"笔谈一则》,《哲学研究》第 3 期。

991.《关于熊猫》,《人民日报》7 月 6 日。

992.《谈谈龙和蛟》,《人民日报》8 月 8 日。

993.《蜾蠃俗叫螟蛉虫》,《人民日报》9 月 13 日。

994.《鲁迅也爱自然科学》,《人民日报》10 月 19 日。

1957 年

995.《略讲思想里的科学性》,《中国青年》第 1 期。

996.《略谈自由》,《中国青年》第 4 期。

997.《汉字改革是丝毫没有疑问的》,《语文建设》第 8 期。

1958 年

998.《从兰花谈到食虫植物》,《人民日报》5 月 5 日。

1959 年

999.《泛论科学专家与群众的关系》,《求是》第 3 期。

1000.《漫谈译名》,《文字改革》第 8 期。

1001.《略谈师生关系》,《求是》第 7 期。

1002.《老子思想真的是唯物主义的么》,《哲学研究》第 Z2 期。

1961 年

1003.《按照我国拼音字母的念法念》,《文字改革》第 2 期。

1004.《泛谈"实事求是"》,《求是》第 1 期。

1005.《扩大知识面》,《中国青年》第 10 期。

1006.《学习上的"窍门"和"跃进"》,《中国青年》第 12 期。

1007.《绍兴光复前鲁迅的一小段事情》,《人民文学》第 22 期。

1008.《读书与红专问题》,《中国青年》第 13、14 期合刊。

1009.《略谈专和广》,《中国青年》第 16 期。

1010.《关于阿 Q 这一人物的来源》,《东海》第 12 期。

1962 年

1011. 周建人著:《科学杂谈》,杭州:浙江人民出版社。

1012.《闲话〈昭君出塞〉》,《中国戏剧》第 2 期。

1013.《扩大知识面与思想改造》,《中国青年》第 4 期。

1963 年

1014.《漫谈同一性原理》,《浙江学刊》第 1 期。

1976 年

1015.《略谈鲁迅》(根据作者 1975 年 9 月 10 日在北京鲁迅博物馆的座谈记录稿整理,1976 年 7 月经本人修改完稿),后收录于周建人著:《回忆大哥鲁迅》,上海:上海教育出版社 2001 年版。

1977 年

1016.《关于鲁迅的若干史实》,《天津师院学报》第 5 期。

1017.《怀念敬爱的周总理》,收录于人民出版社资料组编:《人民的好总理》,北京:人民出版社。

1979 年

1018.《回忆鲁迅片段》,《北京师范大学学报(社会科学版)》第 3 期。

1019.《思想科学初探》,《光明日报》6 月 13 日。

1020.《文字改革随笔》5 月,后收录于《周建人文选》,北京:中国文史出版社 1988 年版。

1021.《文字改革续笔》6月，后收录于《周建人文选》，北京：中国文史出版社1988年版。

1022.《文字改革随笔再续》8月，后收录于《周建人文选》，北京：中国文史出版社1988年版。

1980 年

1023.《学习科技杂谈》，《八小时之外》第2期。

1024.《我所知道的瞿秋白和鲁迅》，《解放军报》3月16日。

1025.《漫谈智育》，《北方论丛》第4期。

1981 年

1026.《周建人同志的信》，《中国青年》第1期。

1027.《从小培养学生的求知欲、事业心、责任心》，《光明日报》1月30日。

1028.《悼雁冰》，《解放军报》4月7日。

1029.《回忆鲁迅的学习和教育活动》，《人民教育》第5期。

1030.《鲁迅没有走通科学救国的路》，《社会科学战线》第3期。

1031.《还是生在中国好——纪念鲁迅诞辰一百周年》，《文艺研究》第4期。

1032.《进一步学习和研究鲁迅著作》，《北方论丛》第5期。

1033.《鲁迅与思想革命——纪念鲁迅诞生一百周年》，《北京日报》9月23日。

1982 年

1034.《计划生育与传宗接代》，《北京晚报》5月11日。

1035.《一个世纪 三个时代》，收录于西北大学鲁迅研究室编：《鲁迅研究年刊（1982年）》，西安：陕西人民出版社。

1983 年

1036.《普及科学 厉行节育》，《人民日报》6月9日。

1037.《〈周建人小传〉补记》,《绍兴师专学报（社会科学版)》第
3 期。

1038.《敬悼李公朴先生》,收录于方仲伯编:《李公朴纪念文集》,
昆明:云南人民出版社。

1984 年

1039. 周建人口述, 周晔编写:《鲁迅故家的败落》,长沙:湖南教
育出版社。

1040.《旧社会的世道人情》,收录于《北京晚报》编辑部编:《百
家言》,西安:陕西人民出版社。

1041.《译文琐记》,收录于《北京晚报》编辑部编:《百家言》,西
安:陕西人民出版社。

1985 年

1042.《忆杨贤江》,收录于杨贤江教育思想研究会编:《杨贤江纪
念集》,北京:商务印书馆。

1988 年

1043. 中国民主促进会中央宣传部编:《周建人文选》,北京:中国
文史出版社。

后 记

《新人的产生：周建人教育文选》就要付梓出版了，看完校样，兴奋之余还是觉得有一些话要说。

首先，要感谢顾明远先生和周蕖老师。作为周建人先生的女婿与女儿，本来他们是这本书最合适的作者。他们长期和周建人共同生活，也撰写过不少介绍周建人的文章。但是，当我代表民进中央邀请两位时，他们还是希望我来做这项工作。虽然我过去对周建人没有深入研究，但是，周建人先生是民进中央第六、七届主席，民进又是教育党，作为教育学者，能够收集整理自己党派领导人的教育著述，是难得的学习机会，我很愉快地接受了这个任务。在整理和写作过程中，得到了顾明远先生和周蕖老师的许多具体指导和帮助，包括封面上的文字，都是和顾先生讨论了很久才定下来的。

其次，要感谢北京师范大学教育学部的周慧梅博士。在收集资料的过程中，顾明远先生告诉我，周慧梅已经完成了《周建人文集》的编辑工作，可以请她提供相关资料。于是，我邀请周慧梅博士一起合作，由她来整理《周建人著述年表》，我来撰写小传和导言，共同选择相关的教育论文。周老师的基础性工作让我少走了许多弯路，节省了大量时间，没有她的协助，不可能在如此短的时间内完成这项工作。

再次，要感谢开明出版社社长陈滨滨和本书的责任编辑卓玥、乔红。这套"开明教育书系"得到了开明出版社的大力支持，陈滨滨社长亲自参与了从选题策划到编辑出版的全过程，在书号和经费相对紧张的情况下，投入人力和资金，保障了这套书的顺利出版发行。项目负责人卓玥认真敬业，高效工作，确保了这套书系的进度与品质。

1946 年，开明书店成立二十周年的时候，叶圣陶先生撰写了纪念碑辞："开明夙有风，思不出其位。朴实而无华，求进弗欲锐。惟愿文教敷，遑顾心力瘁。此风永发扬，厥绩宜炳蔚。以是交勉焉，各致功一篑。堂堂开明人，俯仰两无愧。""惟愿文教敷，遑顾心力瘁"，这不仅是开明人的风范，也是今天民进人应该传承的精神。这本书为开明精神又添一个载体，为传承又增一份力量，希望能够得到读者们的喜爱，为新时代培育更多新人。

朱永新

2022 年 12 月，写于北京滴石斋

图书在版编目（CIP）数据

新人的产生：周建人教育文选/周建人著；朱永新，周慧梅选编.
--北京：开明出版社，2023.1（2024.12 重印）

（开明教育书系/蔡达峰主编）

ISBN 978-7-5131-7728-3

Ⅰ.①新… Ⅱ.①周… ②朱… ③周… Ⅲ.①教育学–文集
Ⅳ.①G40-53

中国版本图书馆 CIP 数据核字（2022）第 190528 号

出 版 人：陈滨滨
责任编辑：卓 玥 乔 红

新人的产生：周建人教育文选

XINRENDECHANSHENG：ZHOUJIANRENJIAOYUWENXUAN

出 版：开明出版社
　　　　（北京海淀区西三环北路 25 号　　邮编 100089）
印 刷：保定市中画美凯印刷有限公司
开 本：710mm×1000mm　　1/16
成品尺寸：170mm×240mm
印 张：23.25
字 数：298 千字
版 次：2023 年 1 月第 1 版
印 次：2024 年 12 月第 2 次印刷
定 价：75.00 元

印刷、装订质量问题，出版社负责调换。联系电话：（010）88817647